SEPTIÈME ÉDITION

LES FEMMES DES TUILERIES

LA CAPTIVITÉ
DE LA
DUCHESSE DE BERRY

NANTES & BLAYE

PAR

IMBERT DE SAINT-AMAND

PARIS

E. DENTU, ÉDITEUR

LIBRAIRE DE LA SOCIÉTÉ DES GENS DE LETTRES

3, PLACE DE VALOIS, PALAIS-ROYAL

LA CAPTIVITÉ

DE LA

DUCHESSE DE BERRY

LIBRAIRIE DE E. DENTU, ÉDITEUR

OUVRAGES DU MÊME AUTEUR

LES FEMMES DE VERSAILLES

I.	La Cour de Louis XIV..................................	3 50
II.	La Cour de Louis XV....	3 50
III.	Les dernières années de Louis XV..............	3 50
IV.	Les beaux jours de Marie-Antoinette...........	3 50
V.	La fin de l'Ancien Régime......................	3 50

LES FEMMES DES TUILERIES

I.	Histoire du Chateau des Tuileries..............	3 50
II.	Marie-Antoinette aux Tuileries...	3 50
III.	Marie-Antoinette et l'Agonie de la Royauté....	3 50
IV.	La dernière année de Marie-Antoinette.........	3 50
V.	La jeunesse de l'impératrice Joséphine.........	3 50
VI.	La Citoyenne Bonaparte........................	3 50
VII.	La Femme du Premier Consul	3 50
VIII.	La Cour de l'Impératrice Joséphine	3 50
IX.	Les dernières années de l'Impératrice Joséphine.	3 50
X.	Les beaux jours de l'Impératrice Marie-Louise..	3 50
XI.	Marie-Louise et la décadence de l'Empire.......	3 50
XII.	Marie-Louise et l'invasion de 1814.............	3 50
XIII.	Marie-Louise, l'Ile d'Elbe et les Cent-Jours.....	3 50
XIV.	Marie-Louise et le duc de Reichstadt..........	3 50
XV.	La jeunesse de la duchesse d'Angoulême........	3 50
XVI.	La Duchesse d'Angoulême et les deux Restaurations	3 50
XVII.	La Duchesse de Berry et la Cour de Louis XVIII.	3 50
XVIII.	La Duchesse de Berry et la Cour de Charles X..	3 50
XIX.	La Duchesse de Berry et la Révolution de 1830.	
XX.	La Duchesse de Berry et la Vendée............	
XXI.	La captivité de la Duchesse de Berry..........	
	Les Femmes de la Cour des Derniers Valois...........	3 50
	Deux victimes de la Commune....................	2 50
	Souvenirs (poésies)............................	3 50
	Portraits de grandes dames.....................	3 50
	Madame de Girardin...........................	3 50

En préparation :

LES FEMMES DES TUILERIES

XXII.	Les dernières années de la duchesse de Berry..	
XXIII.	La jeunesse de la Reine Marie-Amélie.........	

LA CAPTIVITÉ

DE LA

DUCHESSE DE BERRY

NANTES & BLAYE

PAR

IMBERT DE SAINT-AMAND

PARIS
E. DENTU, ÉDITEUR
LIBRAIRE DE LA SOCIÉTÉ DES GENS DE LETTRES
3, PLACE DE VALOIS, PALAIS-ROYAL
—
1890
(Tous droits réservés)

LA CAPTIVITÉ
DE
LA DUCHESSE DE BERRY

NANTES ET BLAYE

I

LES DEUX ENTRÉES A NANTES.

Le 22 juin 1828, à sept heures et demie du soir, une immense acclamation retentissait à Nantes. C'était une explosion générale de joie et d'enthousiasme. Les cris partaient du cœur. Une femme venait de débarquer sur la rive de la Loire, et jamais voyageuse n'avait reçu plus magnifique accueil. Le bruit des cloches de toutes les églises se mêlait aux vivats de quarante mille personnes groupées, comme sur un vaste amphithéâtre, depuis les eaux du fleuve jusqu'au grand escalier du Cours, à droite et à gauche duquel se dessinaient, sur un fond de verdure, les statues d'Anne de Bretagne et d'Arthur III. Plus loin, planait dans le ciel, au sommet d'une colonne, une autre statue : celle de Louis XVI.

Depuis plus de trois heures cette foule attendait avec impatience la femme objet de tant de respect, de tant d'amour. Chaque petit nuage qui paraissait dans le lointain, au-dessus de la Loire, était pris pour la fumée du bateau à vapeur où elle devait se trouver. « La voilà ! » disait-on. Puis le nuage s'évaporait, et l'on disait : « Non, pas encore. » Enfin, on ne douta plus. Le bateau venait de doubler la pointe de la prairie des Mauves. « C'est elle ! C'est bien elle ! » criait-on, et tous les cœurs battaient. Cette femme, c'était la descendante de saint Louis, de Henri IV et de Louis XIV, la mère de « l'enfant du miracle », Mme la duchesse de Berry. Après avoir débarqué au port Maillard, la princesse faisait à pied le trajet jusqu'à la préfecture. Heureuse de voir la foule lui souhaiter la bienvenue avec tant d'allégresse, elle respirait avec bonheur au milieu de cette population si dévouée, si fidèle. La bonté et l'amabilité, la bienveillance et la reconnaissance se peignaient sur son visage. Les dames de la halle, reçues par elle, étaient si émues que, n'ayant plus la force de pousser des acclamations, elles faisaient le signe de la croix.

Le lendemain, la duchesse de Berry repartait, mais pour revenir cinq jours après, le 25 juin.

Cette journée et celle du 29 ne furent qu'une longue apothéose. La princesse traversait les voûtes de deux arcs de triomphe élevés en son honneur, l'un sur la route de Rennes, l'autre sur la place des Changes. On avait ingénieusement imaginé tout ce qui pouvait toucher son cœur de femme, son cœur de mère, tout ce qui pouvait lui donner confiance dans les sentiments royalistes de la population et dans la sécurité de l'avenir. Les inscriptions qui frappaient ses yeux, c'étaient : « Des lis pour nos Bourbons ! Des lauriers pour Henri ! Des roses pour Louise ! » Les marchandes de fruits et de fleurs avaient écrit sur un arceau de verdure : « Nos fleurs, nos fruits, nos cœurs sont à Madame. » On se serait cru un jour de la Fête-Dieu. Un sable fin couvrait toutes les places, toutes les rues par où devait passer la princesse. Des drapeaux blancs flottaient à toutes les fenêtres. Le clergé, l'armée, le peuple, rivalisaient de zèle et d'enthousiasme. Le 28 juin au théâtre, où elle était acclamée ; le 29 à la cathédrale, où l'évêque l'attendait sous le portail ; au Cours, où elle passait en revue les troupes de la garnison ; au collège royal, où des enfants ayant le même âge que son fils lui demandaient de faire donner à leur petit pensionnat le nom de Collège de Mgr le duc de Bordeaux, la duchesse de Berry était accueillie comme une reine de conte de fées.

La fête des fleurs, qui eut lieu le même jour, fut

un véritable enchantement. Tout était radieux : la promenade de la Bourse transformée en un vaste jardin, une large et longue allée bordée de fleurs odoriférantes et d'arbustes rares, à l'extrémité un trône de roses pour la princesse. Elle marchait sur des roses effeuillées, que des jeunes filles jetaient sous ses pas. Elle allait présider à la distribution des prix floraux. On lui donna lecture de cette jolie pièce de vers :

> Aimable Caroline, où tu portes tes pas,
> On est heureux en France.
> Quand tu parais, n'en doute pas,
> Pour nous tout brille d'espérance.
> Ta bonté charme tous les cœurs ;
> A ton aspect s'embellit la nature,
> L'azur des cieux s'épure,
> Le dieu du jour sourit à la fête des fleurs.
> Vois comme ici tout s'abandonne
> Au bonheur, aux plaisirs !
> L'aquilon fuit, les doux zéphyrs
> De roses et de lis ont tressé ta couronne ;
> De nos beaux arts Caroline est l'appui.
> Pour elle, du malheur la voix est toujours chère ;
> Dans les palais, dans la chaumière,
> De l'héritier du bon Henri
> On aime à contempler la mère.

Le soir, il y eut un bal offert par la ville à Madame. Elle dansait non par étiquette, mais par plaisir. « Ma journée a été douce de toutes manières, dit-elle en se retirant ; rien de plus gracieux que la fête des fleurs ; rien de plus beau que le bal. Je me souviendrai toujours de Nantes. » Elle se promettait d'y revenir. Elle devait y revenir, en effet, moins de quatre ans plus tard, le 9 juin 1832.

Cette fugitive qui, déguisée en paysanne, vient d'entrer dans les murs de Nantes, et en parcourt anxieusement les rues; cette proscrite traquée par la police, par la gendarmerie, par d'innombrables espions, peut-elle bien être la même femme que la triomphante princesse de 1828? Est-ce bien elle qui, mêlée aux villageoises des environs, a mis de la poussière sur ses mains, a frotté ses jambes avec de la terre humide et noirâtre, pour que la blancheur de sa peau ne la fît pas reconnaître? Partie du village de la Haute-Menantie à la pointe du jour, elle vient de faire trois lieues à pied. En route, elle a ôté ses bas de laine et ses gros souliers, qui la gênaient. Elle a marché pieds nus, et ne s'est rechaussée qu'au moment d'entrer dans la ville de Nantes. Il y a foule dans les rues, car c'est jour de marché. La princesse regarde les quais, les monuments, les ponts, et se demande avec inquiétude si parmi les passants qui la coudoient, il ne va pas s'en trouver un qui s'écriera : « C'est elle ! » Où est-il le temps où le clergé la recevait au portail de la cathédrale et la conduisait processionnellement jusqu'au chœur ; le temps où, sur le cours, au pied d'un arbre orné de trophées et d'étendards, elle faisait défiler devant elle toutes les troupes de la garnison ? Et maintenant, sans autre compagne que Mlle Eulalie de Kersabiec, déguisée comme elle en paysanne, la voilà errante et proscrite, lisant sur les murs la proclamation qui, à cause d'elle, pauvre femme, trahie par le sort, met les départements de la Loire-Inférieure, de la Vendée, de Maine-et-Loire et des Deux-Sèvres en état de siège. Les alarmes du gouvernement de Juillet la font sourire, et cependant elle se dit à elle-même : « La Révolution a raison de me craindre encore. » La prise d'armes a complètement échoué. Tous les défenseurs de la courageuse princesse sont ou en fuite ou en prison. Et pourtant elle ne désespère pas de triompher un jour, comme en 1828, dans cette même ville de Nantes, où elle fait en ce moment une entrée si pénible et si périlleuse. Au lendemain du combat du Chêne, n'a-t-elle pas dit à son fidèle partisan, le baron Athanase de Charette : « Robert Bruce ne monta sur le trône d'Écosse qu'après avoir été vaincu sept fois. J'aurai autant de constance que lui. » Toute autre femme, après tant de déceptions, tant d'épreuves, tant de revers, serait découragée. Mais il y a dans le caractère de la duchesse de Berry une vigueur, un ressort si extraordinaires que rien ne peut la décontenancer. Il lui semble que son échec n'est qu'une sorte de malentendu entre elle et la fortune, et elle croit que, malgré tout, ce malentendu doit cesser. L'excès même du danger, loin de l'abattre, stimule son audace, et, en pénétrant dans la ville de Nantes, en plein jour, au milieu des autorités, de la police, des troupes de Louis-Philippe, elle se jette, tête baissée, et sans pâlir, dans la fournaise.

Après avoir lu, d'un bout à l'autre, sans laisser apercevoir la moindre émotion, la longue affiche qui mettait la Vendée hors la loi, la princesse se retourna vers Mlle Eulalie de Kersabiec, et toutes deux se dirigèrent vers une maison où on les attendait. « Madame, a écrit le comte de Mesnard, trouva dans cet asile Mme de Charette et Mlle Stylite de Kersabiec, sœur aînée de *Petit-Paul* et qu'elle ne connaissait pas. Ce fut là où M. de Brissac et moi nous rejoignîmes Madame. » M. de Mesnard ajoute que la princesse se montrait profondément frappée de la pensée que la Vendée était hors la loi, « et cependant, dit-il encore, la tristesse de son âme ne tuait pas son énergie. »

La maison dont il s'agit et où la princesse resta deux jours était habitée par la famille de Kersabiec, et située place Saint-Pierre, entre la cathédrale et l'impasse Saint-Laurent. Madame en sortit le 14 juin, à neuf heures du soir, pour se rendre avec Mlle Stylite de Kersabiec dans la maison des deux demoiselles du Guiny, tout près de son premier asile. Parlons maintenant de ces deux nobles femmes, si courageuses, si dévouées, et tâchons de faire une description exacte de la maison où elles donnèrent à la princesse proscrite une si généreuse hospitalité.

II

LA MAISON DES DEMOISELLES DU GUINY.

Les deux demoiselles qui allaient donner l'hospitalité à Madame se nommaient Marie-Louise et Pauline du Guiny. Appartenant à une famille bretonne, de vieille noblesse, connue pour ses sentiments royalistes, elles demeuraient ensemble à Nantes, où, par leur piété et leurs vertus, elles étaient entourées de l'estime et des sympathies de tous. L'une, Marie-Louise, est morte à Morlaix, en 1860; l'autre, Pauline, est décédée à Nantes, en 1876, âgée de quatre-vingt-dix ans. Un de leurs neveux, le général du Guiny, l'un des meilleurs officiers de l'armée, commande actuellement le 3⁰ corps, à Rouen. Par leur dévouement, leur présence d'esprit, leur courage, elles ont associé pour toujours leur nom à celui de la duchesse de Berry. Deux fidèles et braves servantes, Marie Bossy, cuisinière, et Charlotte

Moreau, femme de chambre, ne seront pas non plus oubliées dans un drame légendaire qui a eu son Judas.

Disons maintenant quelques mots du petit hôtel de Mlle du Guiny, où Mme la duchesse de Berry devait rester cachée pendant près de cinq mois. Cette maison paraît avoir été construite au commencement du règne de Louis XIV, si l'on considère le style de l'architecture de la partie donnant sur la cour. L'ancienne façade du côté de la rue avait été tellement endommagée par l'explosion de la poudrière du château de Nantes, en 1810, qu'on dut la rebâtir entièrement à cette époque. Le plus ancien document parvenu jusqu'à nous, où il soit fait mention de l'hôtel du Guiny, est un acte de partage, en 1650, des biens de Claude de Cornulier. Après avoir passé ensuite dans diverses familles, cette maison fut acquise le 22 novembre 1784 par M. de Villandue, avocat au Parlement. Le directoire de Nantes, le 22 ventôse an II, confisqua la maison comme bien d'émigré et la loua pour trois ans à un charpentier. Toutefois, un arrêté de l'administration du département de la Loire-Inférieure, en date du 16 messidor an III, annula le bail, en se fondant sur ce que la maison avait été considérée par erreur comme appartenant à l'émigré du Guiny (qui avait fait mettre son écusson sur la façade), tandis qu'en réalité elle faisait partie de la succession Villandue. Héritière de la famille de Villandue, une dame du Guiny rentra en jouissance de la maison, qui appartient aujourd'hui à Mme la comtesse de Kermeno de Gouzillon, nièce de mesdemoiselles du Guiny.

Voici la princesse installée, à quelques pas du château de Nantes, dans la demeure des demoiselles du Guiny. Cette modeste maison, située rue Haute-du-Château, n° 3, se compose de trois étages dont le dernier est mansardé. Les fenêtres de la façade ont vue sur le château de Nantes et la rue de Prémion, qui la longe. Mais dans la chambre qui lui est réservée, Madame ne jouit pas de cette perspective. C'est une petite mansarde faisant partie du troisième étage et donnant sur la cour. On a choisi cet asile, de préférence à toutes les autres pièces, parce que, dans la cheminée se trouvant à l'angle de la mansarde, existe une cachette mystérieuse; construite en 1789 par un ouvrier royaliste pendant la Terreur, elle a plus d'une fois servi à des proscrits, et, en cas de danger, pourra aussi servir à la princesse. Une plaque, posée au fond de la cheminée et s'ouvrant à l'aide d'un ressort, donne accès dans cette cachette, très étroite, mais où, à la rigueur, quatre personnes peuvent se tenir, en se serrant les unes contre les autres. (La plaque, conservée à Nantes chez un frère du général du Guiny, à qui elle appartient, mesure soixante-cinq centimètres dans la plus grande largeur et soixante et un dans la plus grande hauteur. Elle semble, par sa décoration, avoir été fondue sous Louis XVI, et elle est surmontée d'un écusson aux armes de la famille du Guiny.)

Madame descend au second étage pour y prendre ses repas, dans la chambre d'une des demoiselles du Guiny, avec ces deux demoiselles, le comte de Mesnard et Mlle Stylite de Kersabiec. Bien souvent le déjeuner ou le dîner seront troublés par de fausses alertes. Chaque fois qu'on voit des uniformes se diriger vers la maison et qu'on appréhende, pour une raison ou pour une autre, quelque visite domiciliaire, une sonnette qui, du rez-de-chaussée, communique au second étage donne le signal de la retraite; la princesse remonte en toute hâte dans sa mansarde.

Les épreuves de cette reclusion périlleuse sont peut-être plus dures à supporter que celles de la prise d'armes. Pendant l'action, quand Madame menait la vie des camps, quand elle éprouvait toutes les émotions du soldat, quand elle couchait sur la dure, quand elle errait de chaumière en chaumière, elle trouvait dans les péripéties de la lutte et dans l'imprévu d'une vie d'aventures une âpre volupté qui convenait bien à sa nature remuante et à son activité infatigable. Maintenant, plus rien de pareil. Une existence monotone, immobile, une absence complète d'exercice. C'est à peine si Madame, par les fortes chaleurs de l'été, ose respirer l'air, la nuit, par une petite lucarne. Et avec cela des alarmes, des transes continuelles. Chaque fois qu'elle entend le bruit de la porte qui s'ouvre, la proscrite se dit : « Qui est-ce qui arrive? Est-ce un ami, est-ce un espion, un gendarme, un commissaire de police? Est-ce que je vais être obligée de chercher un refuge dans la cachette? » C'est un vrai miracle que la princesse n'ait pas été découverte pendant son expédition en Vendée. Mais dans une ville comme Nantes, absolument soumise au gouvernement de Louis-Philippe, où il y a tant de fonctionnaires, tant de troupes, tant de police, ne sera-t-il pas plus difficile encore de la dérober à tous les yeux? Les provisions que les demoiselles du Guiny font prendre au marché ne sont-elles pas plus abondantes qu'à l'ordinaire? Les voisins ne s'apercevront-ils pas tôt ou tard qu'il se passe quelque chose d'insolite dans la maison de ces demoiselles? La princesse se rend compte de tout cela ; mais, habituée au danger, elle le brave avec son insouciance habituelle, et se montre beaucoup moins inquiète que ses hôtesses. Celles-ci, pénétrées du sentiment de leur responsabilité et très bien assistées par le zèle intelligent de leurs deux servantes, redoublent de précautions, de dévouement, et témoignent à Madame une affection profonde dont bien des courtisans de Saint-Cloud et des Tuileries n'eussent pas été capables.

La princesse pourrait, si elle le voulait, se rendre sur les côtes et s'y embarquer. Pourquoi s'obstine-t-elle à rester dans un asile si dangereux? C'est que, malgré tant de chagrins, tant d'alarmes, elle se sent heureuse, au milieu même de sa détresse, d'être encore sur le sol de cette France qu'elle chérit, et c'est qu'elle a encore le vague espoir de quelque événement fortuit qui lui permette de rentrer en scène et de prendre sa revanche.

Le baron de Charette, rentré mystérieusement à Nantes le 26 juin, y pénètre jusque dans la maison de Mlles du Guiny et a un entretien avec Madame. Il ne lui cache pas que l'échec de la prise d'armes rendrait plus qu'incertaine toute insurrection nouvelle, et il lui propose de la faire partir par mer. La princesse refuse. Du fond de sa retraite, elle vient d'adresser aux chefs vendéens une circulaire, en date du 20 juin 1832, où elle leur recommande d'éviter tout combat, à moins que ce ne soit dans l'intérêt d'une légitime défense, mais où elle ajoute : « Je partagerai mon dernier écu avec ceux qui sont trop compromis pour rejoindre leurs foyers, à plus forte raison à l'égard de ceux qui ont été blessés dans les combats. » M. de Charette insiste. Il représente à la princesse que, si elle reste dans l'Ouest, elle peut attirer un surcroît de rigueurs sur ses partisans, contre lesquels le gouvernement de Louis-Philippe sera de plus en plus exaspéré. Après un moment d'hésitation, Madame reprend d'une voix énergique : « Non, je ne mettrai pas ma tête à couvert quand celle de mes amis est sous la main du bourreau. Vous vous trompez ; mon départ ne désarmerait pas le pouvoir ; il conserverait les mêmes rigueurs à l'égard des miens. Si, au contraire, je suis arrêtée, alors je deviendrai pour lui un gage de sécurité, et il cessera de les tourmenter. D'ailleurs, j'ai renoué ma correspondance avec plusieurs points de la France ; j'ai écrit aux souverains de l'Europe ; j'ai mandé près de moi des hommes considérables dans le parti royaliste ; je ne puis m'éloigner sans connaître préalablement l'opinion de ceux que j'ai consultés. » M. de Charette croirait manquer à son devoir en insistant davantage, et il prend congé de la princesse, dont la fermeté de caractère vient de le frapper d'admiration.

Madame se repose-t-elle, au moins, dans son asile ? Nullement. Elle y travaille avec une sorte d'activité fiévreuse. Elle a vingt-quatre chiffres différents qui lui servent à correspondre avec les diverses parties de la France. Personne ne sait mieux qu'elle chiffrer et déchiffrer. Lorsque les courriers doivent porter vingt ou trente de ses lettres, elle écrit du matin au soir, et ne prend pour ses repas que le temps strictement nécessaire. L'encre sympathique dont elle se sert — une encre blanche — lui fatigue horriblement la vue. Ses yeux alors lui font éprouver de telles douleurs qu'ils lui semblent prêts à sortir de leur orbite.

Nous avons eu entre les mains les origines de plusieurs lettres ainsi envoyées ou reçues par Madame la duchesse de Berry. Les unes étaient confiées à des porteurs, les autres mises tout simplement à la poste. Ces dernières contenaient des lignes écrites avec de l'encre ordinaire, et relatant des choses insignifiantes ; mais il y avait dans l'intervalle de ces lignes ostensibles d'autres lignes écrites en encre sympathique, et constituant la véritable lettre. Les destinataires, qui avaient le secret, faisaient ressortir avec un procédé chimique les caractères tracés en encre blanche, et c'est ainsi que la princesse se trouvait en communication constante avec ses partisans.

On approchait de la fin d'août. Madame était depuis plus de deux mois dans la maison de Mlles du Guiny. Elle écrivit à ses principaux amis de l'Ouest, non pour réclamer d'eux des sacrifices nouveaux, mais pour connaître leur opinion sur sa présence dans le pays. La situation de l'Europe paraissait alors menaçante. La question belge faisait craindre un choc violent entre la France et les puissances du Nord. Le roi de Hollande allait, disait-on, entraîner dans la lice, en vertu des traités de 1815, cette vieille Europe qui semblait sommeiller depuis les grandes guerres de l'Empire. Tel était le tableau que la princesse plaçait sous les yeux de ses amis. Ajoutons les approches d'une session parlementaire, qui, à Paris, s'annonçait comme devant être très orageuse. « Qu'on ne s'étonne donc pas, a dit M. de Charette, si les personnes consultées ont alors, en majeure partie, conseillé à Madame d'attendre encore quelque temps. Son Altesse Royale devait-elle, au moment d'une guerre qu'on lui présentait comme certaine, imminente, s'éloigner de la France? Et, en supposant qu'elle dût y rentrer, était-ce à la suite de l'étranger? Ses amis ne pouvaient le lui conseiller. Madame restait donc dans l'Ouest, pour profiter des fautes de ses ennemis et se poser plus tard, s'il y avait lieu, comme un principe entre la France et l'étranger, comme une pensée de salut pour tous.

Le comte de Mesnard fait la même réflexion dans ses *Souvenirs intimes :*

« Madame, dit-il, croit à la possibilité d'une guerre étrangère. L'Europe est en armes; la question belge peut produire une guerre européenne. Dans un cas comme dans l'autre, la princesse se flatte de l'idée qu'elle pourrait se mettre à la tête des habitants de l'Ouest et soustraire ce pays, qu'elle aime du fond de son cœur, aux désastres qu'entraîne l'anarchie. Madame a la noble conviction qu'elle peut éviter de grands maux à la France si la guerre éclate, si les étrangers tentent une nouvelle invasion. Cette pensée fait toute sa force, tout son courage, et c'est pourquoi elle veut rester... Elle n'a qu'un but : s'interposer entre les armées au nom de son fils et le rendre médiateur. Elle repousse de toutes ses forces la possibilité de le faire seconder par les étrangers. On ne sait pas assez tout ce qu'il y a de français dans l'âme de cette auguste princesse, et combien l'honneur de la France lui tient à cœur. Nous en jugeons ici par l'immensité des sacrifices qu'elle s'impose dans l'unique espérance d'être secourable à la nation au nom de laquelle on l'a pourtant proscrite, elle et tous les siens. »

Madame ne se plaignait pas de son sort. Profondément touchée par l'admirable dévouement des personnes qui formaient sa petite cour dans son malheur, elle les récompensait de leurs services si désintéressés, en se montrant plus bienveillante, plus aimable, plus affable que jamais. Simple et facile à vivre, elle ne se plaignait jamais de sa pauvre mansarde.

La princesse écrivait presque toute la journée et employait le reste du temps à des ouvrages manuels. Elle faisait de la tapisserie, peignait des fleurs. Elle colla de ses propres mains le papier grisâtre de sa chambre. Ses repas n'étaient pas recherchés, car si Mlles du Guiny avaient eu une cuisine plus fine qu'à l'ordinaire, ce changement dans leurs habitudes aurait pu éveiller l'attention. Madame fut un instant malade ; on la crut même atteinte du choléra ; mais l'inquiétude se dissipa vite. La courageuse princesse ne se préoccupait jamais de sa santé et supportait sans un murmure la privation d'air et d'exercice qui pourtant lui faisait beaucoup de mal. La crainte de compromettre ses hôtesses la rendait prudente, et jamais elle ne demandait à sortir. Mais si elle ne pensait pas à elle-même, en revanche elle pensait sans cesse aux infortunés dont son entreprise avait causé la perte. Le sort de ces braves gentilshommes, de ces héroïques paysans, modèles d'abnégation et de vaillance, s'imposait constamment à la pensée de Madame. Et, certes, elle avait raison de les plaindre et de les aimer, ces Vendéens dignes de leurs pères.

Le comte de Falloux raconte, dans ses Mémoires, qu'au moment où la duchesse de Berry était réfugiée à Nantes, un des chefs de la prise d'armes qui venait d'échouer, le général Clouet, se tenait caché au fond d'une ferme de Bretagne. C'était un homme vigoureux. Pour rendre son déguisement plus sûr parmi les paysans, il prenait une part très active aux travaux de la ferme. Ses compagnons se mirent en intimité avec lui, et l'un d'eux lui confia un jour, dans les champs, combien il était malheureux de ne pouvoir, faute d'une dot, épouser la fille qu'il adorait. « Votre confidence, dit alors le général Clouet, me touche profondément, et je vais vous le prouver. Je suis condamné à mort pour avoir fait feu sur les bleus. Une somme est promise à qui me livrera. Je vous donne mon secret ; vous pouvez maintenant faire fortune et vous marier quand vous voudrez. »
Le jeune garçon, s'appuyant sur sa bêche, et re-

gardant fixement le général, répliqua : « On est plus longtemps couché que debout, et je ne donnerais pas ma part de paradis pour la plus grosse fortune de ce monde. »

Voilà les sentiments des hommes de cœur, des hommes de foi qui avaient combattu pour la duchesse de Berry et qui maintenant étaient pour elle traqués, ruinés, persécutés, condamnés à la prison ou à la mort. L'idée que son expédition était la cause de tant de maux, de tant de souffrances, et que tous ces héroïques sacrifices n'avaient d'autre résultat qu'un désastre, tourmentait, comme un remords, une âme sensible, généreuse, essentiellement bonne comme la sienne. Ces douloureuses réflexions la poursuivaient d'autant plus cruellement qu'elle avait auprès d'elle une compagne dont le père figurait parmi les proscrits arrêtés et menacés de la peine de mort, Mlle Stylite de Kersabiec. Pleine de reconnaissance pour cette demoiselle, qui lui témoignait un si noble dévouement, et pour sa sœur, cette vaillante Eulalie de Kersabiec, qui, pendant l'expédition, avait pris le nom de Petit-Paul, quand la princesse elle-même se faisait appeler Petit-Pierre, Madame voulait à tout prix que leur père fût sauvé. Une troisième demoiselle de Kersabiec, Mlle Céleste, qui demeurait à Nantes et pénétrait parfois dans la maison des demoiselles du Guiny, la suppliait de faire des démarches dans ce sens. Mais à qui s'adresser ? Comment se mettre en rapport avec le gouvernement de Louis-Philippe ?

Un matin, la duchesse de Berry dit à M. de Mesnard : « Je n'ai pas bien dormi ; il y a quelque chose qui me tourmente à un point extrême. On me demande une chose très pénible. Mlle Céleste de Kersabiec pense qu'en écrivant à ma tante Marie-Amélie je puis sauver la vie de son père et de plusieurs autres de nos malheureux amis. Je n'ai rien à refuser à une famille qui m'a donné tant de preuves de dévouement. Et pourtant cela me coûte plus que vous ne pouvez vous le figurer ! Qu'en pensez-vous ? »

Le comte de Mesnard répondit : « Puisque Madame me demande mon avis, j'ose lui dire que je suis désolé si elle a fait une telle promesse. La lettre de Madame peut être repoussée ou mal accueillie, ce qui serait un grand désagrément qu'aucun avantage ne compenserait ; et, dans le cas contraire, la tante de Son Altesse Royale ne serait probablement pas libre d'accéder à sa demande sans y mettre des conditions que Madame ne pourrait pas remplir, ce qui la placerait dans l'horrible situation d'avoir entre les mains la vie de ses amis et de ne pouvoir les sauver. »

Il y eut, à ce sujet, une conférence entre la princesse, le comte de Mesnard et Mlles Stylite et Céleste de Kersabiec. Le comte dit aux deux sœurs : « Mon fils est dans les prisons de Niort. J'ignore jusqu'à quel point il peut être compromis, et j'ai presque autant à craindre pour lui que vous, mesdemoiselles, pour votre père. Cependant, je me tiendrais pour très coupable si j'engageais Madame dans une démarche qui pourrait compromettre sa situation. »

Mlle Céleste, n'écoutant que sa tendresse filiale, rappelait, en pleurant, qu'elle avait la promesse de Madame. Quant à Mlle Stylite, faisant céder toutes ses craintes, toutes ses affections, à un devoir qu'elle regardait comme sacré, celui de ne pas compromettre la dignité de la princesse, elle avait refusé de joindre ses prières à celles de sa sœur, et gardait un silence stoïque.

Madame finit par dire : « S'il arrivait malheur à un de nos amis, je ne me le pardonnerais jamais; il faut écrire, quoi qu'il m'en coûte. »

Elle écrivit en effet, et voici les termes de sa lettre à la reine Marie-Amélie :

« Quelles que soient les conséquences qui peuvent résulter pour moi de la position dans laquelle je me suis mise en remplissant mes devoirs de mère, je ne vous parlerai jamais de mon intérêt, madame. Mais des braves se sont compromis pour la cause de mon fils, je ne saurais me refuser à tenter, pour les sauver, ce qui peut honorablement se faire.

« Je prie donc ma tante — sa religion et son bon cœur me sont connus — d'employer tout son crédit pour intéresser en leur faveur. Le porteur de cette lettre donnera des détails sur leur situation; il dira, entre autres choses, que les juges qu'on leur donne sont des hommes contre lesquels ils se sont battus.

« Malgré la différence actuelle de nos situations, un volcan est aussi sous vos pas, madame, vous le savez; j'ai connu vos terreurs bien naturelles à une époque où j'étais en sûreté, et je n'y ai pas été insensible. Dieu seul connaît ce qu'il nous destine, et peut-être un jour me saurez-vous gré d'avoir pris confiance dans votre bonté et de vous avoir fourni l'occasion d'en faire usage envers mes amis malheureux. Croyez à ma reconnaissance.

« Je vous souhaite le bonheur, madame, car j'ai trop bonne opinion de vous pour croire possible que vous en éprouviez dans votre situation.

« MARIE-CAROLINE. »

Cette lettre fut remise à M. de la Chevasnerie, ancien garde du corps, qui la porta au château de Saint-Cloud, alors résidence de la cour. Il vit sur le grand escalier la comtesse de Montjoie, qui lui demanda ce qu'il voulait.

— Parler à la reine, répondit-il.

— Mais c'est impossible, si vous n'avez pas été mandé. Que voulez-vous à Sa Majesté?

— Lui remettre une lettre de Mme la duchesse de Berry.

— Quoi! monsieur, vous osez vous présenter ici chargé d'une mission semblable, et vous ne craignez pas?...

— Je ne crains rien, madame, et je vous prie de demander à la reine si elle veut bien me recevoir...

Mme de Montjoie monta, et M. de la Chevasnerie attendit longtemps au bas de l'escalier. Le ministre de l'intérieur, M. de Montalivet, parut enfin.

— Est-ce vous, dit-il, qui demandez à parler à la reine et qui êtes porteur d'une lettre de Mme la duchesse de Berry?

— Oui, monsieur, la voici.

— Sa Majesté me charge de vous dire qu'elle ne peut pas la recevoir... Mais la lettre me paraît ouverte, puis-je la lire?

— Oui, monsieur.

M. de Montalivet prit la lettre, la lut, et la rendit à M. de la Chevasnerie, qui, après avoir donné son adresse, se retira et n'entendit plus parler de rien.

Jugeant les autres par elle-même, la duchesse de Berry s'était imaginé que son imprudente et généreuse missive aurait pu recevoir un accueil favorable; elle se trompait; mais son erreur prouvait la noblesse de son caractère.

Du fond de sa retraite, Madame songeait aussi à expliquer et à justifier sa conduite politique devant la France et devant l'Europe. C'est pour cela qu'elle écrivait, de sa main, en août 1832, une sorte d'apologie dont elle désirait voir la reproduction dans les journaux. « Le succès justifie tout, était-il dit dans ce remarquable document; le blâme ne s'attache jamais qu'au malheur. Cependant, quel que puisse être le succès de mon entreprise, je tiens à ce que les motifs en soient connus de la France et de l'Europe tout entière. » La princesse rappelait ensuite les innombrables démarches qui avaient été faites pour la décider à venir arborer sur le sol français le drapeau de Henri V. « Je ne mériterais, ajoutait-elle, ni le nom de mère, ni celui de Française, si j'abandonnais les droits de mon fils et les intérêts de la nation. Petite-fille de Marie-Thérèse, je me trouvais dans une situation analogue à la sienne; il fallait imiter son exemple, ou me montrer indigne de lui appartenir. N'avais-je pas, d'ailleurs, promis aux populations fidèles de me trouver au milieu d'elles aussitôt qu'elles se croiraient en mesure de proclamer Henri V. On m'assurait qu'elles l'étaient; il n'y avait point à balancer; il fallait partir... J'avais, en outre, de fortes raisons pour croire qu'on allait commencer la guerre, et je ne voyais que ma présence en France, à la tête des Français, stipulant d'accord avec eux les droits de mon fils contre les étrangers, qui pût préserver notre patrie du désastre d'une troisième invasion. Ce motif me détermina; par aucun autre on ne fût vraisemblablement parvenu à me faire courir le risque d'allumer une guerre civile en France; mais la guerre étrangère étant prête à naître, je croyais pouvoir l'empêcher : je partis. »

Un grand nombre de personnes envoyées, les unes par les comités ou les chefs du parti légitimiste, les autres venues de leur propre mouvement, pénétrèrent secrètement dans la maison de Mlles du Guiny pendant le séjour de Mme la duchesse de Berry, du 14 juin au 7 novembre. Pour déjouer la surveillance de la police, on mettait surtout à profit les soirées obscures et pluvieuses. « Madame, dit le comte de Mesnard, reçoit les personnes appartenant à toutes les classes de la société arrivant souvent de Paris. Plusieurs sont venues de l'étranger et beaucoup des différentes parties de la France, si bien que Madame tient presque une cour dans la plus petite et la plus humble mansarde qui se soit jamais vue. » En parlant des personnes venues de l'étranger, M. de Mesnard fait une allusion discrète au grand seigneur sicilien avec qui Madame devait faire connaître plus tard qu'elle avait contracté en Italie un mariage morganatique et secret. On voit également, dans les Mémoires de la duchesse de Gontaut, que le comte de Lucchesi-Palli, ayant retrouvé Mme la duchesse de Berry à Massa, avait été chargé par la princesse, au commencement de 1832, de porter ses manifestes en Vendée, la qualité de diplomate lui ayant permis de voyager en liberté.

D'autre part, l'abbé Sabatier, dont nous retrouverons plus tard le nom au cours de ce récit, a écrit dans ses *Mélanges* :

« Le 12 janvier 1832, deux jours avant mon départ de Rome, Son Éminence le cardinal de Rohan, Mgr Frayssinous, évêque d'Hermopolis, et Mgr de Retz, auditeur du tribunal de la Rote, m'apprirent le mariage de Madame avec le comte Lucchesi-Palli. Je n'attachai à cette nouvelle qu'une légère importance, car je ne croyais point à sa vérité, et mon incrédulité resta même après mon passage à Massa, où j'eus cependant l'honneur de m'asseoir à la table de Son Altesse Royale avec le comte Lucchesi-Palli. »

Cependant les jours, les semaines, les mois s'écoulaient sans qu'aucune lueur d'espoir vînt briller dans l'asile de Madame. La princesse y était entrée au commencement de juin; le mois de novembre approchait. Les grandes puissances de l'Europe ne jetaient pas le gant à Louis-Philippe, et son trône paraissait consolidé plutôt qu'affaibli. Les Vendéens, soumis à la plus sévère surveillance, ne pouvaient point songer à reprendre les armes, et la présence de la duchesse de Berry à Nantes ne semblait plus avoir de cause ou de prétexte. La princesse hésitait pourtant à s'éloigner, et, comme la plupart des fugitifs qui avaient voulu s'échapper par mer y étaient facilement parvenus, elle disait, quand on la suppliait de gagner clandestinement le rivage et de s'embarquer : « J'aurai toujours le temps de sortir de France. » Le moment approchait où elle allait s'apercevoir que c'était une illusion. Mais par quelle fatalité les enseignements de l'histoire demeurent-ils presque toujours stériles? La reine Marie Stuart pouvait, après la défaite de ses partisans à Langside, s'embarquer pour la France. C'est le conseil que ses fidèles, lord Herries en tête, lui avaient donné. Marie Stuart, voulant être à la portée des événements, alla en Angleterre se livrer à la merci de la reine Élisabeth. La duchesse de Berry, elle aussi, pouvait quitter Nantes et sortir de France en secret. Comme Marie Stuart, elle ne voulut pas s'éloigner du théâtre de la lutte, et prolongea son séjour à Nantes pendant de longs mois au bout desquels elle finit par être découverte et arrêtée. Et, cependant, des fenêtres de l'appartement qu'elle avait occupé à Holyrood, Madame, voyant en face d'elle l'aile du palais donnée pour prison à Marie Stuart, en 1566 et 1567, avait dû plus d'une fois méditer sur le sort de l'infortunée reine d'Écosse, mariée, comme elle, à Paris, en l'église Notre-Dame, à un fils de France, et qui, comme elle, dans sa jeunesse, alors qu'à la cour d'Henri II on l'appelait la reine Dauphine, s'était crue destinée à régner sur la France.

III

MONSIEUR THIERS

Depuis plusieurs mois, le public était sans nouvelles de la duchesse de Berry. On la cherchait tantôt en France, tantôt à l'étranger. Les uns la disaient morte, les autres la croyaient malade ou blessée. Les versions les plus contradictoires, les plus invraisemblables, circulaient. On s'intéressait aux péripéties du sort de la princesse, comme à un roman populaire dont les lecteurs attendent impatiemment la suite ; et dans toutes les classes de la société, même parmi les amis de la monarchie de Juillet, même parmi les démocrates les plus convaincus et les plus ardents révolutionnaires, on s'apitoyait sur cette héroïne à la Walter Scott, dont un mystère impénétrable augmentait encore le prestige.

Dénuée de ressources, errante, fugitive, cachée dans une retraite ignorée de tous, la vaillante mère de Henri V n'en continuait pas moins de faire trembler le gouvernement, qui craignait de voir l'Ouest se soulever, du moment où elle apparaîtrait. Acharnée contre le ministère, l'opposition lui reprochait amèrement de connaître le lieu de refuge de Madame, et de ne pas vouloir l'arrêter. Il était faux cependant que les ministres eussent intentionnellement évité de s'emparer de sa personne. Cette assertion, si souvent répétée qu'elle avait fini par trouver crédit dans l'opinion publique, ne reposait sur rien de sérieux. La police avait, il est vrai, intercepté et lu plusieurs dépêches échangées entre la princesse et ses partisans; elle connaissait les noms de quelques-uns des agents par l'entremise desquels se faisaient ces communications; elle avait même la presque certitude qu'à un moment donné la duchesse de Berry s'était trouvée à Nantes, mais sans savoir quelle maison lui avait servi de refuge, et sans savoir non plus si elle continuait à y être encore cachée.

Vingt-trois ans plus tard — en novembre 1855 — le chancelier Pasquier dira au comte Portalis, devant le docteur Ménière : « Vous souvenez-vous de 1832? Je savais que Mounier avait des relations avec un homme très avant dans la confiance de Mme la duchesse de Berry. Je montai à cheval, j'allai à Saint-Cloud, où demeurait Mounier; je lui parlai de la nécessité de faire avertir la princesse, cachée à Nantes, afin qu'elle pût s'évader. J'écrivis une lettre dans ce sens.

Mounier fit atteler, revint à Paris, confia ma lettre à quelqu'un qui la remit à un banquier de la rue de la Chaussée-d'Antin, et j'ai la certitude qu'elle est parvenue à la princesse. » Peut-être Madame, si la lettre lui arriva, en effet, crut-elle que c'était un piège destiné à la faire arrêter, au cas où elle essayerait de gagner le rivage pour s'embarquer. Peut-être aussi, tout en croyant l'avis sincère, résolut-elle de ne pas en tenir compte, parce qu'elle s'obstinait à penser que son rôle n'était pas fini en Vendée. Quoi qu'il en soit, elle continuait à se soustraire à toutes les recherches, si actives, si minutieuses qu'elles fussent, et, tantôt par les précautions multipliées dont ses hôtesses l'entouraient, tantôt par l'excès même de ses témérités, elle avait si bien réussi à dépister la police que les autorités de Nantes inclinaient à la croire définitivement éloignée des provinces de l'Ouest.

Les choses en étaient là, quand arriva au pouvoir un nouveau ministère — le cabinet du 11 octobre — dans lequel figuraient le maréchal Soult, duc de Dalmatie, comme ministre de la guerre, président du conseil ; le duc de Broglie, comme ministre des affaires étrangères ; M. Guizot, comme ministre de l'instruction publique ; M. Thiers, comme ministre de l'intérieur ; M. Humann, comme ministre des finances. M. Barthe, le comte d'Argout et l'amiral de Rigny conservaient les portefeuilles de la justice, du commerce et de la marine.

La légitimité n'avait pas d'adversaire plus actif, d'ennemi plus implacable que M. Thiers. Sans courir le moindre danger, il avait contribué plus que personne à la Révolution. Le 26 juillet 1830, jour où les Ordonnances parurent, la population parisienne était restée calme. Ce fut lui qui l'excita, en organisant la protestation des journalistes. Pendant la lutte, il eut la prudence de ne pas se montrer; mais ce fut lui qui vint à bout des honorables hésitations de Louis-Philippe, et le décida à prendre la couronne. M. Thiers avait conscience que sa carrière serait brisée si Henri V montait sur le trône. Aussi combattait-il à outrance le parti légitimiste. Collègue, dans le cabinet du 31 octobre, du maréchal Soult, qui avait été le favori de l'Empire et de la Restauration; du duc de Broglie, qui portait un des grands noms de l'ancien régime; de M. Guizot, qui, pendant les Cent-Jours, s'était rendu à Gand auprès de Louis XVIII, il craignait que le ministère ne passât pour rétrograde, et voulait donner un gage éclatant aux révolutionnaires. A leurs yeux, il ne pouvait y en avoir de meilleur que d'arrêter et d'emprisonner la duchesse de Berry. Résolu à employer tous les moyens et à faire au besoin dépenser par l'État de grosses sommes pour découvrir la retraite de la princesse, et opérer coûte que coûte sa capture, il fit de cette question son affaire personnelle. Malgré le nom de son portefeuille, il était moins ministre de l'intérieur que ministre de la police. Les services administratifs avaient été, en effet, détachés de son ministère, pour être transférés à celui du commerce et des travaux publics. Ne gardant que les attributions de police, il s'y adonnait avec une ardeur extraordinaire, se réservant de faire tout lui-même et seul, sans être tenu de mettre ses collègues au courant de rien, ce qui a suggéré à l'éminent historien de la Monarchie de Juillet, M. Thureau-Dangin, une réflexion sévère : « Parvenu de la veille, cette besogne policière amusait sa curiosité, sans exciter chez lui les répugnances qu'eût ressenties un homme d'éducation plus achevée et plus délicate. »

M. Thiers était à peine entré en fonctions, et il s'impatientait déjà de ne pouvoir arriver à saisir la duchesse de Berry, quand il reçut une lettre non signée par laquelle on lui promettait des révélations importantes sur une affaire d'État, s'il consentait à se rendre seul, la nuit, à l'heure qu'on lui indiquait, aux Champs-Élysées, près du rond-point, dans le massif aboutissant à l'allée des Veuves (maintenant avenue Montaigne). Cet endroit était alors une solitude dangereuse à cause des malfaiteurs. Le ministre, qui pouvait y redouter quelque guet-apens, s'y rendit, escorté par plusieurs agents, mais n'y trouva personne. D'après ce que lui-même a raconté depuis à un de ses collègues de l'Académie française, M. Xavier Marmier, il recevait le lendemain matin du même individu, toujours sans signature, une seconde lettre lui disant : « Je vous avais dit de venir seul ; vous êtes venu accompagné ; aussi je ne vous ai pas parlé. Si vous voulez savoir ce que j'ai à vous apprendre, revenez ce soir, mais soyez seul. » M. Thiers s'arma de pistolets, et arriva au rendez-vous sans qu'on pût distinguer d'agents auprès de lui; il leur avait sans doute prescrit de le précéder, et de rester cachés dans le voisinage, prêts à répondre au premier signal dans le cas où on l'attaquerait. Cette fois, le ministre vit s'approcher de lui un homme qui était l'auteur des lettres anonymes. — « Vous m'avez appelé, dit-il à cet homme dans les ténèbres, me voici. Que me voulez-vous? — Après avoir hésité, balbutié et tourné ses regards de tous côtés, l'inconnu déclara vouloir rendre service au gouvernement, en lui donnant le moyen de s'emparer de la duchesse de Berry. Il ajouta qu'il devait agir avec d'autant plus de précautions que, se trouvant initié à tous les secrets du parti légitimiste, il était surveillé par les chefs de ce parti et qu'à la moindre indiscrétion tout serait perdu.

La conversation ainsi commencée devait continuer au ministère de l'intérieur, où l'individu, d'abord très indécis, ne consentit à se rendre que mystérieusement, par une porte secrète. M. Thiers s'en défiait beaucoup, parce que, tout en disant avoir la certitude que la princesse se trouvait à Nantes, ce dénonciateur avouait lui-même ne pas savoir dans quelle maison elle y était cachée.

Le ministre prit toutes ses précautions. Il décida que Deutz se rendrait à Nantes, pour accomplir la trahison promise, mais y serait surveillé et dirigé par le commissaire de police Joly, celui qui, après l'assassinat du duc de Berry, avait arrêté Louvel. Dans une dernière entrevue, M. Thiers dit au traître : « Vous avez des lettres qui sont pour vous un sûr moyen d'arriver près de Mme la duchesse. Vous les lui porterez, et mes agents vous suivront. Voici, du reste, mes conditions : si vous me livrez la princesse, votre fortune est faite ; vous recevrez cinq cent mille francs. Dans le cas contraire, vous êtes entre mes mains et vous êtes un agent de conspiration ; vous apprendrez à vos dépens qu'on ne se joue pas impunément, en si grave matière, du gouvernement. » Douze policiers très vigoureux et très expérimentés furent placés sous les ordres de M. Joly et emmenés par lui à Nantes. Toutes les troupes, toutes les ressources administratives du département de la Loire-Inférieure étaient mises, en outre, à sa disposition, sans que le général commandant la division militaire et les autres autorités eussent le droit de l'interroger sur les motifs de ses réquisitions. Le secret était ainsi entre trois personnes : M. Thiers, M. Joly et Deutz. Une quatrième personne fut mise un peu plus tard dans la confidence : c'était le préfet de Nantes, M. Maurice Duval.

IV

DEUTZ.

Deutz, chargé par le gouvernement de Juillet d'une des plus déplorables missions qu'il ait jamais été donné à un homme de remplir, arriva à Nantes dans la seconde quinzaine du mois d'octobre. Il était persuadé que la duchesse de Berry se trouvait dans cette ville, mais ignorait toujours quelle maison lui servait de refuge; il se proposait de recourir à toutes les ruses pour découvrir ce mystère, et pénétrer jusqu'auprès de la princesse.

Quels étaient les antécédents de l'homme qui allait jouer un rôle sinistre dans le drame que nous racontons?

Chercheur érudit et infatigable, M. Nauroy a trouvé des informations inédites sur le passé de Deutz. Il a puisé aux Archives nationales et publié dans le très intéressant recueil mensuel le *Curieux* (numéros de janvier 1885, décembre 1887 et janvier 1888) un manuscrit dans lequel cet individu essaya de faire l'apologie de sa conduite. Cette pièce, que nous allons citer d'après M. Nauroy, complète les renseignements déjà donnés sur Deutz, et, contrairement au but qu'il se proposait en l'écrivant, elle jette la plus triste lumière sur sa célèbre trahison.

Hyacinthe-Simon Deutz était un juif allemand, né à Cologne en 1802. A l'âge de huit ans, il fut amené à Paris par son père, qui venait d'y être nommé rabbin. Quelques années après, il entra comme ouvrier imprimeur chez Didot. Vers la même époque, son beau-frère, M. Drach, s'étant fait catholique, Deutz, furieux de cette conversion, se porta plusieurs fois contre lui aux plus violentes menaces; il finit même un jour par lui dire qu'il ne craindrait pas de monter sur l'échafaud pour assouvir sa vengeance.

A quelque temps de là, Deutz, changeant complètement d'attitude, manifesta tout à coup l'intention d'embrasser la foi catholique, et fit solliciter par M. Drach, son beau-frère, la faveur d'être présenté à l'archevêque de Paris, Mgr de Quélen. Ce prélat lui donna le conseil de se rendre à Rome pour s'y faire instruire et y réaliser son projet de conversion. Deutz partit, au commencement de 1828, muni de recommandations pressantes pour le cardinal Capellari, alors préfet de la Propagande, plus tard pape sous le nom de Grégoire XVI. Dès son arrivée à Rome, une pension de vingt-cinq piastres par mois lui fut allouée sur les fonds de la Propagande, et le pape Léon XII chargea l'archevêque Ostini de lui apprendre le catéchisme. Le néophyte édifiait les fidèles par la piété qu'il témoignait.

« J'ai éprouvé quelques jours d'orage, écrivait-il alors, j'étais même sur le point de retourner à Paris sans le baptême. C'était le judaïsme expirant ; mais, grâce à Dieu, mes yeux se sont entièrement dessillés, et, sous peu, j'aurai le bonheur d'approcher de la sainte table. »

Admis, enfin, à recevoir le baptême, il eut pour parrain le baron Mortier, secrétaire de l'ambassade de France, et pour marraine une princesse italienne. On lisait dans le journal *l'Éclair*, en septembre 1828 :

« A d'ardentes études succédèrent les délices de la contemplation de la vérité. M. Deutz admira les célestes caractères empreints sur le front du christianisme, il embrassa la foi catholique. — Béni soit, dit-il alors lui-même au nouveau chrétien dont il voulait auparavant éteindre l'ancienne vie, béni soit le Seigneur qui a daigné m'envoyer sa grâce ! J'ai été baptisé par Son Éminence le cardinal d'Isoard. Mgr d'Ostini m'a confirmé, et j'ai eu ensuite le bonheur d'approcher de la sainte table. Jamais, non jamais je n'ai éprouvé une émotion aussi forte ni aussi douce que lorsque j'ai reçu le corps, le sang, l'âme et la divinité de Notre-Seigneur Jésus-Christ sous les apparences du pain. J'espère pouvoir maintenant remplir mes devoirs de chrétien, même au péril de ma vie, si Dieu daigne m'envoyer cette épreuve ! »

Le nouveau chrétien entra comme pensionnaire au couvent des Saints-Apôtres, et fut accueilli avec bonté par le Père Orioli, supérieur de ce couvent. Il fit, à la même époque, la connaissance du célèbre Père Ventura, général de l'ordre des Théatins. Après avoir vécu pendant deux ans des secours que lui fournissait le cardinal Albani, il sollicita un brevet l'autorisant à être le seul libraire de la Société de *Propagande*. N'ayant pu parvenir à ses fins, il quitta Rome au mois de juin 1830, envoyé par cette Société aux États-Unis, avec une mission assez importante.

Deutz était de retour en Europe, au mois de novembre 1831. Il débarqua en Angleterre, et s'insinua auprès des légitimistes français qui s'y trouvaient. C'est là que M. Eugène de Montmorency le pria d'accompagner Mme la maréchale de Bourmont et ses deux filles sur le continent. Deutz s'empressa d'accepter la proposition, et il escorta ces dames jusqu'à Gênes, où il les laissa, et d'où il se rendit à Rome. Le 18 février 1832, le maréchal de Bourmont lui écrivit, de Massa, la lettre suivante :

« Monsieur,

« J'ai reçu par M. Cauchy la lettre que vous m'avez fait l'honneur de m'écrire le 10 de ce mois. Je vous en remercie, et vous fais compliment sur le gracieux accueil que vous avez reçu de Sa Sainteté. Ma femme était souffrante; elle est beaucoup mieux à présent, et mes filles se trouvent assez bien du climat de Gênes; elles m'ont demandé de vos nouvelles, et je leur en ai donné. Elles conserveront toujours une vive reconnaissance de l'intérêt que vous avez eu la bonté de prendre à leur situation. J'ai informé Madame de vos projets en Espagne et en Portugal. Elle sera charmée de vous voir à votre passage, et elle vous priera probablement de vouloir bien vous charger de quelques commissions.

« Agréez, je vous prie, monsieur, l'assurance de la considération très distinguée avec laquelle j'ai l'honneur d'être votre très humble et très obéissant serviteur.

« Le maréchal comte DE BOURMONT. »

Deutz, recommandé à la duchesse de Berry par le pape Grégoire XVI lui-même, quitta Rome vers la fin de mars 1832, voyageant sous le nom de Hyacinthe de Gonzague, avec un passeport signé du cardinal Bernetti, et se rendit à Massa auprès de la princesse.

« Soit enfantillage, a-t-il écrit, soit pressentiment, depuis que je me connais, j'ai toujours été convaincu que je parviendrais à faire une grande action dans l'intérêt de la Liberté, et ce qu'il y a de singulier, c'est que tous mes amis, — et j'en ai parmi les têtes couronnées d'Europe, et dans les conditions les plus honorables de la société, tous me répétaient à l'envi : « Vous êtes né pour opérer de grandes choses. »

Une grande chose ! voilà comment Deutz appelle sa trahison !... Madame lui fit le meilleur accueil ; elle avait en lui la plus entière confiance et le chargea de se rendre en Portugal, avec une mission pour dom Miguel. Il quitta Massa le 4 avril 1832. A environ une lieue de la ville, dans une vallée plantée d'oliviers, le comte de Choulot lui fit prêter entre ses mains un serment de fidélité. Tel était, d'après Deutz, le texte de ce serment : « Je jure de faire tout mon possible pour le rétablissement et le maintien de la légitimité, et reconnais aux membres de la régence établie par Madame le droit de prendre ma vie en cas de trahison de ma part. » Mais, comme l'a dit M. de Nouvion dans sa remarquable histoire du règne de Louis-Philippe, « que valent les serments ? L'honneur les rend superflus, la bassesse les viole. »

Deutz, en quittant Massa méditait déjà des projets de trahison.

« Je partis pour Gênes, a-t-il écrit. De là, je me proposai de me rendre auprès du grand Casimir Périer, que je jugeais seul digne de mon entière confiance. A Gênes, j'appris que malheureusement le choléra venait d'éclater à Paris. Je résolus de me rendre directement en Portugal par l'Espagne... La France était mon amour, Louis-Philippe mon utopie. Je résolus de me sacrifier pour la première, en affermissant autant qu'il était en moi le trône du second. Je ne me faisais point illusion sur les conséquences de mon action pour moi, mais j'étais résolu de mourir martyr pour ma cause. » D'Espagne et de Portugal, Deutz communiqua au comte de Montalivet des renseignements sur les projets des légitimistes.

« Je pouvais compter, a-t-il écrit, sur sa fidélité aux libertés de Juillet et à la personne de Louis-Philippe, par la haine que lui portaient *mes nobles collègues* les ministres de Madame... Je lui communiquai tous les plans sacrilèges des carlistes, en lui disant qu'il pouvait compter sur moi pour délivrer la France d'un parti si odieux, et qu'une mort certaine, et même l'infamie dans un certain sens, ne m'empêcheraient pas de faire mon devoir... J'écrivis de Lisbonne, en juin 1832:

« Il n'y a qu'un moyen de délivrer la France de l'anarchie et de la guerre civile ; ce moyen, c'est l'arrestation de Madame. Il n'y a qu'un homme capable d'y réussir ; cet homme, c'est moi. A cette époque, il y avait déjà trois mois que j'avais écrit pour la première fois à M. de Montalivet (ministre de l'intérieur), et cependant je n'avais reçu aucune réponse. Craignant quelque trahison qui m'eût infailliblement coûté la vie, sans être d'aucune utilité pour ma cause, je quittai Lisbonne en août et me dirigeai sur Paris, où j'arrivai en octobre 1832. Je me rendis immédiatement chez M. de Montalivet, qui, à mon grand étonnement, me déclara qu'il n'avait reçu aucune lettre de moi... Sa loyauté et sa franchise fortifièrent de plus en plus ma résolution de tout sacrifier pour un gouvernement dont l'unique but était le bonheur de la France. Peu de jours après cette entrevue, le 11 octobre, M. Thiers fut nommé ministre de l'intérieur. C'est avec cet honorable ministre que je traitai réellement de l'affaire de Nantes. »

D'après Deutz, il aurait été convenu entre lui et M. Thiers (1) :

1° Qu'en cas d'arrestation, Madame ne serait, sous aucun prétexte, livrée aux tribunaux pour y être jugée ;

2° Qu'aucune personne ne serait arrêtée en vertu de rapports politiques qu'elle pourrait avoir avec Deutz ;

3° Qu'il lui serait permis d'employer tous les moyens pour faire échapper le maréchal Bourmont de France ;

4° Qu'au cas où Deutz serait tué dans une bagarre, le gouvernement ferait tout son possible pour le faire enterrer au pied du tombeau de sa mère.

Chose digne de remarque : dans ce même document, dans cette soi-disant justification de sa

---

(1) Voir le travail de M. Nauroy publié dans le *Curieux*.

conduite, la force des choses obligeait le traître à rendre hommage à sa victime.

« Personnellement, écrivait-il, je plains beaucoup le sort de Madame, que j'ai toujours considérée comme une princesse noble et courageuse. »

Deutz terminait ainsi cette curieuse apologie de lui-même, rédigée par lui sous une forme pour ainsi dire testamentaire :

« Puisse la France être heureuse sous le gouvernement royal et paternel de Louis-Philippe, et puissent ses descendants être en tout dignes de leur auguste père et du peuple qu'ils seront appelés à gouverner un jour ! J'ai fait mon devoir, ma conscience est tranquille. Je meurs satisfait. Vive la France ! Vive Louis-Philippe ! »

Cette apologie ne convaincra personne.

Victor Hugo adressera cette apostrophe vengeresse « A l'homme qui a livré une femme » :

> Rien ne te disait donc dans l'âme, ô misérable,
> Que la proscription est toujours vénérable,
> Qu'on ne bat pas le sein qui nous donna son lait;
> Qu'une fille des rois dont on fut le valet
> Ne se met point en vente au fond d'un antre infâme,
> Et que n'étant plus reine elle était encor femme!
>
> Et tais-toi ! Que veux-tu balbutier encor?
> Dis, n'as-tu pas vendu l'honneur, le vrai trésor?
> Garde tous les soufflets entassés sur ta joue,
> Que fait l'excuse au crime, et le fard sur la boue?

Dans son livre *La Vendée et Madame*, le général Dermoncourt, avant de mentionner pour la première fois le nom de Deutz, écrira :

« Je passerai par-dessus la répugnance que nous éprouvons, nous autres militaires, à parler de pareils hommes, près desquels nous ne passerions jamais sans les fouetter de nos cravaches, si nous ne craignions pas d'humilier nos chevaux. »

Deutz parle de beaucoup de choses dans son apologie, mais il ne dit pas un seul mot de l'argent qui fut le prix du marché conclu avec M. Thiers. Cet argent, comment le recevra-t-il ? C'est ce que nous apprendra M. Alexandre Dumas fils, par la lettre suivante adressée à M. Nauroy, le 13 mars 1883 :

« Monsieur, voici le fait : J'ai eu pour camarade de collège, et pour ami intime depuis, Henri Didier, député de l'Ariège sous l'Empire, mort en 1868. Il était le petit-fils de Didier, fusillé à Grenoble sous la Restauration à la suite d'une conspiration bonapartiste, et fils de Didier qui était secrétaire général au ministère de l'intérieur, quant eut lieu l'arrestation de la duchesse de Berry sur la dénonciation de Deutz. C'est ce Didier là qui fut chargé de payer au dénonciateur les cinq cent mille francs qu'il avait demandés. Mon ami m'a raconté un jour, en me faisant promettre de ne livrer le fait à la publicité qu'après sa mort, que son père, le jour du payement, l'avait fait cacher, lui, enfant de dix ans à cette époque, derrière une tapisserie de son cabinet, et lui avait dit :

« — Regarde bien ce qui va se passer, et ne
« l'oublie jamais. Il faut que tu saches de bonne
« heure ce que c'est qu'un lâche, et comment on
« le paye ! »

« Henri se cacha ; Deutz fut introduit. M. Didier était debout devant son bureau, sur lequel se trouvaient les cinq cent mille francs en deux paquets de deux cent cinquante mille francs chacun. Au moment où Deutz s'approchait, M. Didier lui fit signe de la main de s'arrêter ; puis, prenant les pincettes, il s'en servit pour tendre les deux paquets l'un après l'autre à Deutz, après quoi il lui montra la porte. Pas un mot ne fut prononcé pendant cette scène, que je vous raconte telle qu'elle m'a été racontée par mon ami, le plus honnête homme de la terre. »

L'histoire a de bizarres rapprochements. C'est un jeune prêtre catholique, élevé en France, Gilbert Giffard, qui, en descendant au rôle d'espion et en couvrant sa perfidie des dehors d'une ardente piété, fournit au secrétaire d'Etat de la reine Élisabeth, Walsingham, le moyen d'impliquer faussement Marie Stuart dans un complot tramé contre la vie de la reine d'Angleterre et de perdre l'infortunée captive. C'est un juif converti, c'est Deutz, qui gagnant la confiance des royalistes par une apparente ferveur religieuse, devait livrer la duchesse de Berry à M. Thiers.

V

MONSIEUR GUIBOURG.

Parlons maintenant, comme par contraste, d'un modèle d'honneur et de dévouement : M. Achille Guibourg.

Né à Châteaubriant (Loire-Inférieure) le 10 septembre 1799, ce vétéran de la cause légitimiste appartient à une ancienne famille de robe, très honorable et très connue en Bretagne. Tout jeune encore, il était déjà procureur du roi dans sa ville natale, et paraissait destiné à une brillante carrière de magistrat, quand éclata la révolution de 1830. Profondément dévoué aux Bourbons de la branche aînée, et ne voulant pas servir la monarchie de Juillet, il donna sa démission et quitta le parquet pour le barreau. Avocat distingué, il mit son éloquence à la disposition des premières victimes de l'arbitraire d'alors. Ses plaidoiries à

Nantes eurent un si grand retentissement qu'avant la prise d'armes de 1832, le comité légitimiste de cette ville, ayant à nommer un commissaire civil pour le département de la Loire-Inférieure, le désigna pour ces fonctions. La duchesse de Berry agréa le choix du comité et, de Massa, elle écrivit le 10 mars 1832 à M. Guibourg :

« J'ai été charmée d'apprendre que le comité de Nantes avait les yeux sur vous pour remplir les fonctions de commissaire civil du département de la Loire-Inférieure. Je connais les preuves de courage et de dévouement que vous avez données à la cause de la légitimité. Je compte toujours sur votre zèle et sur votre dévouement aux mêmes principes. Ne doutez jamais de mon estime. »

Pendant près de trois mois, cette nomination avait pu être cachée à la police. Mais, le 1er juin 1832, lors d'une visite domiciliaire au château de la Charlière, près de Nantes, des soldats, descendus à la cave, cassèrent le goulot d'une bouteille où ils croyaient trouver du vin et d'où s'échappa, à leur grande surprise, une feuille contenant les noms patronymiques et les noms de guerre des principaux chefs du mouvement. Jusque-là, l'autorité n'avait rien su, rien deviné de tout ce qui devait se passer ; mais, avec cette feuille révélatrice, elle se trouvait au courant de tous les projets. Aussi, le lendemain dès l'aube, M. Guibourg fut-il arrêté à Nantes dans son lit, sans avoir pu connaître la fatale découverte de la veille.

Incarcéré dans la prison Neuve, il y trouva une trentaine de personnes de sa connaissance qui avaient été arrêtées pour des motifs plus ou moins graves. Supportant gaiement leur captivité, ils ressuscitaient tous les jeux de collège pour inspirer, en se divertissant, plus de confiance à leurs gardiens. Leurs parents et amis leur faisaient de fréquentes visites, les femmes surtout, dont le cœur compatissant est ouvert à toutes les infortunes. De deux à quatre heures de l'après-midi, c'était un va-et-vient continuel de visiteurs, et la prison Neuve devenait le « salon » le plus et le mieux fréquenté de Nantes. M. Guibourg parvint à s'en échapper. Un jour que le concierge était ivre (4 août 1832), le prisonnier, revêtu d'un déguisement, se fit passer pour un visiteur. On lui ouvrit la porte, et il sortit devant une douzaine de soldats chargés, disait-on, de faire feu sur quiconque voudrait s'évader.

Après un trajet de deux kilomètres environ à travers les places et les rues de la ville, M. Guibourg arriva, tout haletant, au lieu indiqué, où il trouva le baron Athanase de Charette, père du général des zouaves pontificaux, et M. de Biré, qui avait épousé une des demoiselles de Kersabiec. Quelque temps après, par une nuit d'octobre, la maison qui servait d'asile aux proscrits fut l'objet d'une perquisition, parce que les autorités croyaient que la duchesse de Berry s'y était réfugiée. La police et les troupes en escaladèrent les murs; la parcourant dans tous les sens, ils visitaient coins et recoins, et, à l'aide d'architectes, ils calculaient la possiilté de l'existence d'une cachette. Ils ne parvinrent pas cependant à découvrir celle où M. Guibourg se tint blotti pendant douze heures de suite. De guerre lasse, policiers et soldats, n'ayant rien trouvé, se retirèrent. Cette visite avait été faite d'une manière si subite et si violente qu'elle jeta la terreur dans l'âme des propriétaires, malgré leur inaltérable dévouement. Aussi M. de Charette et M. Guibourg pensèrent-ils d'un commun accord qu'ils ne pouvaient, sans abuser des lois de l'hospitalité, rester davantage dans cette généreuse maison. Depuis plusieurs semaines, il leur aurait été facile de quitter Nantes et de gagner les côtes de la mer, où ils se seraient embarqués pour Jersey. Mais la duchesse de Berry, qui n'avait pas renoncé à prendre sa revanche, leur avait fait dire qu'ayant encore besoin de leurs services, elle les priait tous deux de rester.

Madame, avertie de ce qui venait de se passer, exprima le désir qu'un de ces messieurs cherchât un asile auprès d'elle, rue Haute-du-Château, dans la maison des demoiselles du Guiny, et l'autre à la maison des Kersabiec, située dans la même rue. M. Guibourg voulait laisser au baron de Charette l'honneur de se rendre auprès de la princesse, tandis que lui-même se réfugierait chez les Kersabiec. Mais M. de Charette n'accepta pas cette offre, et ce fut M. Guibourg qui devint l'hôte des demoiselles du Guiny, chez lesquelles il arriva mystérieusement, par une nuit sombre du commencement d'octobre.

La princesse le connaissait encore très peu. Elle ne l'avait vu qu'une seule fois, quelques jours avant la prise d'armes, au château de Plassac. Mais elle ne tarda point à apprécier la haute intelligence et les qualités chevaleresques de ce noble courtisan du malheur. Jamais elle n'avait trouvé aux Tuileries serviteur plus empressé, plus fidèle. Logé au premier étage de la maison des demoiselles de Guiny, où il resta jusqu'à l'arrestation de Madame, il prenait tous ses repas à leur table, avec Son Altesse Royale, le comte de Mesnard et Mlle de Kersabiec.

Cette maison existe encore. Elle se compose d'un rez-de-chaussée et de trois étages, ayant chacun trois ouvertures sur la rue, et dont le dernier est mansardé. Examinons quelle en était la distribution en 1832 :

Rez-de-chaussée : A droite, en regardant la maison de face, une remise ; derrière cette remise, une écurie ; une porte d'entrée, avec un corridor assez long conduisant à la cour et à l'escalier ; à gauche la cuisine, à laquelle attenait la chambre de la cuisinière, Marie Bossy. (La distribution du rez-de-chaussée a été changée. Aujourd'hui, la remise et la cuisine sont occupées par des boutiques.)

Une petite cour conduit à un joli escalier en pierres de taille avec rampe en fer ; cinq marches, un palier et cinq autres marches mènent au premier étage.

Premier étage : Au-dessus de la cuisine, la salle à manger à une fenêtre ; un salon à deux fenêtres occupant le reste de la façade sur la rue ; une petite galerie ouverte à tous vents (elle conduisait à l'office donnant sur la cour).

Dix marches mènent au deuxième étage.

Deuxième étage : Deux chambres à coucher (les chambres de Mlles du Guiny), séparées par deux cabinets de toilette dont l'un est éclairé par la croisée du milieu.

Un petit escalier en bois, tournant sur lui-même, avec une rampe en bois, très étroit, conduit par dix-huit marches au troisième étage.

Troisième étage : trois galetas donnant sur la rue ; celui de gauche, avec fenêtre du côté du château, servait de cabinet de travail à la duchesse de Berry. Un très étroit palier séparait ce galetas de la célèbre mansarde où couchaient la princesse et Mlle Stylite de Kersabiec. Cette mansarde est éclairée par une fenêtre donnant sur la cour et à côté de laquelle se trouve la cheminée, placée à l'angle de la pièce. Au fond de la cheminée il y avait une plaque qui s'ouvrait, et par laquelle on entrait dans une cachette.

Tous les soirs on dressait un lit de sangle pour le comte de Mesnard, dans ce qui servait, pendant la journée, de cabinet de travail à Mᵐᵉ la duchesse de Berry.

La maison du Guiny avait été bien choisie comme retraite de la duchesse de Berry. Elle faisait face à une grande rue, bordée d'un côté par les fossés du château et, de l'autre, par des échoppes qui n'atteignaient que la hauteur d'un premier étage. La partie du château qui est devant la maison n'étant pas alors habitée, les échoppes étant basses et aucune autre maison n'ayant vue sur la cour, Madame y avait à craindre moins qu'ailleurs les regards indiscrets.

Attendant tous les jours quelque perquisition, quelque visite domiciliaire, la princesse, M. de Mesnard, M. Guibourg et Mˡˡᵉ Stylite de Kersabiec étaient décidés, dès qu'il y aurait une alerte, à se réfugier dans la cachette. Faisant, pour ainsi dire, des répétitions, les quatre proscrits s'y étaient blottis ensemble plus d'une fois. Ils étaient convenus d'y entrer par rang de taille, en cas d'alarme, c'est-à-dire le comte de Mesnard le premier, M. Guibourg le second, Mˡˡᵉ de Kersabiec la troisième, la duchesse de Berry la dernière. Les quatre proscrits avaient grande confiance dans l'efficacité de cette cachette qui, aux jours de la Terreur, avait sauvé la vie de plus d'un royaliste, et il est probable que, sans les stratagèmes de Deutz, ils auraient pu s'y soustraire à toutes les recherches de la gendarmerie et de la police.

Il nous reste à raconter maintenant l'arrestation de la princesse. M. Guibourg lui-même nous servira de guide. C'est une chance heureuse de pouvoir consulter les témoins oculaires des événements dont on doit rendre compte. Cette bonne fortune, nous l'avons eue. Le 10 août 1888, le noble vétéran de la cause légitimiste nous a fait l'honneur de nous recevoir dans sa vieille maison de Saint-Servan, à côté de Saint-Malo, la patrie de son beau-père le célèbre marin Robert Surcouf, dont les exploits sont déjà devenus légendaires. Entouré de la sympathie et de la vénération générales, M. Guibourg nous est apparu comme un patriarche au milieu des trois générations dont il est le chef bien-aimé. Ce n'est pas sans une émotion profonde que nous avons salué ce beau vieillard, nonagénaire, qui a conservé un esprit, une santé, une vigueur physique et morale que pourraient lui envier bien des jeunes gens. Nous venions de lire la brochure, aujourd'hui à peu près introuvable, qu'il rédigea en prison et publia à Nantes à la fin de 1832, sous ce titre : « Relation fidèle et détaillée de l'arrestation de S. A. R. Madame, duchesse de Berry. » Revenant sur le même sujet, à cinquante-six années de distance, M. Guibourg a bien voulu ajouter devant nous les commentaires les plus curieux à son ancien récit, et si nos lecteurs s'intéressent aux pages qui vont suivre, c'est à cet homme de cœur qu'ils devront en attribuer le mérite. En l'écoutant, nous nous disions : la princesse qui inspirait de pareils dévouements n'était pas une femme ordinaire.

VI

LA TRAHISON.

Arrivé à Nantes avec le commissaire de police Joly, Deutz n'avait qu'une idée, découvrir la maison où était réfugiée la duchesse de Berry, pour se rendre auprès d'elle et la livrer. Mais la chose n'était pas facile, car les très rares personnes qui connaissaient le secret se défiaient de ce personnage, malgré toutes ses protestations. « Sans être superstitieux, est-il écrit dans son apologie de lui-même, je n'ai pu m'empêcher de reconnaître qu'un pouvoir surhumain me protégeait dans l'intérêt de la France et de Louis-Philippe pendant toute la durée de ma vie politique. J'ai déjà parlé des dangers que j'ai courus en Espagne et en Portugal : ceux de Nantes les surpassaient encore. Qu'on se figure que pendant les dix-neuf jours que je passai à Nantes, j'avais tous les jours au moins une conférence de plusieurs heures avec M. le préfet, et, outre la crainte d'être découvert par les espions carlistes, j'avais encore à craindre la police de l'autorité militaire qui n'était pas dans le secret. Sitôt mon arrivée à Nantes, M. le préfet me fit prier de m'en éloigner pour quelques jours. J'obéis immédiatement et me rendis à Paimbœuf. Je revins à Nantes au bout de deux jours, et là M. le préfet me lut une dépêche autographe de M. Thiers, qui l'invitait à m'empêcher d'agir parce que j'avais été trahi par un de mes amis en qui j'avais la plus grande confiance et à qui j'avais communiqué toutes mes affaires politiques. Après des choses très flatteuses pour moi, cet honorable ministre termina sa dépêche à peu près en ces termes : « Il ne faut pas qu'un homme d'un dévouement aussi désintéressé soit la victime inutile de sa persévérance et de son patriotisme. » Nous n'avons que peu de confiance dans les affirmations de Deutz, et il nous paraît peu probable que M. Thiers se soit servi de pareils termes.

« Dès ce moment, ajoute le traître, outre l'admiration et le respect que je professai toujours pour les talents et le caractère de M. Thiers, je me considère comme lui devant la vie. Cependant, convaincu comme je l'étais, qu'outre les ministres je n'avais d'autres confidents que Dieu seul, je suppliai qu'on me laissât agir, et avec quelque peine M. le préfet se laissa persuader. Le lendemain, je me rendis chez un prêtre à qui j'étais adressé pour avoir des renseignements sur le lieu où devait se trouver Madame. Il dit ne pas connaître ceux qui m'adressaient à lui, et après une courte conversation très orageuse, il me déclara que je n'étais nullement ce que je prétendais être (l'envoyé de Madame), mais tout bonnement un imposteur expédié par la police. Je conservai tout mon sang-froid, et je compris qu'effectivement il y avait quelqu'un de trahi, mais je reconnus aussi que ce ne pouvait être moi. »

Deutz, qui avait pris son logement à l'hôtel de France sous le nom d'Hyacinthe de Gonzague, cherchait à se mettre en rapport avec les principaux légitimistes de la ville. Il eut l'idée de se rendre au couvent de la Visitation, dont la supérieure était une chanoinesse, Mme de La Ferronnays, sœur du diplomate qui avait été avec tant de distinction ministre des affaires étrangères sous le règne de Charles X. Peu de jours auparavant, la force armée avait fait une perquisition dans ce couvent, avec l'espérance d'y trouver la duchesse de Berry. On avait soulevé les parquets, fouillé les caveaux. Il s'en était fallu de peu qu'on n'eût ouvert les tombes. Se disant être le baron de Gonzague, Deutz se présenta chez Mme de La Ferronnays.

« Je viens, lui dit-il, d'accomplir une mission

importante en faveur de Madame la duchesse de Berry, et je demande l'honneur de lui en rendre compte. »

La supérieure répondit :

« J'ignore où peut être Madame, et vous serez forcé, monsieur, de vous adresser ailleurs. »

Dans ses *Souvenirs intimes*, rédigés sur des notes prises jour par jour, le comte de Mesnard a écrit :

« Un certain baron de Gonzague, que personne ne connaît, et qui se dit chargé de papiers importants pour Madame, est arrivé à Nantes. Cette nouvelle vient d'être apportée à Son Altesse Royale par une personne sûre; cette personne lui a dit que le baron de Gonzague s'était adressé à la supérieure de la Visitation, Mme de La Ferronnays... N'est-il pas singulier que ce baron de Gonzague persiste à croire que Mme de La Ferronnays sait où doit être Madame ? Il y persiste si bien qu'il n'a pas laissé passer un jour sans se rendre dans la chapelle du couvent, et sans y communier, ce qui a grandement édifié Mme de La Ferronnays, et n'a pas peu servi, je crois, à faire instruire Madame de la demande faite par cet étranger; il arrive du Portugal. »

La princesse demanda le signalement de l'individu en question, et finit par penser qu'il pourrait bien être ce Deutz qu'avant son départ de Massa elle avait chargé de lettres importantes pour Madrid et Lisbonne. Elle se décida donc à le recevoir mystérieusement. Le 30 octobre 1833, elle dit à M. du Guiny, le frère des deux demoiselles qui lui donnaient une hospitalité si généreuse :

« Demain au soir, à six heures, vous vous rendrez l'hôtel de France. Vous y demanderez M. Gonzague. Vous l'aborderez par ces mots : — Monsieur, vous arrivez d'Espagne ? — Voici la moitié d'une carte découpée. M. Gonzague a l'autre moitié. Vous le reconnaîtrez à ce signe et me l'amènerez. »

Le lendemain, en effet, à l'heure dite, M. du Guiny se rendit à l'hôtel de France, reconnut Deutz au moyen de la carte partagée, et lui proposa de lui servir de guide pour le conduire près de la princesse.

Cependant, les compagnons de Madame avaient encore de grands soupçons au sujet de l'individu qu'elle allait recevoir malgré leurs conseils. Ils décidèrent qu'on ne dirait pas au personnage en question quelle était la maison où il était conduit, et qu'on lui ferait croire que la princesse, au lieu d'y demeurer, n'y était que pour une heure seulement, et devait la quitter pour n'y plus revenir.

Pendant que M. de Guiny et Deutz, qui venaient de sortir ensemble de l'hôtel de France, descendaient tous deux la rue Jean-Jacques et suivaient la route qui conduit du port Maillard à la rue Haute-du-Château, Deutz paraissait inquiet. Il insistait pour savoir d'une manière précise dans quelle maison il allait être reçu.

« Dans une maison, lui dit M. du Guiny, où Madame ne se rend que pour vous donner une audience et qu'elle quittera aussitôt après. »

Deutz avait eu soin de se faire suivre par quatre agents de M. Joly. Ces quatre individus se tenaient à distance et se glissaient le long des murs pour n'être pas remarqués. M. du Guiny ne les voyait point. Dans les petites rues du vieux quartier, où les maisons en encorbellement laissent à peine apercevoir le ciel entre les toitures, les agents, par une nuit profonde et orageuse, finirent par perdre la trace des deux hommes qu'ils suivaient.

Etait-ce remords? Etait-ce crainte de ne pas réussir dans sa trahison? Deutz tremblait de la tête aux pieds. Arrivé à la maison des demoiselles du Guiny, il monta jusqu'au troisième étage, et entra dans une chambre qui donnait sur la rue, et n'était séparée que par un très étroit palier, de la chambre habitée par Madame. Se trouvant en face de M. Guibourg, des demoiselles du Guiny et de Mlle Stylite de Kersabiec, il se troubla et demanda si la princesse était arrivée. On lui répondit qu'on croyait qu'elle l'était, parce qu'on avait entendu du bruit dans la pièce voisine. Au même moment, M. de Mesnard entra. Deutz, ne le reconnaissant point, quoique l'ayant vu à Massa, recula, saisi de frayeur. « Qu'est-ce donc? s'écria-t-il, où suis-je? » Peut-être se rappelait-il le serment qu'il avait prêté entre les mains du comte de Choulot, près de Massa, dans le champ planté d'oliviers.

Un instant après, la duchesse de Berry apparut. Elle sortit de derrière une cloison, a écrit le traître, en me disant : « Me voici, mon cher Deutz. » A ces mots, prononcés avec bienveillance, je me sentis faiblir; un nuage s'étendit sur mes yeux, et je me trouvai mal; alors, avec cette bonté qui lui était naturelle, Madame approcha elle-même une chaise, en ajoutant : « Remettez-vous, mon ami. »

Écoutons le comte de Mesnard, témoin de cette scène :

« Madame, dit-il, est entrée tout à coup avec son châle, son chapeau et ses brodequins tout couverts de poussière, comme si elle arrivait de fort loin; j'étais seul présent à l'entretien qu'elle vient d'avoir avec Deutz. Cette conversation a été assez longue. Il lui a d'abord rendu compte de sa mission. Cette mission avait pour but d'engager Madame la duchesse de Berry à entrer pour une somme de dix millions dans la négociation de l'emprunt en faveur de don Miguel, qui donnerait toutes les garanties nécessaires, et mettrait à la disposition de Madame une grande quantité d'armes et de munitions suivant le résultat de la négociation. En outre, Deutz avait reçu l'ordre de se rendre auprès de la reine d'Espagne, qui approuvait l'entreprise de sa sœur, et lui promettait aide et appui. »

La princesse remercia Deutz, et le congédia, en l'invitant à rester quelques instants encore dans la maison d'où elle voulait, lui disait-elle, s'éloigner avant lui. Au moment où elle remettait son châle et son chapeau, comme pour sortir, il se précipita à ses pieds, et, baisant le bas de sa robe, il lui dit qu'elle ne pouvait s'entourer de trop de précautions, et finit par la conjurer de le nommer son ministre plénipotentiaire et de lui accorder le titre de baron. A cette étrange demande, la princesse eut de la peine à s'empêcher de rire.

Sur ces entrefaites M. du Guiny se présenta pour prendre les ordres de Madame. Il dit alors à Deutz :

« Si vous avez quelque chose à faire parvenir à Son Altesse Royale, je m'en charge. Vous me trouverez place de la Préfecture, n° 2, au troisième étage. Mais auparavant, et de peur de surprise, tâchons de nous bien reconnaître ! »

Regardé en face, Deutz pâlit, et, faisant un mouvement convulsif, il balbutia cette phrase :

« Avez-vous remarqué combien j'étais troublé en arrivant ici ? C'est une chose extraordinaire. »

Il essayait de mettre son émotion sur le compte d'un transport d'enthousiasme, de respect, d'admiration pour l'héroïque princesse qui lui disait en lui montrant M. du Guiny :

« C'est un bon Breton, celui-là, d'un dévouement absolu et sans bornes. »

Madame, laissant Deutz en compagnie de M. de Mesnard, quitta la chambre du troisième étage, et s'en alla par l'escalier. On fit du bruit dans la maison; on ouvrit et on referma la porte d'entrée, pour faire croire à Deutz que la princesse venait de partir. Il le crut, en effet.

Laissons encore la parole au comte de Mesnard :

« Lorsque Deutz fut seul avec moi, il essuya ses larmes, car il avait pleuré pour mieux prouver à Madame son zèle et aussi son grand désir d'être baron tout de bon. Ayant donc essuyé ses yeux, qui regardent plus souvent de côté qu'en face, chose qui, soit dit en passant, est peu de mon goût, il reprit l'entretien, et revint sur les grands services que sa mission en Portugal le mettait à même de rendre à Madame. Il appuya beaucoup sur ses relations avec des personnes de distinction, et m'assura que c'était dans l'intérêt de Son Altesse Royale qu'il avait quitté le nom de Deutz pour prendre celui de baron de Gonzague, les titres étant indispensables dans les cours étrangères. Et, partant de là, il se mit avec toute l'humilité possible à me conjurer d'obtenir pour lui de Madame la faveur d'être nommé son plénipotentiaire, et de plus baron, le nom de Deutz étant bien court et peu sonore pour un homme qui avait à remplir une mission en pays étranger.

Je répondis à Deutz à peu près ceci :

« Les affaires de la Vendée sont dans un état désespéré; ce n'est donc pas le moment de nommer un plénipotentiaire ; je crois que Madame ne donnera ce titre à personne. Quand à celui de baron, c'est autre chose; il est possible que Son Altesse Royale vous l'accorde, et je lui rappellerai combien vous y attachez de prix. »

« J'ai cru que cet homme baiserait aussi mes pieds, tant il s'est perdu en révérences jusqu'à terre, en exclamations de reconnaissance et de dévouement. »

Lorsque Deutz fut hors de la maison, M. de Mesnard alla raconter la conversation à la princesse. Prise alors d'un de ces élans de gaieté qu'elle n'avait pas eus depuis longtemps, elle s'écria, riant de bon cœur :

« Il est fou ! Il veut être mon plénipotentiaire ; il veut être aussi baron ! Eh bien, passe pour baron... faisons-le baron ! »

Deutz avait fait sur M. de Mesnard et sur M. Guibourg une mauvaise impression. Tous deux lui trouvaient l'air faux, et ils essayaient de faire partager leur sentiment à la duchesse de Berry. Mais Madame, qui était la bonté, la générosité, la loyauté même, ne pouvait pas soupçonner l'infamie d'une pareille trahison. Comme ils insistaient, — c'est M. Guibourg qui nous l'a raconté lui-même, — Madame s'écria très vivement : « Mais il m'a été recommandé par les cardinaux, par le Pape. Il m'a très bien servie. Il m'est très dévoué. » Ces messieurs ne semblaient pas encore convaincus. La princesse, impatientée, finit par leur dire : « J'ai, en définitive, autant de confiance en lui qu'en vous-mêmes. » Et ils se turent.

Cependant Deutz était embarrassé. Après avoir quitté la maison, il n'avait pas retrouvé les quatre agents qui étaient chargés de le suivre et de l'attendre.

« En descendant à dix heures du soir de chez Madame, a-t-il écrit, je ne trouvai personne. Au bout d'une heure seulement, chez M. le préfet, je sus qu'on avait perdu mes traces. Tout le monde crut l'affaire manquée. »

Deutz était le seul à ne pas désespérer du succès de son œuvre infâme. Il fit demander à la princesse une seconde audience, prétendant qu'en présence de tant de grandeur et d'infortune, il avait été ému au point d'oublier une question de la plus haute importance. On supplia en vain Madame de ne pas accorder cette seconde entrevue. Pleine de confiance en Deutz, elle voulait lui remettre des dépêches. Elle lui fit dire de se rendre dans la maison des demoiselles du Guiny, le mardi 6 novembre, à quatre heures de l'après-midi.

A cette nouvelle, le traître se dit que cette fois sa proie ne lui échapperait point. Le 31 octobre, il ne savait pas lui-même où il allait. Le 6 novembre, il le savait. Les autorités civiles et militaires avaient pu être prévenues. Les agents étaient apostés, munis de haches pour enfoncer les portes au cas où on refuserait de les leur ouvrir. Les troupes étaient prêtes à marcher.

« La fortune de Louis-Philippe, a écrit Deutz, avait placé à Nantes pour préfet le seul homme qui, par l'énergie de son caractère, pût terminer cette entreprise. »

A deux heures de l'après-midi, le traître passa devant la maison, sans doute pour mieux étudier son terrain. A quatre heures, il y revenait et obtenait sans difficulté d'être introduit devant la princesse. Elle le reçut dans la même chambre que la première fois.

Au moment où il venait d'entrer, on remit à la princesse une lettre écrite en encre blanche. M. de Mesnard la mouilla avec une eau spéciale, qui en rendit les caractères lisibles. Madame lut tout haut la lettre, qui était signée Jauge. On lui donnait avis de se tenir sur ses gardes, car un homme qui avait toute sa confiance l'avait trahie et vendue à M. Thiers. « C'est peut-être vous ! » dit-elle à Deutz avec un franc sourire. Et Deutz reprit, en souriant aussi et comme pour plaisanter : « C'est possible. »

Il parla ensuite du vif désir qu'il avait de servir Madame, et finit par demander de l'argent pour accomplir la mission dont il allait se charger près des partisans de la princesse à Paris, puis en Portugal et en Espagne. Madame n'avait pas assez d'argent comptant pour faire remettre à Deutz la somme qu'il demandait. Il lui renouvela néanmoins toutes ses protestations de dévouement et d'enthousiasme. Puis elle se retira.

Deutz, resté seul avec le comte de Mesnard, insista de nouveau sur la question d'argent. M. de Mesnard maintint ce que Madame avait offert : vingt-cinq louis pour se rendre à Paris, et une lettre de crédit sur une maison de banque.

« Croiriez-vous, a écrit le comte de Mesnard, que ce misérable — depuis qu'il se sent dans la boue parce que ceux-là mêmes qui l'ont employé sont prêts à lui cracher au visage — croiriez-vous qu'il cherche à se justifier en disant qu'il a agi dans l'intérêt de la France, et que c'était dans le seul but d'empêcher la continuation de la guerre civile qu'il a livré Madame ? Notez bien qu'il savait que Madame allait quitter la France ; que je lui avais parlé moi-même du départ de Son Altesse Royale, comme devant avoir lieu le 14 novembre, et qu'il n'ignorait pas que le navire était prêt à recevoir Madame ; il a donc menti quand il a dit cela, et d'autant plus menti qu'il s'est fait payer, et si bien payer qu'il a emporté plus peut-être qu'on n'aurait voulu lui donner une fois l'*immense service* rendu ! Il a donc vendu Madame pour de l'or, et non pour le plus grand bien de la France ! Il l'a si bien vendue pour de l'or, que, non content de celui qu'il touchait pour prix de sa trahison, il a tenté de s'enrichir aux dépens de sa victime, témoin la demande d'argent qui fut le prétexte de sa seconde visite. »

Avant de quitter la maison de Mlles du Guiny, Deutz, en descendant, avait vu, au second étage, la porte de la salle à manger ouverte. Une table de huit couverts était déjà servie. Ordinairement, il n'y avait que six convives : la duchesse de Berry le comte de Mesnard, Mlles du Guiny, M. Guibourg et Mlle Stylite de Kersabiec. Aujourd'hui, il y en avait deux de plus. L'avant-veille, dimanche 4 novembre, était la Saint-Charles, jour de fête de Madame et de son mari. La princesse n'ayant pu avoir à dîner ce jour-là deux personnes qu'elle voulait inviter, la baronne Athanase de Charette et Mlle Céleste de Kersabiec, sœur de Mlle Stylite, avait remis le modeste repas au surlendemain mardi 6 novembre. Le dîner est prêt. Hélas ! quatre des convives ne vont pas pouvoir y prendre part. Les fidèles courtisans du malheur se préparaient à souhaiter, du fond du cœur, à la bonne et vaillante princesse, cette fête qui était naguère annoncée aux Tuileries par les aubades et par les fanfares militaires. Mais Deutz vient de jeter, en passant, un coup d'œil sur les huit couverts ; il se doute que c'est le repas de sa victime. Se précipitant vers ses complices, il leur dit : « Elle va se mettre à table, partez ! »

VII

LA CACHETTE.

Le 6 novembre 1832, à quatre heures de l'après-midi, les 32ᵉ et 56ᵉ régiments d'infanterie de ligne manœuvraient à Nantes, sur le cours, et bien que cette heure ne fût pas l'heure habituelle des revues ou des manœuvres, la population ne devinait pas que quelque chose d'extraordinaire fût sur le point de se passer dans la ville. La maison des demoiselles du Guiny était calme. A cinq heures et demie du soir, la duchesse de Berry, qui avait travaillé toute la journée, causait tranquillement, même gaiement. Elle avait invité à dîner, outre les convives ordinaires, la baronne Athanase de Charette et Mlle Céleste de Kersabiec (mariée en 1839 à M. de Bancenel, lieutenant-colonel d'infanterie en retraite, morte veuve en 1880 à soixante-dix ans). Ces deux dames venaient d'arriver. Le couvert était déjà posé. Avant de se mettre à table, on se tenait, au second étage, dans la chambre à coucher de Mlle Pauline du Guiny. De cette chambre on apercevait le château. Le temps était superbe. La lune se levait dans un ciel limpide, et l'appartement n'était éclairé que par sa lueur poétique et douce. Madame, oubliant ses préoccupations et ses chagrins, faisait des réflexions sur la beauté de cette lumière, quand, tout à coup, M. Guibourg pâlit. Il venait de s'approcher de la fenêtre. « Sauvez-vous, Madame, s'écria-t-il, sauvez-vous ! »

Que se passait-il donc? M. Guibourg avait aperçu une ligne serrée de baïonnettes. C'était une colonne de troupes qui s'avançait sur la maison. Il faut que la princesse et que M. de Mesnard, Mlle Stylite de Kersabiec et M. Guibourg, qui tous trois sont proscrits comme elle, cherchent à l'instant même un refuge dans la cachette. Tous quatre montent précipitamment au troisième étage et entrent dans la chambre à coucher de Madame. Les voilà devant la cachette qui est au fond de la cheminée. Une plaque mobile en fonte y donne accès. Le mur de la cheminée la ferme par devant. Dans le fond se trouve le mur extérieur de la maison sur lequel reposent les chevrons qui forment le dessus de la cachette. La cheminée, placée à l'un des angles de la chambre, a l'air de tenir au mur de la maison, tandis qu'en réalité elle est appuyée contre un petit mur élevé devant le gros mur. Il est impossible de pénétrer sans se mettre à plat ventre dans l'espace vide qui se trouve entre les deux murs, et ceci constitue la cachette. Elle a environ dix-huit pouces de large à l'une des extrémités, et huit à dix pouces à l'autre, sur une longueur de trois pieds à trois pieds et demi. La hauteur va en diminuant vers l'extrémité la plus étroite, de manière à permettre difficilement à un homme de se tenir debout dans cette partie, même en passant la tête entre les chevrons. Les quatre personnes qui vont pénétrer dans ce réduit, où elles resteront plus de seize heures consécutives, ne pourront s'y placer que par rang de taille, le côté gauche étant plus élevé que le côté droit.

Le hasard veut que la plaque par laquelle on pénètre se trouve ouverte au moment où les quatre proscrits entrent dans la mansarde. « Allons, dit la duchesse de Berry, passez le premier, monsieur de Mesnard, c'est vous qui êtes le plus grand. »

M. de Mesnard passe. M. Guibourg le suit. C'est le tour de Mlle Stylite de Kersabiec. Par déférence, elle ne veut point passer avant Son Altesse Royale. « Allons, s'écrie alors Madame, passez, Stylite. En bonne stratégie, quand on opère une retraite, c'est le commandant qui doit marcher le dernier. » Mlle de Kersabiec obéit. Elle entre dans la cachette, et la princesse la suit. Les proscrits referment la plaque, et, entassés les uns sur les autres, ils gardent un profond silence... Ils écoutent... Un grand bruit retentit dans la maison. Les portes s'ouvrent avec violence. Les soldats entrent, précédés par les commissaires de police de Paris et de Nantes, qui marchent l'arme au poing. Soit trouble, soit inexpérience, l'un d'eux fait partir son pistolet, et se blesse à la main. Les envahisseurs montent l'escalier, se dispersent dans toutes les chambres, et arrivent jusqu'à la mansarde.

Mlles du Guiny viennent de montrer le plus grand sang-froid. Bien que gardées à vue par les soldats, elles se sont mises à table, invitant la baronne de Charette et Mlle Céleste de Kersabiec à en faire autant. Mme de Charette, à qui l'on a demandé son nom, a déclaré être une demoiselle de Kersabiec, et, après le dîner, elle a été reconduite, avec Mlle Céleste, sa prétendue sœur, à la maison de cette dernière, qui demeure dans la même rue, trente pas plus haut.

La cuisinière, Marie Bossy, est conduite à la caserne de la gendarmerie, où on l'interroge. On emploie les menaces et l'or pour la corrompre et lui arracher le secret de la retraite de la princesse. En vain, on étale devant ses yeux des sommes considérables. Cette brave femme aimerait mieux mourir que de trahir Madame. Désespérant de la faire parler, on l'emprisonne.

Le commissaire de police, Louis Joly, en pénétrant dans la chambre où Madame avait reçu

Deutz, et qui n'est séparée que par un petit palier de celle de la princesse, s'est écrié: « Voici la salle d'audience. » Madame a entendu cette parole. Plus de doute. Évidemment, c'est par Deutz qu'elle a été trahie. « Ce qui me console, dit-elle, c'est que ce malheureux n'est pas Français. » Des soldats sont placés dans tous les appartements. On ouvre les meubles, on les force quand la clé n'est pas dans la serrure. Des maçons et des sapeurs sondent à grands coups de pioche, de hache et de marteau les murs et les plafonds. La maison et les maisons voisines sont cernées. Ce sont celles qui comprennent la rue Haute-du-Château, un côté de la place Saint-Pierre, une portion de la Haute-Grande-Rue, la rue des Carmélites et une partie de la Basse-Rue-du-Château. Elles sont investies si exactement qu'il ne reste pas le moindre passage libre. Les précautions les plus minutieuses ont été prises. On ne laisse pas un seul habitant des maisons sortir de chez lui ou y rentrer. Environ douze cents hommes ont été mis sur pied pour procéder à cet investissement. Ils sont commandés par le général Drouet, comte d'Erlon, par le général Dermoncourt et par les colonels des 32e et 56e de ligne, et c'est le préfet de la Loire-Inférieure, M. Maurice Duval, qui préside aux opérations. Derrière le cordon de troupes de ligne, le peuple a formé une seconde enceinte, plus compacte encore que la première. Informés de ce qui se passe, les habitants de la ville et des faubourgs se sont portés en foule dans la direction des maisons cernées.

Cependant, les perquisitions continuent. On trouve du linge, de l'argenterie, des imprimés, une lettre écrite à l'encre sympathique, mais non pas les personnes qu'on cherche. Des architectes, amenés dans chacune des chambres, déclarent qu'il est matériellement impossible, d'après leur conformation intérieure, comparée à la conformation extérieure, qu'elles puissent renfermer une cachette assez grande pour contenir même une seule personne. Arrivés dans la mansarde, ils soutiennent que cela est surtout impossible dans cette pièce. Les proscrits, qui ont entendu la réflexion, ont un moment d'espoir. Mais bientôt leurs alarmes vont redoubler. Les perquisitions se poursuivent dans les maisons voisines. Des ouvriers en sondent les murs, et frappent les cheminées à coups de mandrin avec une violence telle que le mur qui sert de point d'appui aux quatre captifs s'ébranle, bien que n'étant pas touché. Au bruit des marteaux et des pioches se mêlent les cris des ouvriers, furieux de voir que leurs recherches sont inutiles. Madame entend tout, jusqu'à la réponse que le préfet, M. Maurice Duval, fait aux observations des demoiselles du Guiny : « Les ouvriers qui démoliront la maison, leur dit-il, sauront bien la reconstruire. » Le bruit va toujours croissant ; les maçons et sapeurs frappent à tour de bras ; les plâtras tombent, et font des flots de poussière. « Ah! mes pauvres enfants, murmure douloureusement la princesse, nous allons être mis en pièces. C'est fini... » Puis elle ajoute, d'une voix plus basse et en pleurant : « C'est cependant pour moi que vous vous trouvez dans cette affreuse position. » Les maçons approchent de plus en plus. Ils touchent presque le mur de la cachette. Les entendant si près, M. de Mesnard dit à Madame : « S'ils arrivent jusqu'à nous, il va falloir ouvrir la plaque et nous rendre. Nous sommes entre deux dangers, mais le plus grand est derrière nous, parce qu'il est à craindre qu'en découvrant du monde ici on ne tire sur nous des coups de fusil. »

Les ouvriers ne sont plus qu'à quelques pouces du mur. Encore un coup de marteau, et la princesse va être découverte ; elle songe déjà à ordonner d'ouvrir la plaque, quand, tout à coup, les ouvriers s'arrêtent. Ils sont las ; ils demandent à se reposer. Le préfet accède à leur désir : « Les travaux ont cessé pour ce soir, dit-il ; je reviendrai demain de bonne heure. »

Les commissaires de police, après s'être retirés, rédigent le procès-verbal suivant :

« An 1832. Six novembre. Louis Joly, commissaire spécial de police, attaché au ministère de l'intérieur, en mission extraordinaire dans l'Ouest, particulièrement à Nantes ; Auguste Lenormand, commissaire central à Nantes ; Jean-Joseph-François Prévost, Gustave Delaralde et Joseph Bertault, commissaires de police à Nantes, officiers de police judiciaire, auxiliaires de M. le procureur du roi, en exécution des ordres de M. le pair de France, préfet du département de la Loire-Inférieure, à l'effet de faire des recherches dans diverses maisons, notamment dans celles numérotées 1, 3 et 5, situées dans la rue Haute-du-Château, désignées comme pouvant recéler Mme la duchesse de Berry et autres personnes de sa suite, saisir dans lesdites maisons toutes armes, munitions de guerre, ainsi que toutes proclamations, correspondances, notes, manuscrits, registres, écrits, imprimés, presses d'imprimerie, caractères, et spécialement tous les objets de nature à compromettre la sûreté intérieure et extérieure de l'État, nous sommes transportés, accompagnés de forts détachements de troupes de ligne formant la garnison, et composés des 32e et 56e de ligne, sous les ordres de MM. les colonels et officiers de ces régiments dans les trois maisons désignées, où, étant, après avoir fait occuper et garder intérieurement toutes les issues extérieures, soit dans les rues, soit dans les maisons voisines, nous avons fait une exacte perquisition dans toutes les pièces, dans les caves, greniers et souterrains dépendant des trois maisons. Nous n'avons trouvé aucune des personnes comprises dans l'objet de nos investigations. Nous avions préalablement fait connaître nos qualités et l'objet de notre transport à tous les habitants desdites maisons, notamment aux demoiselles du Guiny, occupant la maison n° 3, fortement soupçonnée d'être celle dans laquelle pourrait s'être réfugiée Mme la duchesse de Berry et autres personnes de sa suite. Nous avons occupé pendant la nuit ladite maison et plusieurs autres maisons du même quartier, afin d'empêcher toute personne de sortir ou de communiquer avec qui que ce soit, la gendarmerie étant placée à l'intérieur de toutes ces maisons et assistant les soussignés. Nous avons rédigé le présent procès-verbal pour être continué, le cas échéant, demain 7. »

Les commissaires de police s'étaient retirés, et les troupes de ligne avaient regagné leurs casernes. Mais la duchesse de Berry et les trois personnes qui étouffaient avec elle dans l'étroite cachette n'avaient pas un moment de répit. Deux gendarmes gardaient la mansarde, et à mesure que la nuit s'avançait, la gêne et les angoisses des quatre proscrits devenaient de plus en plus intolérables.

VIII

L'ARRESTATION.

Les commissaires de police venaient de quitter la maison pour y revenir le lendemain. Mais, en s'éloignant, ils avaient laissé des surveillants dans toutes les pièces. Celle où se trouvait la cachette restait gardée par deux gendarmes, nommés Hocher et Lavollée. Les prisonniers n'auraient donc pu sortir de leur mystérieuse retraite sans être immédiatement arrêtés. Dans leur détresse, ils avaient cependant une vague lueur d'espérance. Tout en soupçonnant la trahison de Deutz, ils n'en avaient pas encore la certitude absolue, et se disaient que peut-être il en serait de cette visite domiciliaire comme de tant d'autres, et que, de guerre lasse, n'ayant rien trouvé, on ne continuerait pas les perquisitions. Madame et ses compagnons, qui n'avaient pas mangé depuis leur déjeuner de la veille, soutinrent leurs forces défaillantes par quelques morceaux de sucre, que M. de Mesnard avait dans sa poche. Après ce bien maigre repas, la princesse, exténuée de fatigue, s'endormit debout d'un sommeil si profond qu'au bout de quelques instants, ses compagnons, ne l'entendant plus respirer et la croyant évanouie, asphyxiée peut-être, la réveillèrent.

C'est ainsi que la nuit s'écoulait dans des angoisses sans trêve. Les ouvriers n'attendirent pas le jour pour recommencer leurs travaux de démolition. Il semblait qu'on voulût abattre la demeure de Mlles du Guiny et les maisons voisines. Les barres de fer, les madriers frappaient à coups redoublés, et les prisonniers se demandaient s'ils n'allaient pas être écrasés et brisés sous les ardoises et sous les pierres. Cependant, à cette époque de conviction et d'héroïsme, l'exaltation légitimiste était si forte dans le cœur de certains fidèles que M. Guibourg, — il l'a écrit dans ses relations, et il nous l'a redit à nous-même, — trouvait dans son martyre une sorte d'âpre joie. Relisons la noble page par laquelle il a retracé les émotions de ses seize heures de captivité dans la cachette :

« Qui le croirait? dit-il, cette affreuse position n'était pas sans charmes pour les trois serviteurs de Madame. Souffrir avec et pour une princesse qu'on admire dès qu'on la connaît et à laquelle on appartient pour toujours ; voir la police entière se consumer en vains efforts pour prendre et livrer au pouvoir celle dont naguère elle eût baisé les pas; entendre leurs plaintes et leur mécontentement de ne pas trouver la princesse dont la capture était pour l'un la condition d'un horrible salaire, pour l'autre un gage de réconciliation, pour tous peut-être un motif de récompenses et d'honneurs, était une satisfaction qui faisait oublier la fatigue et la faim. Indépendamment des devoirs sacrés que le malheur et l'opinion imposent, il est des hommes dont l'âme aime à lutter avec les orages de la vie, et trouve une sorte de bonheur à vaincre et dominer les mouvements d'une nature ordinairement ennemie des souffrances et des périls. »

Tout à coup un nouveau danger se produit. La nuit est humide. Il fait très froid. Les gendarmes s'avisent d'allumer du feu dans la cheminée, au fond de laquelle se trouve la plaque par laquelle on entre dans la cachette. L'un d'eux descend, et remonte avec des mottes à brûler. Le feu flambe, et la fumée passe par le trou du petit mur attenant à celui du refuge des prisonniers. Ceux-ci, glacés comme ils l'étaient, se félicitent d'abord de se sentir un peu réchauffés. Mais à ce court moment de bien-être succèdent tout de suite une grande souffrance et un grand danger. La plaque et le mur, en s'échauffant, communiquent à la cachette une chaleur qui va toujours croissant, et qui devient intolérable. Alors M. de Mesnard a l'idée de déranger les ardoises de manière à y pratiquer une petite ouverture contre laquelle les prisonniers appliquent tour à tour leur bouche, afin d'aspirer un peu d'air qui les préserve de l'asphyie. En même temps, les travaux de perquisition et de démolition des ouvriers continuent avec acharnement.

Quel supplice que celui des quatre personnes enfermées vivantes dans une tombe embrasée! Tout à l'heure, c'était une glacière, maintenant c'est une fournaise. Elles frissonnaient, elles étouffent. Vont-elles être asphyxiées par le feu de la cheminée, ou écrasées sous les décombres? Et cependant la princesse ne perd pas courage. A plusieurs reprises, les propos gaillards des deux gendarmes l'ont même fait rire. Après avoir longtemps causé, ils se taisent. L'un d'eux s'endort; son compagnon néglige d'entretenir le feu. La plaque et le mur se refroidissent.

M. de Mesnard, vieillard de soixante-trois ans, qui est depuis treize heures sur ses jambes, la tête ployée sur la poitrine, ou rentrée dans les épaules, — sa taille dépassant de plusieurs pouces la hauteur de la cachette, — sent tout à coup que les jambes lui manquent, qu'il va se trouver mal; il demande alors qu'on s'arrange de manière à le laisser s'asseoir, et à s'asseoir sur lui comme on pourra. Cette manœuvre s'exécute dans un profond silence.

Le feu s'est éteint. Mais les recherches des ouvriers se concentrent autour de la cachette.

Revenus dans ce lieu pour la vingtième fois, ils brisent un placard, examinent l'ardoise dérangée qui laisse passer un peu d'air aux captifs, sondent leur mur; la cachette retentit des coups de marteau qui frappent tout près de la plaque. Le plâtre se détache. Encore un coup de pioche, et c'en était fait, quand soudain les ouvriers abandonnent cet endroit, si minutieusement exploré. « Non, dit tout bas M. Guibourg, ils ne trouveront pas Madame. Dieu veut la sauver. Nous n'avons plus d'autre ennemis que la fatigue et la faim. » Et la princesse murmure : « Courage! Ils se lassent de chercher, de briser, et peut-être touchons-nous au terme de notre délivrance. » En effet, les ouvriers viennent d'abandonner pour la seconde fois la maison. Les autorités se sont repliées au rez-de-chaussée. Les commissaires de police se mettent à y rédiger un procès-verbal de carence, qui débute ainsi : « Nous, commissaires de police soussignés, à l'effet de continuer les opérations par nous commencées, avons de nouveau procédé à des perquisitions dans toutes les pièces, armoires, buffets, commodes, secrétaires, tapis, placards, etc., de la maison n° 1, où nous n'avons absolument rien trouvé. Rentrés dans la maison n° 3, occupée par les demoiselles du Guiny, où étaient réunis M. le préfet et M. le général Dermoncourt, nous avons requis un ouvrier maçon de procéder en notre présence à la démolition de partie d'un mur auquel est adossée une soupente servant de chambre de domestique... » Le troisième étage tout entier n'a plus d'autres gardiens que les deux gendarmes de la chambre où est la cachette. Mais le dernier espoir des captifs ne sera pas de longue durée.

Le gendarme qui veillait a profité du moment de silence qui vient de succéder au fracas des démolitions pour secouer son camarade endormi, et pour essayer de dormir un peu à son tour. Le gendarme réveillé a froid. A peine a-t-il les yeux ouverts qu'il songe à refaire du feu. Trouvant que les mottes ne brûlent pas assez vite, il s'avise de prendre dans l'armoire de la chambre un tas de vieux numéros du journal *la Quotidienne*, et il les jette dans la cheminée. Aussitôt un feu superbe flambe. Une épaisse fumée, passant par les lézardes des murs que les coups de marteau ont ébranlés, pénètre dans la cachette, où elle suffoque les prisonniers. Au danger d'être asphyxiés s'ajoute pour eux celui d'être brûlés vifs. La plaque de fonte est devenue toute rouge. La princesse est celle qui souffre le plus, car, étant entrée la dernière, c'est elle qui se trouve le plus rapprochée de la plaque brûlante. Ses compagnons font de vains efforts pour lui laisser plus de place. Le péril augmente de seconde en seconde. M. de Mesnard, se croyant responsable de la vie de Madame, la supplie d'ouvrir la plaque, et de se rendre. Elle refuse. Le feu se met à sa robe; elle l'éteint de ses propres mains. M. de Mesnard la conjure de ne pas résister plus longtemps. Quant à M. Guibourg, plein d'enthousiasme jusque dans cette fournaise, il tient à honneur de ne pas faire entendre la moindre plainte, et de ne donner aucun conseil. « C'est Madame qui est seul juge, dit-il. Je suis aux ordres de Son Altesse Royale. »

Le feu prend pour la seconde fois à la robe de la princesse. Elle l'éteint encore avec ses mains, aux dépens de deux brûlures, dont elle conservera longtemps les traces. L'air se raréfie à un tel point et la fumée devient si épaisse que rester un moment de plus dans ce lieu de torture serait une mort certaine. « Mon Dieu! mon Dieu! murmure Madame, faut-il donc me livrer moi-même? » Hélas! il n'y a plus d'autre alternative, ou se rendre, ou mourir. La princesse se décide enfin à ordonner d'ouvrir la plaque. On appuie sur le ressort; mais la fonte, dilatée par la chaleur, résiste. On donne un coup de pied dans la plaque; elle ne s'ouvre pas. Une voix retentit dans la chambre : « Qui est là? — Nous nous rendons, » répond Mlle Stylite de Kersabiec.

Un second coup de pied fait tomber la plaque.

Aussitôt les deux gendarmes écartent les bûches et les tisons. Ils voient sortir de la cachette une femme nu-tête, vêtue d'une petite robe de laine brune, qui est couverte de cendres, et dont le bras est sillonné par des brûlures.

Un des gendarmes s'écrie : « Quoi ! c'est vous, Madame la duchesse ? »

Elle répond : « Oui, c'est moi. Vous êtes Français et militaires. Je me fie à votre honneur. »

Il est neuf heures et demie du matin. La princesse était dans la cachette depuis seize heures.

Les gendarmes se sentaient émus et attendris. M. Guibourg a écrit dans sa relation : « La plume ne saurait rendre les émotions qui auraient brisé tout ce qui porte un cœur d'homme. Ces anciens soldats de la garde tremblaient pour la première fois en pressant la main de celle qui les aimait tant. Ah! c'étaient des serviteurs fidèles, et il a fallu de grandes catastrophes pour que Son Altesse Royale soit devenue leur prisonnière. Hommes généreux ! jouissez du témoignage de votre conscience. Votre main ne s'est jamais souillée du sang d'un ennemi désarmé, et vous n'êtes pas de ceux qui sont devenus des assassins dans ces malheureux temps. »

Le sort de la duchesse de Berry paraissait toucher si profondément les deux gendarmes que M. Guibourg — il nous l'a raconté lui-même — eut un instant l'idée de profiter de leur émotion pour sauver la princesse. Ou le laissa parcourir les pièces voisines. Peut-être, se disait-il à lui-même, y aurait-il moyen de la faire échapper par les toits. Peut-être y aurait-il un refuge où elle pourrait se blottir toute seule, tandis que ses compagnons se livreraient aux autorités? Vain espoir : ce qui se passait venait d'attirer l'attention des commissaires de police en train de rédiger le procès-verbal de carence. Ils montèrent au troisième étage, apparurent devant Madame, et la firent entrer dans la pièce où elle avait reçu Deutz la veille.

Alors la princesse demanda le général Dermoncourt. Il arriva respectueusement. « Général, lui-dit-elle, je me rends à vous, et me remets à votre loyauté. — Madame, répondit-il, Votre Altesse est sous la sauvegarde de l'honneur français. »

La princesse s'assit sur une chaise, et reprit : « Je n'ai rien à me reprocher, j'ai rempli les devoirs d'une mère pour reconquérir l'héritage de mon fils. » A peine assise, elle chercha des yeux les autres prisonniers, et les aperçut, à l'exception de M. Guibourg, qui assistait, avec le substitut du procureur du roi, à l'inventaire des objets trouvés dans la cachette : sac d'argent monnayé, correspondance, caractères et outils d'imprimerie, papiers, notes, proclamations. « Général, dit alors Madame, je désire ne point être séparée de mes compagnons d'infortune. — En ce qui me concerne, je vous le promets, Madame, répondit le général Dermoncourt, et je suis bien sûr que le général d'Erlon fera honneur à ma parole. »

Quelques instants après, le préfet du département de la Loire-Inférieure, M. Maurice Duval, entra le chapeau sur la tête. Il regarda en face la duchesse de Berry, et, portant légèrement la main à son chapeau : « Ah ! oui, dit-il, c'est bien elle. » Puis il alla donner des ordres. Alors ce dialogue s'échangea entre la princesse et le général Dermoncourt :

« Général, quel est cet homme ?

— Le préfet de Nantes.

— A-t-il eu quelque emploi sous la Restauration ?

— Je crois pouvoir assurer à Votre Altesse Royale qu'il n'a eu aucun emploi.

— J'en suis bien aise.

Le général Drouet, comte d'Erlon, commandant la division militaire, se présenta ensuite. Il fut poli et respectueux pour Madame.

« Monsieur le comte, lui dit-elle, je me suis confiée au général Dermoncourt. Je vous prierai de me l'accorder pour rester près de moi. Je lui ai demandé de n'être point séparée de mes malheureux compagnons, et il me l'a promis en votre nom ; ferez-vous honneur à sa parole ? »

Le général d'Erlon répondit :

« Madame, le général Dermoncourt n'a rien promis que je ne sois prêt à ratifier, et vous ne me demanderez aucune des choses qui sont en mon pouvoir que vous ne me trouviez toujours prêt à vous les accorder avec tout l'empressement possible. »

La princesse, ayant fait appeler M. Guibourg,

lui transmit cette bonne parole, pour le dédommager de la liberté qu'il perdait une seconde fois.

« Je suis trop heureux, dit-il alors, de partager le sort de Madame, et je préférerais à la liberté même une captivité si glorieuse à mes yeux. »

Le préfet rentra ensuite et demanda les papiers de la duchesse de Berry. Elle répondit qu'un portefeuille blanc — celui qui venait d'être saisi dans la cachette — renfermait sa correspondance. On apporta le portefeuille. « Il contient ma correspondance, dit alors la princesse, plus une petite image représentant saint Clément, auquel j'ai beaucoup de dévotion et que je vous prie de me laisser. »

A ce moment, le général Dermoncourt fit remarquer à Madame les ravages que le feu avait faits à sa robe.

« Je vous permettrais d'en parler, reprit la princesse, si c'était la trace des balles des ennemis de la France. »

Cependant, il allait falloir quitter la maison des demoiselles du Guiny. Les autorités craignaient un mouvement populaire. Le bruit de la capture était déjà répandu dans la ville, et les rues se remplissaient de monde.

Le général Dermancourt s'approcha de la princesse, et lui dit respectueusement que si elle se trouvait un peu mieux il serait temps de partir.

« Pour aller où ? répliqua-t-elle.

— Au château de Nantes, Madame.

Mlle Stylite de Kersabiec s'écria :

« Général, Son Altesse Royale ne peut aller à pied.

— Oh ! Madame, reprit-il, ne perdons pas de temps, je vous en supplie. Le château est à deux pas. Jetez un manteau sur vos épaules, c'est tout ce qu'il faut.

— Allons, dit la princesse, puisqu'il répond de moi, il faut bien que je fasse un peu ce qu'il veut. Partons, mes amis.

A ces mots, elle prit le bras du général Dermoncourt, et, jetant avant de sortir un dernier regard sur la cheminée de la mansarde et sur la plaque, qui était restée ouverte :

« Ah ! général, s'écria-t-elle, si vous ne m'aviez pas fait une guerre à la saint Laurent, vous ne me tiendriez pas sous votre bras à l'heure qu'il est. »

IX

LE CHATEAU DE NANTES.

La duchesse de Berry, Mlle Stylite de Kersabiec, le comte de Mesnard et M. Guibourg partirent en même temps pour se rendre à pied au château de Nantes. Le préfet ouvrait la marche avec Mlle de Kersabiec. La princesse venait ensuite, donnant le bras au général Dermoncourt. La troupe de ligne et la garde nationale formaient une double haie sur le parcours. Une foule nombreuse, se haussant sur la pointe des pieds pour mieux voir, se tenait derrière les soldats et les gardes nationaux.

Laissons la parole au compagnon de Madame, M. Guibourg : « L'étonnement qui avait frappé les militaires et les fonctionnaires publics à la première vue de la princesse saisit le peuple dans la rue. Pas un cri ne se fit entendre dans le court trajet de la maison de Guiny au château ; il semble qu'on songeait à ces jours encore peu éloignés où son Altesse Royale marchait, pour ainsi dire, en triomphe, au milieu des acclamations de joie et d'amour. Ah ! si le ciel rendait au jeune Henri le trône qu'il a perdu, sa mère recevrait à Nantes des hommages plus touchants encore qu'à son premier voyage. Elle pourrait dire à l'artillerie de la garde nationale combien de fois elle en admira la belle tenue du fond de sa retraite ; au commerce, les projets qui devaient le faire prospérer, à tous le bonheur qu'elle rêvait pour eux. »

En quelques instants, les quatre captifs arrivaient au château. Ils traversèrent le pont-levis, et à midi un quart la porte se referma sur eux.

La duchesse de Berry se rappelait l'entrée bien différente qu'elle avait faite, quatre ans auparavant, le 28 juin 1828, dans ce même château. Proscrite, trahie et prisonnière, elle se remémorait ses triomphes d'autrefois. Il lui semblait entendre l'écho des vivats frénétiques, des applaudissements enthousiastes. Avec quelle admiration, quelle idolâtrie, le peuple fidèle l'avait contemplée dans cette journée du 29 juin 1828 ! Comme elle s'était intéressée aux souvenirs historiques de cette antique résidence des ducs de Bretagne, qui reçut la visite de Louis XI, de Louis XII, de François Ier, de Charles IX, d'Henri IV, de Louis XIV, de Napoléon ! Deux personnages célèbres : le cardinal de Retz et le surintendant Fouquet y avaient été incarcérés. La princesse aurait-elle pu se douter qu'elle y serait elle-même prisonnière ? L'aspect féodal du vieux manoir gothique l'avait charmée. Elle avait voulu voir la chambre du duc François II, la chapelle où Louis XII, « père du peuple », épousa la « bonne duchesse », Anne de Bretagne, le bastion d'où le cardinal de Retz s'était échappé. Une foule immense se tenait dans l'intérieur de la cour, et, au-dessus d'une multitude de femmes élégamment parées, on voyait flotter des drapeaux et des bannières, qui ombrageaient un berceau porté sur un trophée d'armes. Le 7 novembre 1832, que restait-il des triomphes du 29 juin 1828 ? Qu'étaient-elles devenues, les manifestations éclatantes de fidélité, de dévouement et d'allégresse ? Heureusement pour Madame, tous les cœurs n'avaient point changé. Sur le visage des gens qui venaient la regarder passer, elle avait distingué la trace de sympathies durables et profondes. Plus d'un, s'il l'eût osé, aurait acclamé la proscrite.

Ecoutons encore M. Guibourg.

« Arrivée, dit-il, dans ce château, qui avait vu célébrer le mariage si heureux pour la France d'Anne de Bretagne et de Louis XII, elle était là comme aux Tuileries. Il semble qu'elle n'avait que des gardes d'honneur empressés à lui obéir. Elle a reçu de tous des hommages de respect que sa naissance et ses malheurs plus grands encore commandaient impérieusement. Tous ceux qui avaient l'honneur de lui parler étaient émus de sa bonté, de sa simplicité. Elle a frappé d'admiration plusieurs militaires, entre autres le général Dermoncourt, dont l'opinion n'est pas suspecte. « Quelle femme ! s'écriait-il, « c'est une héroïne ! »

Le général Dermoncourt a raconté lui-même les conversations qu'il eut avec Madame au château de Nantes. La princesse s'était installée dans l'appartement que le colonel d'artillerie, gouverneur du château, lui avait cédé. Elle dit qu'elle prendrait volontiers quelque chose, car, ajoutait-elle, elle allait se mettre à table dans la maison de Mlles du Guiny, quand on l'y avait dérangée, et depuis dix-huit heures elle n'avait rien pris. On lui servit à déjeuner. Elle permit à Mlle Stylite de Kersabiec et à M. Guibourg de s'asseoir à sa table, et tous les trois déjeunèrent de bon appétit, au milieu d'une douzaine de personnes, auxquelles Madame adressait tour à tour la parole. Au même moment, le comte de Mesnard, souffrant et exténué de fatigue, reposait dans un appartement voisin. Le préfet présenta à la princesse le maire de Nantes et quelques autres personnes qui avaient obtenu la permission d'entrer. « Chacun, a dit M. Guibourg, se retira peu à peu, méditant sur les vicissitudes de la fortune. Madame vient d'être arrêtée le 7 novembre par ordre de Louis-Philippe, et c'est le

7 novembre que le père du roi des Français, Philippe-Egalité, porta sa tête sur l'échafaud. »

Le déjeuner parut remettre un peu Madame de sa fatigue, bien qu'elle attendît, disait-elle, la fièvre intermittente dont elle souffrait régulièrement. La princesse manifesta ensuite au général Dermoncourt le désir d'écrire au roi de Naples, son frère, et à la reine d'Espagne, sa sœur.

« Je n'ai à leur faire part, dit-elle, que de ma mauvaise aventure; j'ai peur qu'ils ne soient inquiets de ma santé, et que, vu l'éloignement où nous sommes les uns des autres, des rapports faux ne leur soient faits... A propos, qu'est-ce que vous pensez de la conduite de ma sœur d'Espagne ?

— Mais, Madame, reprit le général Dermoncourt, je crois qu'elle suit la bonne route.

— Tant mieux! reprit la princesse. Pourvu qu'elle arrive à bien! Louis XVI a commencé comme elle... Quand vous reverrai-je, général?

— Mais quand Votre Altesse voudra me faire demander, elle sait que je suis à ses ordres.

— Et vous vous y rendrez?

— Ce sera à la fois un devoir et un honneur pour moi. »

A ces mots, le général Dermoncourt s'inclina, et sortit. A peine avait-il fait trente pas hors du château qu'un trompette de gendarmerie le rejoignit tout essoufflé, et vint lui dire que la duchesse de Berry lui *ordonnait* de se rendre aussitôt près d'elle, et paraissait très irritée. Le général retourna sur-le-champ près de Madame.

« Ah! dit-elle, c'est comme cela que vous commencez, c'est ainsi que vous tenez vos promesses; cela promet pour l'avenir.

— Qu'y a-t-il donc, Madame?

— Il y a que vous m'aviez promis de ne me séparer d'aucun de mes compagnons, et voilà que vous débutez en mettant Mesnard dans un autre corps de logis que le mien.

— M. de Mesnard est, il est vrai, dans un autre corps de logis; mais la tour qu'habite Madame tient à son appartement.

— Oui, mais il faut descendre et remonter par un autre escalier.

— Votre Altesse Royale se trompe; on peut se rendre chez M. de Mesnard en descendant au premier et en suivant les appartements.

— S'il en est ainsi, allons-y, je veux voir ce pauvre Mesnard à l'instant.

— Est-ce que Madame ne se souvient plus qu'elle est aux arrêts?

— Ah! c'est vrai, je me croyais encore dans un château, tandis que je suis dans une prison. »

On rassura la princesse, en lui disant que son fidèle serviteur était bien soigné. Elle demanda ensuite à lire les journaux, même ceux qui lui étaient le plus hostiles, même l'*Ami de la Charte*. « Celui-là, dit-elle, m'appelle toujours Caroline. C'est mon nom de jeune fille, et je le regrette, car mon nom de femme ne m'a pas porté bonheur. »

A sept heures, la princesse se mit à table pour dîner, en compagnie de Mlle Stylite de Kersabiec et de M. Guibourg. M. de Mesnard, dont l'indisposition continuait, n'eut pas l'honneur d'être parmi les convives. M. Guibourg se retira, vers neuf heures du soir, avec l'espérance de revoir la princesse le lendemain. Mais, une heure et demie après, une voiture cellulaire vint le prendre et le conduire à la prison Neuve, où il fut rejoint par Mlles Pauline et Marie-Louise du Guiny, « accusées, a-t-il dit, d'un crime dont s'honorerait la France entière : l'hospitalité donnée à la princesse la plus malheureuse et la moins digne de l'être ».

Mlles du Guiny n'avaient plus aperçu Madame depuis le moment où Son Altesse s'était réfugiée dans la cachette. Gardées à vue pendant le temps des perquisitions, elles avaient en vain demandé la faveur de lui présenter leurs hommages avant son départ pour le château. Du fond de la prison Neuve, elles adressèrent la lettre suivante au général Drouet, comte d'Erlon :

Monsieur le général,

« Nous vous supplions de nous accorder la grâce la plus précieuse pour nous ; permettez-nous de passer une journée auprès de Son Altesse Royale Madame. Nous devons à notre devoir, nous devons surtout à notre cœur de remercier Madame de la marque de confiance qu'elle nous a faite en venant prendre asile dans notre maison. Agréez, etc. »

« Pauline Du Guiny.
« Marie-Louise Du Guiny. »

La femme de chambre Charlotte Moreau avait glissé dans la lettre de ses maîtresses le billet suivant :

« Si Madame n'en trouve pas indigne une pauvre femme de chambre qui l'a servie de tout son cœur, je demande la même grâce que mes maîtresses.

« Charlotte Moreau. »

Le lendemain, 8 novembre, la princesse montra autant de force d'âme que la veille. Elle reçut avec une vive satisfaction un panier d'oranges, que lui envoyaient les dames de la Halle. Conduites par les généraux d'Erlon et Dermoncourt, Mlles Eulalie, Céleste et Mathilde de Kersabiec, le jeune Louis de Kersabiec et la baronne de Charette vinrent lui rendre visite. Mlle Eulalie de Kersabiec, dévouée et intrépide compagne de la princesse pendant l'expédition, et la baronne de Charette, digne de son noble et courageux époux, réclamaient du gouvernement l'honneur de partager le sort de l'auguste captive. A l'heure du déjeuner, Madame eut un moment de colère. M. Guibourg ne paraissait pas à table. Qu'était-il donc devenu? On fut obligé d'avouer à la princesse qu'il avait été pendant la nuit réintégré dans son ancienne prison. Le général Dermoncourt survint alors.

« Ah! c'est comme cela, monsieur, s'écria-t-elle. Je ne l'aurais jamais cru. Vous m'avez indignement trompée. »

Le général feignit la surprise, et demanda à Madame ce qu'elle avait.

« J'ai que M. Guibourg a été enlevé cette nuit et conduit en prison, malgré la promesse que vous m'aviez faite que je ne serais pas séparée de mes compagnons d'infortune.

« Madame, le général d'Erlon n'a cru devoir comprendre par ces paroles que ceux qui ont partagé vos fatigues et vos dangers, Mlle de Kersabiec et M. de Mesnard. Aussi n'avez-vous été séparée ni de l'un ni de l'autre. Vous voyez bien, Madame, que ni le général d'Erlon ni moi n'avons manqué à la parole que nous avons donnée à Votre Altesse.

« Mais, au moins, pourquoi ne m'avoir pas prévenue?

— Je n'ai encore de ce côté aucun reproche à me faire, puisqu'en autorisant M. Guibourg à dîner hier avec vous, j'ai ajouté ces paroles : « D'autant plus que ce sera probablement le dernier repas qu'il aura l'honneur de faire avec Votre Altesse. »

— Je n'ai point entendu cela.

— Le général l'a cependant dit, Madame, murmura timidement Mlle Stylite de Kersabiec.

— Mais pourquoi ne s'être pas expliqué d'une manière plus claire?

— Parce que Votre Altesse, reprit le général Dermoncourt, avait déjà éprouvé tant de secousses dans la journée que je voulais lui conserver au moins une bonne nuit, et que je savais qu'elle ne pourrait dormir si elle était informée qu'on devait transférer M. Guibourg en prison.

— Et vous, Stylite, pourquoi ne m'avez-vous rien dit, puisque vous aviez compris les paroles du général?

— Par la même raison que le général, Madame.

— Oh! si vous vous mettez tous contre moi! D'ailleurs, j'ai assez de la guerre. »

La princesse regarda le général, et lui tendit la main.

« N'est-ce pas, Stylite, qu'il est bon enfant?

— Oui, Madame, et c'est malheureux qu'il ne veuille pas être des nôtres. »

Alors, le loyal militaire, très ému, s'écria :

« J'aurai pour Votre Altesse tous les respects qu'elle a droit d'exiger ; tous les services qu'elle me demandera, et que je serai assez heureux pour pouvoir lui rendre, je les lui rendrai ; tout ce qu'elle aura de désirs même, si je les devine, je les préviendrai. »

La conversation continua ainsi :

« Général, avez-vous vu quelquefois mon fils.

— Je n'ai pas eu cet honneur.

— Eh bien ! c'est un brave enfant, bien entêté comme moi, mais bien Français comme moi.

— Vous l'aimez beaucoup ?

— Autant qu'on peut aimer son fils.

— Eh bien ! que Votre Altesse Royale me permette de lui dire alors que je ne comprends pas comment, lorsque tout a été fini dans la Vendée, lorsque après les combats du Chêne et de la Pénissière, tout espoir a été perdu, elle n'a pas eu l'idée de retourner aussitôt près de ce fils qu'elle aime tant.

— Général, c'est vous, je crois, qui avez saisi ma correspondance ?

— Oui, Madame.

— Et vous avez lu mes lettres ?

— J'ai eu cette indiscrétion.

— Eh bien, vous avez dû voir que, du moment où j'étais venue me mettre à la tête de mes braves Vendéens, j'étais résolue à subir toutes les conséquences de l'insurrection. Comment ! c'est pour moi qu'ils se sont levés, qu'ils ont compromis leur tête, et je les aurais abandonnés. Non, général, leur sort sera le mien, et je leur ai tenu parole. D'ailleurs, il y a longtemps que je serais votre prisonnière, que je me serais rendue moi-même pour tout faire finir si je n'avais eu une crainte.

— Laquelle ?

— C'est que je savais bien qu'à peine prisonnière, je serais réclamée par l'Espagne, la Prusse et la Russie. Le gouvernement français, de son côté, voudrait me faire juger, et c'est tout naturel ; mais la Sainte-Alliance ne permettrait pas que je comparusse devant une cour d'assises, car la dignité de toutes les têtes couronnées de l'Europe y est intéressée. De ce conflit d'intérêts à un refroidissement, et d'un refroidissement à une guerre, il n'y a qu'un pas, et, je vous l'ai déjà dit, je ne voulais pas être le prétexte d'une guerre d'invasion. Tout pour la France et par la France, c'était la devise que j'avais adoptée et dont je ne voulais pas me départir. D'ailleurs, qui pouvait m'assurer que la France, une fois envahie, ne serait point partagée ? Je la veux tout entière, moi ! »

Ces paroles n'ont pu être reproduites qu'approximativement, puisque le général Dermoncourt n'avait pas de sténographe à ses côtés. Mais elles expriment si fidèlement les sentiments de la princesse que nous avons voulu les transcrire telles qu'elles figurent dans le récit du général.

Madame dit ensuite que, lorsqu'elle avait débarqué sur les côtes de Provence, elle était trompée sur les dispositions des esprits ; qu'elle croyait que la France se soulèverait ; que l'armée passerait de son côté ; elle rêvait enfin une espèce de retour de l'île d'Elbe.

« Après les combats du Chêne et de la Pénissière, ajouta-t-elle, je donnai l'ordre positif à tous mes Vendéens de rentrer chez eux ; car je suis Française avant tout, général, et la preuve c'est que, en ce moment, rien que de me retourner en face de ces bonnes figures françaises, je ne me crois plus en prison. Toute ma peur est qu'on ne m'envoie point autre part ; ils ne me laisseront certes pas ici, je suis trop près des émeutes. On a bien parlé de m'envoyer à Saumur ; mais Saumur est encore une ville d'émeutes. Au reste, ils sont plus embarrassés que moi, allez, général. »

En disant ces dernières paroles, Madame se leva, et se promena quelques instants, de long en large, les mains derrière le dos. Puis, elle dit :

« A propos, général, parmi les effets que vous avez bien voulu m'envoyer, et que j'ai reçus, il devait y avoir une boîte pleine de bonbons, et elle ne s'y est pas trouvée... »

Le général tira la boîte de sa poche, et l'ouvrit.

« Ah ! reprit Madame, elle est vide ; au fait, des bonbons, cela se mange.

— Quels sont ceux que Madame préfère, j'aurai l'honneur de lui en envoyer ?

— Des bonbons, cela s'offre. Du chocolat au rouleau avec des dragées dessus.

— Alors, Madame permet.

— Général, des bonbons cela s'accepte. »

Il était six heures et demie du soir, et la princesse allait dîner. Le général Dermoncourt prit congé d'elle.

« A demain général, lui dit-elle en souriant, et n'oubliez pas mes bonbons surtout. »

Cette conversation, tour à tour sérieuse et frivole, héroïque et familière, c'est tout le caractère de la duchesse de Berry, courageuse comme une amazone et naturelle comme une enfant.

La princesse n'avait plus que quelques heures à rester au château de Nantes. Les autorités venaient d'apprendre que le gouvernement lui assignait pour prison la citadelle de Blaye, et qu'elle devait partir dans la nuit même.

X

DE NANTES A BLAYE

La duchesse de Berry s'était couchée, au château de Nantes, le 8 novembre, sans savoir encore que la citadelle de Blaye était le lieu choisi pour sa captivité. Au milieu de la nuit du 8 au 9, on vint la réveiller et lui annoncer qu'il fallait partir sur-le-champ. Elle devait être suivie par Mlle Stylite de Kersabiec, par le comte de Mesnard et par sa femme de chambre, Mlle Mathilde Lebeschu, qui venait d'être autorisée à la rejoindre au château de Nantes; c'était celle qui, restée à bord du *Carlo-Alberto* après le débarquement de Madame sur les côtes de Provence, avait été arrêtée sur ce navire, et avait passé pendant quelques jours pour être la princesse. A trois heures et demie du matin, le général Drouet, comte d'Erlon, commandant la division militaire; M. Maurice Duval, préfet du département de la Loire-Inférieure; M. Ferdinand Favre, maire de Nantes, et M. Vallet, un de ses adjoints, arrivèrent au château. Ils ne devaient quitter Madame qu'au moment où elle serait à bord du brick la *Capricieuse*, qui allait la conduire à Saint-Nazaire et de Saint-Nazaire à Blaye.

Le trajet par terre aurait été prompt et facile. C'est celui que le colonel Chousserie avait proposé, en faisant observer que le vent était contraire et la Loire dangereuse en plus d'un endroit. Le préfet ne tint aucun compte de cette observation. Craignant avant tout que sa prisonnière ne lui échappât, il décida qu'elle partirait immédiatement par mer.

La duchesse de Berry, qui ne s'attendait nullement à un si brusque départ, s'habilla en toute hâte, et sortit du château dans le plus complet dénûment. Tous les effets qu'elle emportait étaient contenus dans son mouchoir de poche, et aucun de ses compagnons n'avait de bagages.

Deux fiacres attendaient à la porte. Les captifs et les autorités y montèrent. Il était trois heures et demie du matin. On les conduisit à la Fosse, où stationnait un bateau à vapeur, à bord duquel étaient déjà, outre une escorte de vingt gendarmes, MM. Polo, adjoint du maire de Nantes; Robineau de Bougon, colonel de la garde nationale; Rocher, porte-étendard de l'escadron d'artillerie de la même garde; Ferdinand Petit-Pierre, adjudant de la place de Nantes, et Joly, commissaire de police de Paris.

Le trajet s'était fait nuitamment et à l'insu de la population, parce que les autorités redoutaient les démonstrations favorables à la princesse. En descendant de voiture, Madame chercha des yeux le général Dermoncourt, qui lui était sympathique, et, ne le voyant pas, elle demanda où il était. Comme on lui répondait qu'il était en expédition : « Allons, dit-elle, encore une gentillesse de plus. » Au moment où elle mettait le pied sur le bateau à vapeur, elle exprima le désir qu'on envoyât chercher à la prison Neuve M. Guibourg, pour qu'il pût, sinon l'accompagner, comme elle l'aurait voulu, du moins lui dire adieu. Le préfet ayant déclaré que la chose n'était pas possible, elle demanda une plume et de l'encre, puis écrivit le billet suivant :

« J'ai réclamé mon ancien prisonnier, et l'on va écrire pour cela. Dieu nous aidera, et nous nous reverrons. Amitié à tous nos amis. Dieu les garde ! Courage, confiance en lui. Sainte Anne est notre patronne à nous autres Bretons. »

La princesse chargea le maire de Nantes de remettre ce billet au destinataire. M. Guibourg nous a dit l'avoir reçu exactement ; et il le conserve comme une relique.

Le bateau à vapeur partit à quatre heures du matin. A huit heures, il arrivait à Saint-Nazaire, où stationnait la corvette de l'État la *Capricieuse*, capitaine Mollier, qui devait conduire les captifs à Blaye. M. Mollier était un bon et brave marin ; mais ses meilleurs matelots avaient été remplacés par des jeunes gens sans expérience, qui étaient à bord pour leur instruction, et connaissaient mal les manœuvres. Il ne cacha point au colonel de la Chousserie qu'il était fort peu satisfait d'avoir à faire la difficile traversée de Saint-Nazaire à Blaye par un temps si mauvais et avec un pareil équipage.

Le grand vent d'ouest, qui régnait sur la côte, rendait la navigation aussi pénible que périlleuse. Le courage et la patience des passagers étaient mis à une rude épreuve. Madame souffrait beaucoup du mal de mer, compliqué par une affection de poitrine. Plus tard, elle dira au docteur Ménière, dans la citadelle de Blaye : « Docteur, vous avez vu la *Capricieuse*, vous conviendrez sans peine que la marine royale aurait pu trouver quelque chose de mieux pour me conduire ici. On aura pensé que c'était assez bon pour moi, et que, si nous devions faire naufrage, la perte serait encore assez grande. Nous avons failli périr. Pendant deux jours, la mer a été affreuse. Le capitaine Mollier, qui est un brave marin, un vieux loup de mer, m'a avoué qu'il a eu de sérieuses inquiétudes. Dans quel état nous étions, bon Dieu ! Cette pauvre Stylite et Mlle Lebeschu étaient inertes ; moi-même je n'en valais guère mieux. Nous avons été bien heureuses de trouver quelques matelots bien complaisants. En pareil cas, on n'y regarde pas de si près. A la mer comme à la mer! »

Il fallait virer de bord à tout moment, et l'équipage faisait plus de bruit que de besogne. Le capitaine venait souvent savoir des nouvelles de la princesse, et consulter le baromètre dans lequel il disait avoir pleine confiance.

« Où en est-il, votre baromètre? demandait la princesse. S'il pouvait au moins vous indiquer de ne pas faire là-haut un sabbat aussi épouvantable!

— Ah! Madame, répondit le capitaine, j'en suis bien fâché, mais c'est indispensable ; que le temps change, et nous irons comme une flèche et sans bruit, car la *Capricieuse* est un bon petit vaisseau. »

Puis, prenant à part M. de Mesnard, il lui dit à l'oreille :

« Nous avons un temps de chien, et je ne sais quand il se calmera; impossible de rester sur cette mauvaise côte; s'il continue, je serai obligé de prendre le large, ce qui peut nous mener fort loin; la maladresse d'une partie de l'équipage contribue à augmenter le bruit dont se plaint Madame. »

Le docteur Ménière raconte dans son journal qu'à Blaye un jeune enseigne lui donna des détails sur cette laborieuse traversée :

« J'ai su, dit le docteur, que Mlle de Kersabiec

et Mlle Lebeschu se sont trouvées incapables de donner à Madame les soins que réclamait son état de souffrance, et qu'il fallut recourir à la complaisance d'un matelot, non encore d'âge mûr, et qui s'acquitta à merveille de ces fonctions délicates de chambellan intime. Quant à Mlle Stylite de Kersabiec, ces messieurs de la *Capricieuse* prétendent qu'elle n'a pas le pied marin, et que jamais créature humaine n'a eu plus qu'elle à se plaindre de la mer. Ils racontent un peu trop gaiement, ce me semble, les mille et une tribulations qui l'ont assaillie pendant la rude traversée de la *Capricieuse*, et je m'étonne de leur trouver si peu de charité pour les femmes. »

Constatons, toutefois, que les officiers et les marins témoignaient les plus grands égards pour la princesse. Lorsqu'elle était arrivée à bord, les matelots, qui garnissent ordinairement l'échelle du commandement lorsqu'un personnage entre sur le bâtiment, avaient cédé la place aux officiers, qui tenaient le chapeau à la main.

Notons aussi qu'il y avait à bord un capitaine de vaisseau nommé récemment commissaire général de la marine à Nantes, M. Leblanc, qui était arrivé à Saint-Nazaire sur un bateau à vapeur destiné à remorquer au large la *Capricieuse*, et qui avait pris le commandement supérieur de la station de l'embouchure de la Loire, composée de la corvette la *Capricieuse*, armée en brick, et des bricks le *Marsouin* et la *Lamproie*.

Au dire de M. de Mesnard, ce qui tourmentait M. Mollier, sur lequel pesait la responsabilité, c'était de voir M. Leblanc, embarqué avec Madame, s'occuper de la manœuvre du vaisseau, et sembler en prendre le commandement.

« Je voudrais, disait le capitaine, que le commandant Leblanc m'assistât de ses conseils, si j'en avais besoin, mais qu'il me laissât commander mes hommes. Il les intimide par la dureté de son commandement et leur fait tourner la tête. »

Le comte de Mesnard ajoute dans ses *Souvenirs* :

« J'en parlai au commandant Leblanc, et cela s'arrangea sans blesser personne. »

Quant au colonel Chousserie, qui, depuis l'arrivée de Madame au château de Nantes, n'avait cessé de lui témoigner la déférence la plus profonde, et la traitait aussi respectueusement que si Henri V avait été sur le trône, il était désolé de voir souffrir la princesse et maudissait le préfet de Nantes, auquel il avait offert, sous sa propre responsabilité, de la conduire par terre à Blaye. Encore si la pauvre femme qui souffrait tant devait trouver au port le bonheur et la liberté ! Mais le but de cette traversée déplorable, qui ne dura pas moins de sept jours, c'était une prison.

Enfin, après toute une semaine d'angoisses, le temps étant devenu plus calme, on parvint à l'entrée de la Gironde. Cependant le vent n'était pas encore assez bon pour qu'on pût continuer ainsi jusqu'à Blaye. Il fallut faire monter les captifs sur un bateau à vapeur, *le Bordelais*. Mais les deux bâtiments ne s'étant point assez rapprochés pour qu'on passât de l'un à l'autre, on dut se servir, pour opérer le transbordement, d'un petit canot, où Madame et ses compagnons descendirent avec le colonel Chousserie et le commandant Leblanc. Le bateau qu'il fallait rejoindre était à une assez grande distance, et le commandant lui fit un signal qui, mal compris, n'eut d'autre résultat que d'augmenter son éloignement. En vain M. Leblanc se servait de son porte-voix. Les ordres qu'il donnait se perdaient dans le bruit du vent et des vagues. La mer devenait de plus en plus houleuse; un grain survint, qui rendit les vagues vraiment menaçantes, et inonda le canot. Écoutons le récit de M. de Mesnard : « Madame, tranquille dans ce petit canot, quoique en pleine mer et par un temps épouvantable, ne se montra pas plus émue qu'elle ne l'avait été sur le *Carlo-Alberto*, quand on nous dit que la machine était dérangée; pas plus effrayée que nous ne l'avions vue dans le bocage de la Vendée, alors qu'à cent pas d'un détachement qui la cherchait elle pansait un soldat vendéen, et le couvrait de son châle pour empêcher qu'il ne fût aperçu. Son sang-froid, dans ce moment de danger, ne le cédait en rien à celui que Son Altesse Royale conserva dans la fournaise, alors qu'entendant les horribles propos des soldats qui la cherchaient, elle nous dit : « Nous serons coupés en morceaux ; ce qui me désole, c'est que vous vous trouviez dans cette situation. » Le commandant Leblanc, très inquiet, suivait tous les mouvements du gouvernail, pressait les rameurs, et jetait de temps en temps sur la princesse, dont le calme inaltérable le frappait, un regard où la pitié se mêlait à l'admiration. Voyant la terreur de Mlle Stylite de Kersabiec, qui poussait des cris, il lui disait : « Calmez-vous, Mademoiselle, prenez exemple sur la tranquillité de Son Altesse Royale. »

Le vent tomba enfin, et l'on put joindre le *Bordelais*. Mais tout n'était pas terminé. Les vagues encore furieuses rendaient l'abordage très dangereux, et portaient le canot tantôt à la hauteur du pont du navire, tantôt au bas de l'échelle du bord. M. Leblanc, qui tenait la princesse par la taille, saisit un moment favorable — celui où une vague portait le canot à la hauteur du pont — pour jeter Madame dans les bras de ceux qui étaient à bord du *Bordelais*, en criant : « Sauvez la princesse ! » Les autres personnes passèrent ensuite. Le navire partit enfin, et le débarquement eut lieu, le 15 novembre, sur la plage de Blaye, au-dessous de la citadelle.

XI

L'ARRIVÉE A BLAYE.

Après une traversée longue, pénible et dangereuse, la duchesse de Berry débarquait dans de tristes conditions. Tout avait un aspect sombre. Le temps était couvert, la Gironde mauvaise. Ce fut sur la plage au-dessous de la citadelle, à six heures et demie du soir, que la prisonnière mit pied à terre à Blaye. Il était nuit close, et la pluie tombait à flots. La garnison, composée de deux bataillons, l'un du 48ᵉ de ligne, l'autre du 64ᵉ, avait pris les armes, et formait une double haie. Des planches avaient été placées sur le fond vaseux ; la princesse y marcha longtemps avant d'arriver dans la citadelle, sa prison.

Ce n'était pas la première fois que Madame venait à Blaye. Quatre ans auparavant, elle y avait couché une nuit.

Le 15 juillet 1828, on lisait dans un journal de Bordeaux, l'*Indicateur* :

« La population de notre ville, augmentée d'une partie de celle des environs, se flattait encore de voir arriver Mme la duchesse de Berry, malgré les avis contraires qui avaient été publiés. On assurait que l'autorité supérieure s'était rendue dimanche à Blaye, dans l'espoir de changer la résolution prise par Son Altesse Royale d'y séjourner jusqu'au lendemain. Blaye, pour cette fois, l'emporta sur le chef-lieu du département. C'est une ville également fidèle, et les remparts inexpugnables de sa forteresse ont appris aux Anglais, à plus d'une époque, qu'on ne franchissait pas impunément les passes de la Gironde confiées à sa garde. Blaye n'était donc pas indigne d'un pareil bonheur. »

Bordeaux, malgré son impatience, dut se résigner à attendre jusqu'au 14 juillet l'arrivée de la princesse, et voici comment les archives municipales de Blaye relatent la réception faite à Madame par la ville qui devait quatre ans plus tard être le lieu de sa captivité.

« Son Altesse Royale Madame, duchesse de Berry, est entrée hier, dimanche 13 juillet, à huit heures du soir, dans notre ville, au milieu d'une population nombreuse, accourue de toutes les communes voisines, qui s'était réunie à celle de la ville, pour jouir du bonheur de contempler les traits chéris de l'illustre mère du duc de Bordeaux. Des drapeaux blancs flottaient à toutes les fenêtres et un grand nombre d'habitants avaient orné leurs demeures de guirlandes de verdure. Son Altesse Royale a été reçue par le maire, les fonctionnaires et le corps municipal sous l'arc-de-triomphe où l'attendaient également trente jeunes demoiselles vêtues en blanc. L'expression de la joie et du bonheur était peinte sur tous les visages. Dès que la princesse a paru dans sa calèche découverte, elle a été saluée des acclamations et des cris répétés de : « Vive Madame ! vive monseigneur le duc de Bordeaux ! vive le roi et vivent les Bourbons ! » Une musique nombreuse, entièrement composée d'amateurs de la ville, a fait entendre les airs français de : *Vive Henri IV ! Où peut-on être mieux qu'au sein de sa famille ?* »

Le maire s'approcha ensuite de la voiture de la princesse, et lui adressa ce discours :

« Madame, interprète des sentiments d'amour et de vénération que les habitants de la ville de Blaye partagent avec toute la France pour les vertus sublimes de Votre Altesse Royale, qu'il me soit permis, en ce jour fortuné, de déposer aux pieds de Votre Altesse Royale l'expression de leur profond respect et de leur vive reconnaissance pour le haut témoignage d'intérêt qu'elle veut bien leur accorder en daignant s'arrêter parmi eux. Le souvenir de cette faveur, Madame, ne s'effacera point de notre mémoire, et les impressions qu'elle aura produites resteront à jamais dans nos cœurs. Heureux d'être aujourd'hu l'organe du vœu de nos concitoyens, que Votre Altesse Royale daigne accueillir avec bonté l'hommage de mon dévouement et de mon zèle pour votre royale personne et celle de l'illustre enfant; espoir et consolation de tous les amis du trône, que nos regards cherchent en vain, et dont ils seraient si avides de contempler les traits chéris, à côté de ceux non moins adorés de son héroïque mère. »

Mlle Binaud, l'une des jeunes personnes qui étaient allées au-devant de la princesse, lui offrit un magnifique bouquet, et lui adressa un compliment en vers. Le cortège se mit ensuite en marche. La voiture de Madame, où étaient avec elle la maréchale duchesse de Reggio, la marquise de Podenas et le comte de Mesnard, s'avança au petit pas, entourée d'une foule enthousiaste.

« C'est ainsi, est-il dit dans la relation des Archives municipales de Blaye, que son Altesse Royale est arrivée au logement qui lui avait été préparé chez Mme la comtesse d'Isle, où l'attendait un dîner auquel Madame a daigné admettre M. le baron de Conteneuil, sous-préfet de l'arrondissement. Avant de se mettre à table, Son Altesse Royale a reçu les autorités civiles et militaires, MM. les généraux baron Janin et comte de Mellet, le conseiller de préfecture Labroue, préfet par intérim; le commissaire général de la marine, venus de Bordeaux pour saluer Madame; MM. les ecclésiastiques, les frères de la Doctrine chrétienne, les sœurs hospitalières et un grand nombre de personnes des deux sexes. Madame a adressé des paroles obligeantes à tout le monde, et a témoigné au maire sa satisfaction pour la brillante réception qu'on lui avait faite. Pendant le dîner, la musique, qui s'était placée sous les fenêtres du salon, n'a cessé de faire entendre les meilleurs morceaux de son répertoire. Toutes les personnes qui avaient suivi Madame, les jeunes filles de son cortège et un public nombreux ont été admis à circuler dans les jardins et le bosquet, qui avaient été illuminés en verres de couleur. Son Altesse Royale, après le dîner, est allée elle-même jouir de l'agréable coup d'œil que présentait l'illumination, et a voulu s'arrêter quelques instants devant une salle de verdure où un bal champêtre a été spontanément organisé. Madame est ensuite rentrée dans ses appartements, et le public, pour ne point troubler son repos, s'est retiré.

« C'est ainsi que s'est terminée une journée qui fera époque dans les annales de notre ville. Madame a quitté Blaye ce matin (14 juillet 1828) à sept heures pour se rendre à Bordeaux. Elle s'est embarquée à bord du bateau à vapeur le *Bordelais*, qui a été escorté par quatre autres bateaux à vapeur, tous ornés et pavoisés avec beaucoup de goût. Avant de quitter son logement, Son Altesse Royale a voulu faire remettre à M. de Beaupoil-Saint-Aulaire, maire de la ville, par Mme la duchesse de Reggio, une somme de deux cents francs destinée à secourir les pauvres honteux de la localité. »

Voilà les souvenirs qui s'imposaient à l'esprit de la princesse au moment où elle entrait dans sa prison. Le bateau à vapeur d'où elle venait de descendre était précisément le *Bordelais*. Quand elle avait quitté la *Capricieuse*, à l'embouchure de la Gironde, pour monter sur ce bateau, elle y avait trouvé ce même général Janin qui, en 1828, lui avait témoigné tant d'égards à Blaye et à Bordeaux. « Général, lui dit-elle, je suis bien aise de vous voir, je n'ai pas oublié mon passage à Bordeaux, et j'espère vous trouver le même qu'à cette époque. » Le général Janin protesta de son respect et du désir qu'il avait de rendre à la captive tous les services qui seraient en son pouvoir. Puis, se tournant du côté de M. de Mesnard, il lui dit assez haut pour que la princesse l'entendit :

« Monsieur de Mesnard, vous savez ce qui s'est passé à Bordeaux en 1830. Pas un ordre du gouvernement ne m'y est parvenu, pas plus qu'à tous les commandants de division. Que pouvais-je autre chose que de prévenir le désordre et secourir le préfet? C'est ce que j'ai fait, et j'y fus même très grièvement blessé d'un coup de lance. »

En 1832, comme en 1828, le général Janin commandait à Bordeaux, et c'est lui qui venait d'être chargé d'ordonner les préparatifs nécessaires pour transformer en prison la maison du gouverneur de la citadelle de Blaye, où allait être enfermée la duchesse de Berry. Ce brave officier remplissait à regret une pénible mission, et, de même que le général Dermoncourt, le général Drouet d'Erlon et le colonel Chousserie, il éprouvait pour la princesse un profond sentiment de compassion et de respect. De son côté, Madame n'avait pas revu sans émotion un homme qui lui rappelait des temps heureux. Le général n'avait-il pas été le témoin de l'ovation qu'elle reçut dans le Grand-Théâtre de Bordeaux, le 14 juillet 1828, quand une statue de son fils était portée par des soldats, sous un dais de drapeaux blancs, au son d'une marche guerrière, et quand retentissait cette espèce de cantique royaliste :

> Qu'un orgueil pur et légitime
> Brille sur ton front triomphant,
> Bordeaux ! c'est la mère sublime
> De ton miraculeux enfant !
> Qu'aux saints transports qu'elle t'inspire
> Palpite ce fils de l'honneur,
> Ce jeune lis en qui respire
> Tout un avenir de bonheur.
>
> Déjà sa jeunesse est charmée,
> Du noble appareil des combats.
> Il est l'idole de l'armée,
> Il est le prince des soldats;

> Et si jamais de sa vaillance
> La patrie implorait l'appui,
> Les héros tombés pour la France
> Tout entiers revivraient en lui.
>
> Et toi, des mères le modèle,
> Fleur de la France, amour des cieux !
> Que de Bordeaux le nom fidèle
> Te soit doublement précieux !
> Puisse le Dieu de la patrie,
> Qui sur les lis veilla toujours,
> Enrichir la race chérie
> De bonheur, de gloire et de jours !

Madame n'eut pas besoin d'invoquer de pareils souvenirs avec le général Janin. Il eut pour la princesse malheureuse la même déférence que pour la princesse triomphante. Dès qu'elle fut arrivée à Blaye, il lui fit ses adieux de la manière la plus respectueuse, et le colonel Chousserie, qui, lui aussi était un homme de cœur, prit le commandement de la citadelle.

La princesse n'eut également qu'à se louer de M. Randouin, le sous-préfet de Blaye, dont elle apprécia le tact, la courtoisie et l'élévation de sentiments. Le 15 novembre, jour de l'arrivée de Madame, il adressa à ses administrés une proclamation qui se terminait ainsi :

« Le service de la garde nationale va être repris et continué avec toute la ponctualité militaire. Nous rivaliserons de zèle avec nos frères de la ligne, dont les sympathies sont les nôtres, pour la garde de l'important dépôt remis entre nos mains ; et si nous sommes appelés comme eux en présence d'une grande infortune, nous saurons, à leur exemple, contenir nos sentiments patriotiques, et nous n'oublierons pas que le respect dû au malheur fait partie intégrante de l'honneur national. »

Nous devons la communication des papiers de M. Randouin à l'obligeance de son fils. Ils contiennent de précieuses indications sur les premiers temps du séjour de la duchesse de Berry à Blaye. Le 16 novembre 1832, le sous-préfet écrivait au comte de Preissac, préfet de la Gironde :

« La santé de la princesse est dans un état de délabrement grave, et elle est souvent tourmentée de spasmes et de crampes nerveuses, qui l'oppressent et la rendent très malade. Les personnes qui l'ont accompagnée dans la traversée assurent qu'elle ne se plaint jamais, et ont été à même d'apprécier son sang-froid; car il est positif, au dire même de M. le capitaine de vaisseau Leblanc, qu'elle a couru un danger réel dans le petit canot qui la transportait du brick la *Capricieuse* sur le bateau à vapeur, à la hauteur du Verdon. Plusieurs lames avaient déjà envahi la frêle embarcation, et s'apercevant, dans les traits du commandant, que le moment était critique, elle lui dit avec beaucoup de calme : « — Que voulez-vous, commandant, s'il faut mourir, mourons. » Toutes ces épreuves, jointes à la contention d'esprit, ont dû l'affecter singulièrement au physique comme au moral; aussi, au milieu de sa résignation, de son insouciance presque enjouée, on la surprend quelquefois levant les yeux au ciel avec une expression désespérée. Dans les premiers moments, nul doute qu'elle ne soit très sincère en disant qu'elle n'est pas malheureuse, car elle doit éprouver une sorte de satisfaction à être débarrassée momentanément du poids de tant de soucis, et d'une existence vagabonde et précaire; mais cette première impression effacée, son cerveau s'exaltera encore; car elle a foi dans la justice de sa cause; elle déclare qu'elle remplit son devoir de mère; et elle se laissera entraîner dans de nouvelles tentatives. »

M. Randouin accueillait avec politesse les fidèles légitimistes qui accouraient à Blaye, dans l'espérance de pouvoir y présenter leurs hommages à la princesse prisonnière. Il écrivait au préfet de la Gironde le 20 novembre 1832 :

« Les paladins de l'ancienne cour sont tous, à ce qu'il paraît, en pèlerinage pour notre ville; chaque jour nous avons quelques célébrités nouvelles; aujourd'hui, c'est Mme la baronne de Damas, accompagnée de M. Vayssière-Dupuy, connu de la police comme un exalté carliste; nous avons aussi M. de Lur-Saluces. »

C'étaient ensuite M. de Beaupoil de Saint-Aulaire, Mme d'Isle, la famille de Dampierre, la vicomtesse de Castéja, femme d'une haute intelligence et d'un grand caractère, ancienne dame pour accompagner de la duchesse de Berry, et

Mme de Vathaire, son ancienne première femme de chambre. Celle-ci déclara au sous-préfet que son devoir était de s'établir le plus près possible de la princesse, afin de se trouver à la portée de Madame si les circonstances changeaient ; qu'elle fixerait donc son domicile à Blaye, et qu'elle se soumettait à toutes les investigations de la police.

M. Randouin écrivait encore au préfet de la Gironde le 26 novembre :

« Une dame en deuil s'est fait remarquer avant-hier sur les cônes par les salutations affectées qu'elle adressait à la duchesse de Berry, qui faisait sa promenade habituelle sur les remparts. On dit que cette dame est la baronne de Damas, qui n'a point été reconnue comme elle le désirait. J'ai envoyé la longue-vue à M. le gouverneur, qui ne la laissera à la disposition des prisonniers qu'avec certaines précautions, parce que ce pourrait être un moyen de communication avec le bateau à vapeur, dont la princesse peut suivre le trajet de ses fenêtres pendant plus d'une heure. »

Malgré toutes leurs instances, les courtisans du malheur venus à Blaye ne pouvaient obtenir l'autorisation de pénétrer jusqu'à la captive. Examinons maintenant cette citadelle dont il leur était interdit de franchir l'enceinte, et qu'ils n'apercevaient que de loin.

XII

LA CITADELLE DE BLAYE

La ville de Blaye, qui, en 1832, contenait un peu moins de quatre mille habitants, est située, avec la citadelle qui la domine, sur la rive droite de la Gironde, non loin du bec d'Ambez. C'est au bec d'Ambez, à vingt-cinq kilomètres en aval de Bordeaux, que se trouve le confluent de la Garonne et de la Dordogne, qui, après avoir parcouru, l'une cinq cent soixante-quinze kilomètres, l'autre quatre cent quatre-vingt-dix, se réunissent en un seul cours d'eau : la Gironde. L'estuaire formé par ce grand fleuve a soixante-treize kilomètres de longueur, compris entre les pentes douces du Médoc, les marais et les talus calcaires du Blayais et de la Saintonge. Il subit l'influence de la marée. Sa profondeur est très variable. Du bec d'Ambez à Blaye, il a trois kilomètres de largeur, et son aspect ressemble à celui de l'Océan. Le fort de

Médoc se trouve en face de Blaye, sur l'autre rive de la Gironde ; le système de défense de la ville est complété par ce fort et par une tour, le Pâté, qui s'élève, au milieu du fleuve, sur un îlot. Du haut de la citadelle, le regard mesure un horizon immense. A l'ouest, c'est le grand fleuve qui a, dans cet endroit, la majesté de la mer ; du nord à l'est et au midi, ce sont des coteaux verdoyants, couverts de vignes et de fabriques, de maisons de plaisance et de moulins.

Un ancien professeur au collège de Blaye, M. l'abbé Bellemer, a publié une excellente histoire de cette ville, depuis sa fondation par les Romains jusqu'à la captivité de la duchesse de Berry. Il commence ainsi son ouvrage :

« Sur la rive droite de la Gironde, à douze lieues de l'Océan, on voyait, il y a dix-neuf cents ans, — on voit encore aujourd'hui — un monticule rocheux, dominant au loin tout le pays, des côtes du Médoc jusqu'aux confins des landes voisines de la Saintonge. Ce mamelon isolé, aux flancs abrupts et presque inaccessibles, devait occuper, dès les temps les plus reculés, une position trop exceptionnelle pour que les premiers habitants de la contrée n'aient pas eu l'idée de s'y retrancher. En sorte, dit un vieil historien, que les Romains, après la conquête de l'Aquitaine, n'eurent qu'à s'y établir à la place de ceux qu'ils avaient chassés, y ajouter quelques retranchements, l'entourer de fossés plus larges, et en faire ainsi une des plus fortes places du sud-ouest de la Gaule. C'est sur ce rocher, servant peut-être de refuge à quelque peuplade gauloise, que les maîtres du monde vinrent jeter les fondements de l'antique Blavia, en élevant leur camp au sommet du monticule. »

Oppidum romain dans les siècles qui suivirent César, Blaye fut un château fort au moyen âge. Roland, le paladin de Charlemagne, était duc du Mans et comte de Blaye. Les *Chroniques de Saint-Denis* racontent comment, après la bataille de Roncevaux, le corps de Roland fut porté en la cité de Blaye et enterré en l'église de Saint-Romain, et comment Charlemagne renta l'église.

La citadelle actuelle a été construite sous le règne de Louis XIV par Vauban. Son projet de fortifications pour Blaye porte la date du 30 octobre 1685. Il est conservé aux archives du ministère de la guerre. Les travaux, dirigés par l'illustre maréchal, furent exécutés avec la plus grande rapidité. Cinq cents ouvriers étaient, dit-on, employés sans relâche à cet immense ouvrage, à peu près achevé en 1688.

La petite île de Saint-Simon, sur laquelle le fort, nommé le Pâté, fut construit en 1689, avait commencé à se former vers l'an 1670, et elle était alors couverte d'eau à toutes les grandes marées, ce qui arrive encore aujourd'hui.

Quelques rues formées par des casernes, une place d'armes, des magasins pour l'artillerie et le génie composent l'intérieur de la citadelle. Le sommet est couronné par un vieux château gothique, flanqué de quatre bastions et entouré de fossés, qui est en ruine, et où l'on voit encore le tombeau de Caribert, fils de Clotaire Ier. Autour de la citadelle, il y a une terrasse, large d'environ douze pieds, de niveau avec le mur de revêtement, et qui forme une espèce de parapet, sablé dans la plus grande partie de son étendue, et coupé, de distance en distance, par des embrasures qu'on passe sur des planches.

Le couvent des Minimes, qu'on voit encore dans l'intérieur de la citadelle, a perdu sa destination depuis 1793. Les bureaux du génie sont installés dans l'ancien réfectoire. Le cloître est dans un état de complet délabrement. L'escalier du clocher a été démoli. La chapelle, convertie en magasin pour le génie, est à moitié démolie. Dans la sacristie, on voit sur les murs de mauvaises peintures effacées par le temps, et au-dessus d'une porte, aujourd'hui murée, un écusson avec ces lettres gravées : CÆNOBIVM Sti-FRANCISCI DE PAVLA.

On pénètre par des ponts-levis dans cette citadelle, entourée d'une double enceinte, et dont l'intérieur ressemble à une sorte de colonie militaire, avec ses rues, ses places, ses carrefours, ses jardins, ses casernes, ses logements d'officiers, son église, son hôpital de siège, qui s'élèvent au-dessus de l'ancienne porte dite de Saint-Romain.

La duchesse de Berry, incarcérée dans l'intérieur de la citadelle, y occupa la maison du gouverneur. Cette maison, de très modeste apparence, ne se compose que d'un rez-de-chaussée et d'un premier étage. Regardons sa façade. Au rez-de-chaussée, il y a quatre fenêtres à droite de la porte d'entrée, et deux autres fenêtres à gauche. C'est là qu'on installe la police. La princesse loge au premier étage. Il contient sept fenêtres : 1re fenêtre (à gauche), cabinet de toilette de Madame ; 2e et 3e fenêtres, sa chambre à coucher : 4e, salon ; 5e et 6e, chambre à coucher et cabinet de toilette de Mlle Stylite de Kersabiec, puis de la comtesse d'Hautefort ; 7e, chambre de l'officier de gendarmerie. Un tout petit bâtiment annexe, à deux fenêtres, sans étage supérieur et attenant au rez-de-chaussée, sert à la fois de salle à manger et de chapelle. A gauche, sont deux moulins à vent.

Voyons maintenant la courte description du comte de Mesnard.

« La citadelle, dit-il, est l'ancienne ville de Blaye. Il s'y trouve un assez grand nombre de maisons et même de rues. Une église avait été bâtie au dehors ; elle est devenue le centre de la nouvelle ville. Une maison isolée, passablement grande, avait été préparée pour recevoir Madame. Si les fenêtres n'en eussent pas été grillées, cela n'aurait point eu un aspect sinistre. Derrière est un jardin assez grand pour prendre de l'exercice.

L'appartement se compose d'un salon, dans lequel donnent deux chambres à coucher. Madame prit la plus commode. Mlle de Kersabiec eut l'autre. Une petite salle à manger, qui est au bout d'un corridor, donne sur la Gironde. J'eus dans un autre corps de logis une assez bonne chambre. La circulation dans les appartements nous restait libre aussi longtemps que le jour durait. Le soir, à une heure fixe, on fermait le salon. J'étais également renfermé dans ma chambre à la même heure. »

Les précautions les plus minutieuses furent prises pour surveiller la prisonnière, et l'on arma la place, comme si l'ennemi eût campé aux portes. Dès le lendemain de l'arrivée de la princesse, la garnison s'augmenta d'un détachement du 14e chasseurs à cheval, puis de cinquante gendarmes et de la 14e batterie du régiment d'artillerie. En ajoutant les deux bataillons du 48e et du 64e de ligne, cela formait un effectif de plus de neuf cents hommes. Tout avait l'aspect d'une ville assiégée : les deux seules portes, — porte Dauphine et porte Royale, — rendues inabordables ; les canons montés sur des affûts, chargés à boulets et braqués ; tous les jours de la garde montante, avec accompagnement de tambours et de clairons ; la diane le matin, la retraite le soir, puis la nuit les qui-vive des sentinelles, les rondes-major ou autres. Au bas des remparts la *Capricieuse*, — cette corvette sur laquelle la duchesse de Berry venait de faire une si pénible et si périlleuse traversée, — avait jeté l'ancre dans les eaux de la Gironde, et constituait, avec deux péniches, une ligne de défense du côté du fleuve. Le matin, à six heures, un coup de canon tiré de la citadelle et répété par la *Capricieuse* commandait l'ouverture des portes. Le soir, à six heures, un autre coup de canon, également répété par la corvette, retentissait, et l'on fermait les portes jusqu'au lendemain.

Le commissaire Joly, celui qui, à Nantes, avait organisé avec Deutz l'arrestation de la princesse, exerçait la surveillance la plus rigoureuse. Écoutons encore le comte de Mesnard :

« Chaque jour, dit-il, de nouvelles précautions, souvent ineptes et toujours désagréables, étaient ordonnées par les ministres. Pour sûr, ce n'était pas le colonel Chousserie qui les provoquait, cela se reconnaissait assez au goût avec lequel il les exécutait. Les fenêtres de Madame, déjà barrées d'une façon fort serrée, furent garnies d'un treillage en fil de fer. Madame vit de son jardin poser des grilles au haut de ses cheminées ; des ouvriers vinrent dans l'intérieur pour en poser dans d'autres endroits. On ne crut pas assez sûre une maison que des factionnaires entouraient le jour et la nuit ; on la fit entourer de palissades en bois, hautes de dix à douze pieds, et l'on plaça d'autres factionnaires en dehors.

Si l'on ouvrait une fenêtre, le soir, pour avoir

de l'air ou dissiper la fumée, aussitôt le factionnaire criait : « Fermez vos fenêtres ! » Un jour, l'un d'eux, voyant que Madame s'empressait peu d'obéir à une injonction faite en termes plus que brusques, ajouta : « Je vais tirer ! » Madame, qui n'avait peur ni du bruit ni de l'odeur de la poudre, qui voyait bien d'ailleurs qu'une balle tirée par ce fonctionnaire de l'endroit où il était ne pouvait aller qu'au plafond, se retira sans fermer sa fenêtre. »

La nourriture de la princesse et de son monde était apportée de chez un traiteur de Blaye dans une petite voiture à bras, soumise au plus minutieux examen. Les plats une fois déposés dans cette carriole, elle était fermée à clé par un homme de police, qui l'accompagnait et l'ouvrait. M. de Mesnard ajoute à ces détails :

« Cela s'y réchauffait, et nous arrivait ensuite par un tour. La chère n'était pas mauvaise ; on prenait les ordres de Madame. Le préfet de Bordeaux était chargé de payer la totalité des dépenses. Pour mon compte, je n'en ai point profité ; je n'avais nulle envie de faire payer mes aliments par Louis-Philippe. J'avais porté dans la Vendée et je conservais toujours une ceinture qui contenait quatre mille francs. Madame en avait une pareille et, fort heureusement pour nous, cet argent n'eut pas le sort de celui qui était dans la cachette de Nantes ; il échappa à la surveillance de nos ennemis. »

La princesse, qui manquait, à son départ de Nantes, des choses les plus nécessaires, fit venir de Bordeaux ce qui lui était indispensable. Elle songeait à en demander le complément, lorsqu'elle reçut de Paris une caisse contenant du linge, des robes, des bonnets, des chapeaux, enfin un petit trousseau tout complet. Cet envoi avait été fait par la princesse Théodore de Bauffremont et quelques autres dames. Un libraire de Paris, M. Bossange, eut, lui aussi, une attention qui toucha vivement Madame. Il fit parvenir à la princesse, dont il connaissait le goût pour la lecture, une collection de livres dont le choix était fait avec tant de soin qu'ils lui furent tous agréables. Il y avait des livres français, italiens, anglais, tous reliés avec élégance.

« C'est d'autant meilleur de la part de M. Bossange, dit Madame, qu'il n'était pas exclusivement mon libraire. » La duchesse de Berry le remercia en ces termes :

« J'ai reçu, Monsieur, il y a deux jours seulement, votre lettre du 17 novembre, et la précieuse collection de livres que vous m'offrez. Je les accepte, et suis d'autant plus touchée de votre procédé obligeant qu'il émane d'un sentiment auquel je suis bien sensible, et qui serait pour moi d'une grande consolation si tous ceux à qui j'ai témoigné quelque bienveillance en conservaient comme vous le souvenir. Puissé-je un jour, Monsieur, pouvoir vous donner aussi des preuves de ma reconnaissance, ainsi que de mon estime et de ma considération. »

Nous venons d'examiner ce qui se passait à la citadelle ; parlons maintenant de son gouverneur.

XIII

LE COLONEL CHOUSSERIE

Le colonel Chousserie, qui prit le titre de commandant supérieur du fort de Blaye le 15 novembre 1832, jour de l'arrivée de la duchesse de Berry, et fut remplacé le 3 février 1833 par le général Bugeaud, était colonel de la légion de gendarmerie de la Loire-Inférieure, et n'avait accepté que par obéissance militaire les fonctions qui lui étaient confiées. Il savait les égards qui sont dus à une princesse, à une femme, au malheur, et il était résolu à ne rien faire de contraire à sa conscience d'homme d'honneur et de soldat.

M. Thiers avait eu soin, en outre, d'envoyer à la citadelle de Blaye des commissaires chargés d'en faire la police. Le 18 novembre 1832, il écrivait au colonel :

« La haute surveillance que vous êtes appelé à

exercer se divise nécessairement en trois parties : celle de l'intérieur, celle de l'extérieur du château et celle de la côte. Pour la première, deux commissaires civils seront nommés; un commissaire de police sera chargé de la seconde; relativement à la troisième, je vous adresse copie des instructions transmises par M. le ministre de la marine. »

La partie relative à la surveillance intérieure du château était ainsi conçue :

« L'enlèvement de la duchesse ne semble point à craindre, mais on doit supposer que de nombreux projets d'évasion seront formés.

« Deux personnes seront placées auprès d'elle : M. de Mesnard, serviteur dévoué, mais âgé et peu propre à l'intrigue. Mlle de Kersabiec, non moins dévouée; mais active, entreprenante, habituée à une vie aventureuse, elle serait nécessairement l'intermédiaire de toutes les entreprises.

« Des femmes de chambre seront probablement réclamées par la duchesse. Le premier choix qui en sera fait ne sera pas sans importance. Il ne suffira pas de s'assurer de leur moralité. Quelles étaient leurs relations? A quelle famille appartiennent-elles? La condition qui leur sera imposée de ne conserver aucune communication avec l'extérieur ne pourrait-elle pas être illusoire? Voilà ce qu'il importera d'éclairer.

« Des livres, des habillements, des instruments, etc., seront demandés à Bordeaux. Des communications journalières vont être entretenues avec cette ville, où le parti légitimiste a toujours compté de nombreux affidés. Ces livres, ces habillements devront être examinés avec un soin scrupuleux ; des renseignements seront pris sur les fournisseurs. Il n'en faut pas d'attitrés. En se procurant les marchandises, tantôt chez un marchand, tantôt chez un autre, en laissant ignorer la destination, on évitera des tentatives de communication et de relations avec le château.

« Les lettres ne pourront être remises et reçues qu'ouvertes. Les bandes de journaux seront enlevées. Le commissaire de police devra avoir, pour faire au besoin ressortir l'encre sympathique, un appareil chimique à sa disposition.

« Ces précautions seront autant que possible inaperçues, mais elles seront indispensables. Une surveillance de tous les instants et de tous les objets peut se concilier avec beaucoup d'égards, de ménagements, de complaisance. Le but constant de cette surveillance est de ne laisser aucune chance d'évasion à la duchesse. »

M. Thiers, qui toutes les fois qu'il fut au pouvoir traitait lui-même les questions de police avec une habileté particulière, terminait ainsi ses instructions au commandant du fort de Blaye :

« Je vous laisse le soin, colonel, de rédiger un règlement spécial, les articles relatifs au mode de bien constater l'identité des personnes, lors des communications indispensables à l'emploi de l'aumônier, au service de santé, etc. Les personnes attachées à celui de la duchesse sont averties qu'une fois entrées elles ne pourront plus sortir. Ce sera par vos soins que la duchesse recevra les journaux que vous vous procurerez vous-même; aucun abonnement ne sera pris en son nom. Ce qu'il importe par-dessus tout d'éviter, c'est qu'aucune communication directe, aucun moyen de concert ne puisse s'établir. Votre intermédiaire et celui de M. le commissaire civil ne sauraient en aucun cas être illusoires. Il faut qu'en tout et partout, dans le château dont le commandement vous est confié, votre présence et votre action se manifestent. C'est la duchesse de Berry que renferme le château! »

Remarquons l'euphémisme dont se servait le ministre. La citadelle de Blaye n'est nullement un château, et la petite maison où était incarcérée la princesse ressemble beaucoup plus à une modeste ferme qu'à un palais.

Le colonel Chousserie ne remplissait qu'à contre-cœur la tâche ingrate qui lui était dévolue. Ce n'est qu'en arrivant à Blaye avec la duchesse de Berry qu'il avait reçu la dépêche le nommant commandant supérieur de la citadelle, et le chargeant particulièrement de la garde de la princeese. Madame apprit par lui cette nomination, et lui dit de la manière la plus gracieuse : « J'en suis bien aise, colonel. J'aime votre caractère franc; vous m'avez dit n'avoir pas voulu servir depuis la chute de Bonaparte ; vous n'avez, par conséquent, pas manqué à votre serment au roi. Je craignais qu'on ne m'envoyât une de ces girouettes. »

La duchesse de Berry avait raison d'apprécier la loyauté du colonel et son élévation de sentiments. Le comte de Mesnard a écrit :

« Le colonel Chousserie, tout en remplissant strictement ses fonctions, était on ne peut plus soigneux envers Madame. Il mettait ses soins à faire oublier qu'il était son geôlier, ce qu'apercevait fort bien Son Altesse Royale, et ce dont elle se montrait reconnaissante jusqu'au point de lui témoigner de la confiance. On le voyait exécuter avec répugnance l'ordre qui lui venait sans cesse du ministre d'exercer quelques nouvelles persécutions, toujours inutiles et souvent ridicules. Le colonel et son aide de camp n'entraient jamais dans l'intérieur de l'appartement de Madame sans lui en avoir fait demander la permission ; on prenait ses ordres pour une promenade.

« Au bas du glacis de la citadelle il existe une prairie où l'on voyait souvent soit des habitants de Blaye, soit des personnes venues de Bordeaux ou de plus loin pour apercevoir la prisonnière à l'heure où elle se promenait. Un jour, la princesse eut la satisfaction de distinguer, du haut de la citadelle, Mme de Wathaire, l'une de ses premières femmes de chambre, venue de Paris pour offrir ses services à Son Altesse Royale et qui, n'ayant pu obtenir l'entrée de la forteresse, se rendait dans cette prairie pour apercevoir sa maîtresse.

« Un autre jour, ajoute le comte de Mesnard, j'éprouvai une vive satisfaction en voyant dans la même prairie ma belle-fille. Je m'y attendais ; le colonel Chousserie m'en avait prévenu. Il n'y a point d'instances qu'elle n'eût faites auprès de lui pour avoir accès dans la forteresse, mais ses ordres s'y opposaient. Il la prévint de l'heure à laquelle nous serions sur le rempart, et je fus averti que j'aurais le bonheur de la voir dans la prairie. La vicomtesse de Mesnard obtint pourtant que ma petite-fille, âgée de deux ans, me serait apportée dans la forteresse, non par sa bonne, mais par le capitaine Petit-Pierre. Madame, qui est sa marraine, l'embrassa tendrement, et lui fit cadeau d'une petite boîte de carton. »

Le colonel Chousserie avait fait dresser sur le rempart un belvédère en bois, d'où la princesse pouvait contempler le cours de la Gironde. Il lui fallait une longue vue pour bien distinguer les personnes qui se trouvaient dans la prairie. Mais bientôt la promenade de cette prairie fut interdite aux habitants de Blaye, chaque fois que la duchesse de Berry était sur le rempart, et l'on ne vit plus à ces moments-là que des soldats et des gendarmes. Madame en fut choquée, et déclara que, ne voulant pas priver les habitants de leur promenade favorite, elle renonçait à la sienne. Le colonel fit de vains efforts pour la ramener sur le rempart. Elle consentit seulement à se promener dans quelques autres parties de la forteresse, sur la place d'armes, par exemple, d'où l'on aperçoit la Gironde comme une espèce de mer.

Le navire la *Capricieuse*, peu éloigné du bord, convoyait de toutes parts des embarcations pour empêcher les bateaux de passer entre le brick et le rivage. On ne prit pas plus de précautions à Saint-Hélène qu'on n'en prit à Blaye.

M. Joly, commissaire spécial, et M. Dufresne, commissaire civil, surveillaient rigoureusement la prisonnière. M. Thiers avait adressé à M. Joly, le 12 décembre 1832, les instructions les plus sévères et les plus détaillées. En voici des extraits :

« Les deux commissaires établiront leurs chambres à coucher au rez-de-chaussée du bâtiment occupé par la duchesse (n° 53 du plan de la citadelle). A cet effet, le commissaire spécial reprendra le logement indiqué sur le plan FFFG ; la chambre E sera occupée par le commissaire civil... L'un des deux commissaires couchera dans la chambre P avec l'officier de gendarmerie. Pendant le jour, un agent de service sera placé avec l'officier de gendarmerie dans la pièce P.

Le soir, la clef de la porte fermant intérieurement le corridor des appartements de Mme la duchesse de Berry sera remise par le commandant de place à celui des deux commissaires qui couchera au rez-de-chaussée... L'un des deux agents placés pendant le jour dans la pièce P ne devra jamais perdre de vue Mme la duchesse de Berry lorsqu'elle descendra dans son jardin.

« On n'admettra dans l'enceinte palissadée que le colonel chargé en chef du gouvernement de la citadelle de Blaye, le commandant de la place, les officiers de gendarmerie de service auprès des prisonniers, les troupes gardant les portes extérieures, les commissaires civils, leurs agents et les domestiques chargés du service de la maison. Les domestiques attachés au service des prisonniers ne pourront sortir de la citadelle... Le commissaire spécial et le commissaire civil devront avoir connaissance de toutes les consignes données aux postes intérieurs de l'enceinte, ainsi que du mot d'ordre et de celui de ralliement... Il serait bon que, chaque jour, le cuisinier remît note des vivres dont il aurait besoin au commissaire chargé de la dépense. Les pourvoyeurs préposés à cet effet remettront, en présence d'un agent, les provisions qu'ils se seront procurées au dehors. En tout et pour tout, lorsqu'il s'agit de communication avec l'intérieur, le contrôle le plus sévère est indispensable. »

Le colonel Chousserie n'avait pas vu sans déplaisir s'installer dans la citadelle M. Joly, en qualité de commissaire spécial, ayant en quelque sorte pour mission de contrôler la surveillance et les actes du commandant supérieur. Un pareil état de choses pouvait produire des conflits. M. Thiers écrivit, de sa main, au colonel la lettre suivante, datée du 21 décembre 1832 :

« Monsieur le colonel, je vous tromperais si je vous disais que je suis complètement satisfait de la manière dont vous vous prêtez aux arrangements que j'avais projetés. Je vous ai montré assez de bienveillance pour que vous ne doutassiez pas du motif qui me ferait accumuler tant de précautions. Au surplus, comme je ne veux pas être servi par des mécontents, je cède à vos désirs. J'ordonne à Joly de s'établir à Blaye, en dehors de la citadelle, pour y faire la police de l'arrondissement. Dufresne restera seul au dedans et continuera d'exercer les fonctions qui lui ont été confiées. Je vous prie d'avoir pour lui tous les égards dus à un honnête homme, qui, pour n'être pas militaire, n'en est pas moins plein d'honneur et digne de toute confiance. Je l'avais blâmé de son désir d'être présenté à Mme la duchesse de Berry, car mes agents sont chargés de la garder, de la respecter, et nullement de lui plaire et de se faire agréer par elle. Mais depuis que j'ai appris que c'était pour la connaître et avoir l'occasion d'entrer chaque jour chez elle, s'assurer que tout est en ordre, je l'approuve, et je vous engage à le satisfaire. Je tiens expressément à ce que la fenêtre de l'officier de gendarmerie qui est de garde jour et nuit entre la porte du corridor et la porte extérieure du bâtiment, je tiens à ce que cette fenêtre soit grillée. »

M. Thiers terminait ainsi sa lettre au colonel Chousserie :

« Au surplus, je n'ai pas moins de confiance et d'estime pour M. le colonel Chousserie, bien que je me plaigne de lui à lui-même. Je remets toujours avec la même sécurité l'honneur du gouvernement dans ses mains. Agréez, colonel, l'assurance de ma haute considération. »

M. Thiers ne conserva le portefeuille de l'intérieur que jusqu'au 1er janvier 1833, jour où il l'échangea contre celui des travaux publics. Il fut remplacé au ministère de l'intérieur par le comte d'Argout, qui désormais eut la haute main sur les affaires de Blaye, et on ne retrancha rien aux mesures rigoureuses adoptées par son prédécesseur.

Le colonel Chousserie et M. Randouin, sous-préfet de Blaye, avaient témoigné des égards à la princesse prisonnière. Aussi devinrent-ils bien vite suspects au gouvernement, et ne tardèrent-ils pas à être remplacés. Tous deux étaient dévoués à la monarchie de Juillet, mais tous deux avaient le respect du malheur. Notons, d'ailleurs, que bon nombre d'orléanistes partageaient ces nobles sentiments. L'un d'entre eux, un ami, un conseiller de Louis-Philippe, le comte de Salvandy, venait d'écrire un livre intitulé : *Paris, Nantes et la session*, dans lequel on lisait les lignes suivantes au sujet de la duchesse de Berry :

« Cette femme, cette mère a entendu les mécontentements de la France royaliste, de la France religieuse, de la France propriétaire, comme sur le rocher de l'île d'Elbe Napoléon entendait les soupirs de ses vétérans. Elle a compté les intérêts froissés, les principes méconnus, les alarmes excitées jusqu'au sein de l'opinion constitutionnelle. Elle a vu tous les mécomptes de cette foule de serviteurs et d'amis de la monarchie antique qui ont été frappés les uns après les autres : le grand seigneur dans ses charges, le pair du royaume dans sa dignité, le fonctionnaire dans ses emplois, l'officier dans la croix de Saint-Louis dont la Restauration avait payé le sang versé à Austerlitz. Dans l'exil, l'oreille est frappée de toutes les plaintes, l'âme est saisie de tous les griefs, l'espérance s'éveille à tous les désespoirs.

« Un autre spectacle la frappe en même temps. Elle voit, pendant deux années consécutives, la sédition, les désordres, l'anarchie, sous tous les prétextes, sous tous les formes, épouvanter de leur audace toutes les cités de la France, ces fléaux renaître sans cesse d'eux-mêmes, braver le pouvoir et les lois, désoler le commerce et l'industrie, insulter enfin, de toutes parts, à la raison, à la paix, à la fortune, à la gloire d'un grand peuple ; et comme elle porte dans son giron un principe d'ordre, elle se croit, dès lors, armée de l'ordre tout entier. Si elle croit le moment venu d'offrir sa panacée réparatrice à la France fatiguée, qui accuserons-nous le plus haut, avec justice, sa méprise et sa confiance, ou bien nos misères et le parti qui les a faites ? »

M. de Salvandy, qui était lié avec M. Randouin, lui envoya son livre à Blaye. Il lui écrivait de Graveron (Eure), le 20 décembre 1832 :

« Votre aimable lettre m'a fort touché, non pas seulement à cause de la vieille indulgence avec laquelle vous voulez bien traiter mon livre, mais à cause des sentiments auxquels j'aime à la rattacher... Je suis sûr que Mme Randouin est d'accord avec vous sur les dispositions généreuses que je vous vois. Les femmes doivent avoir plus que nous la victoire clémente, et plus les événements qui se sont succédé depuis trente mois ont attesté l'irrévocable impuissance des intérêts auxquels s'appuyaient les tentatives de votre illustre prisonnière, plus il est impossible de ne pas compatir à ses souffrances, et de ne pas croire notre honneur intéressé à abréger des misères qui n'intéressent point notre sûreté. Vous ne pouvez que les adoucir. Soyez sûr que les soins que vous y apporterez vous concilieront l'estime de tous les honnêtes gens. Je vous remercie d'avoir cru que mon livre pourrait occuper quelques instants cet esprit si actif et si écrasé. Vous avez vu dans mes notes que je n'ai pas courtisé cette malheureuse princesse dans sa fortune, et que je ne mettais pas le pied, malgré plusieurs avances que je ne puis redire, dans sa cour. Mais j'entre volontiers dans sa prison, et je voudrais qu'elle pût voir dans ma manière de sentir celle de tous les Français. »

L'homme qui méritait l'honneur de recevoir cette belle lettre ne tarda pas à encourir la disgrâce du gouvernement. Il fut mis en disponibilité, dès les premiers jours de 1833, au moment où le colonel Chousserie, que l'on trouvait également trop respectueux pour la duchesse de Berry, était remplacé par le général Bugeaud.

XIV

LE GOUVERNEMENT.

Au moment de son arrestation, la duchesse de Berry avait dit au général Dermoncourt, en parlant de Louis-Philippe et des ministres : « Ils sont plus embarrassés que moi. » La princesse ne se trompait point. Le gouvernement se demandait ce qu'il ferait de sa prisonnière, et ne savait comment résoudre la question de fait, surtout la question de droit.

Dans ses *Mémoires*, M. Guizot insiste sur l'embarras du cabinet, dont il faisait partie en qualité de ministre de l'instruction publique. Il avait pris part à la discussion de la loi du 10 avril 1832, qui interdisait aux membres de la branche aînée de la maison de Bourbon, comme aux membres de la famille Bonaparte, le territoire de France.

« A cette époque, dit-il, nous avions cru faire

beaucoup, au nom de la politique, comme de la convenance morale, en bornant la loi à cette prohibition, sans y insérer aucune sanction pénale. Et il y avait eu, dans cet acte, quelque mérite, car il avait fallu, de la part du gouvernement et de ses amis, un grand effort pour faire écarter de cette loi l'article 91 du Code pénal, c'est-à-dire les poursuites judiciaires et la peine de mort pour les princes des maisons qui avaient régné sur la France, si, en rentrant sur le sol français, ils y suscitaient la guerre civile. Placés, en novembre 1832, en face de l'occurrence ainsi prévue, nous nous aperçûmes à l'instant qu'on n'avait pas assez fait, en 1831, pour garantir la bonne politique : les poursuites judiciaires et l'article 91 du Code pénal n'étaient pas écrits, il est vrai, dans la loi du 10 avril 1832, mais la question de leur application restait ouverte; la loi ne la résolvait pas et ne donnait pas au gouvernement le droit de la résoudre lui-même. »

Dans sa perplexité, le ministère, n'osant pas prendre une décision, commença par se contenter de déclarer qu'un projet de loi serait présenté aux Chambres pour statuer relativement à Mme la duchesse de Berry.

On lisait dans le *Moniteur* du 9 novembre 1832 :

« Paris, le 8 novembre. Aujourd'hui, à une heure, le gouvernement a reçu la nouvelle que Mme la duchesse de Berry a été arrêtée à Nantes, le 7, à dix heures du matin. On l'a trouvée cachée dans une maison avec M. de Mesnard, M. Guibourg et Mlle de Kersabiec. Elle a été déposée au château de Nantes. Le conseil s'est aussitôt assemblé, et l'ordonnance suivante a été rendue :

« Ordonnance du roi, Louis-Philippe, roi des Français.

« A tous présents et à venir salut.

« Sur le rapport de notre ministre secrétaire d'Etat au département de l'intérieur, nous avons ordonné et ordonnons ce qui suit :

« Art. 1er. — Il sera présenté aux Chambres un projet de loi pour statuer relativement à Mme la duchesse de Berry.

« Art. 2. — Notre garde des sceaux, ministre secrétaire d'État de la justice, et notre ministre, secrétaire d'État de l'intérieur, sont chargés, chacun en ce qui le concerne, de l'exécution de la présente ordonnance.

« Au palais des Tuileries, 8 novembre 1832. »

Cette ordonnance souleva dans l'opposition de gauche et de droite un *tolle*, d'autant plus qu'au mois de septembre un arrêt de la Cour royale de Poitiers (document cité par M. Nauroy) avait renvoyé la duchesse de Berry devant la cour d'assises comme prévenue d'excitation à la guerre civile et d'attentat contre le gouvernement, et qu'un nouvel arrêt de la même Cour, rendu depuis l'arrestation de la princesse, ordonnait que

« la duchesse serait prise et appréhendée au corps et traduite devant la cour d'assises, conformément à la loi ». La presse démocratique réclamait à grands cris pour la cour d'assises la femme qu'elle désignait sous le nom de *Caroline Berry*, comme en un autre temps on avait dit *Antoinette Capet*. Des journaux moins violents, sans pousser jusqu'à ce point le mépris des convenances, s'étonnaient que la princesse fût soustraite à la loi, dont les prescriptions frappaient ceux qui n'avaient été que ses complices. De tous côtés, on invoquait le principe fondamental de notre droit public, qui veut que tous les Français soient égaux devant la loi, quels que soient leurs titres et leur rang.

La duchesse de Berry réclamait, non la liberté, mais des juges. Elle écrivait au maréchal Soult, naguère son courtisan le plus respectueux, et devenu le président du conseil des ministres du roi Louis-Philippe :

« Vous devez vous souvenir, monsieur le maréchal, qu'alors que vous fûtes appelé à la cour, après en avoir été exclu depuis 1815, et qu'on vous eût rendu votre rang et vos grades, vous vous présentâtes chez mon malheureux mari, le plus franc des hommes, qui vous dit : « Mon« sieur le maréchal, je suis bien aise de vous voir « ici. Si j'eusse été le maître, vous y seriez depuis « longtemps, ou vous auriez été fusillé. » Vous répondites : « Monseigneur a raison ; aussi n'ai-je

« cessé de demander des juges. » C'est aussi ce que je sollicite. »

Des juges, le gouvernement n'osait pas en donner à sa prisonnière. M. Guizot en a fait la remarque :

« Les membres des familles royales restent toujours, moralement et politiquement, très difficiles et très nuisibles à juger, surtout quand le trône qu'ils entouraient est tombé dans une tempête, et qu'ils ont l'air de poursuivre leur droit en essayant de le relever. Il y a, entre leur élévation comme princes et leur détresse comme déchus et accusés, un contraste qui inspire pour eux plus d'intérêt que leurs entreprises n'excitent de colère ou d'alarme; acquittés, ils deviennent presque des vainqueurs; condamnés, ils sont des victimes de leur cause et de leur courage. »

Le roi Louis-Philippe disait à son ministre :

« Personne, au fond, ne veut faire juger la duchesse de Berry; on ne sait pas quels embarras on encourt en la retenant; les princes sont aussi incommodes en prison qu'en liberté; on conspire pour les délivrer comme pour les suivre, et leur captivité entretient chez leurs partisans plus de passions que n'en soulèverait leur présence. »

Louis-Philippe aurait sans doute voulu, pour se tirer d'embarras, mettre en liberté la nièce de sa femme; mais il était tellement intimidé par l'opposition qu'il n'osait même pas exprimer formellement ce désir à ses ministres; il se contentait de le leur faire supposer.

« Dans l'état des esprits, en 1832, a dit encore M. Guizot, après les conspirations et les insurrections de Paris et de la Vendée, aucun cabinet n'eût pu mettre sur-le-champ Mme la duchesse de Berry en liberté à la frontière, et, tout en laissant entrevoir sa pensée, le roi ne le demanda point. La méfiance est le fléau des révolutions; elle hébète les peuples, même quand elle ne leur fait plus commettre des crimes. Pas plus que mes collègues, je ne jugeai possible de ne pas retenir Mme la duchesse de Berry. Des esprits grossiers ou légers ont pu croire que les incidents de sa captivité avaient tourné au profit de la monarchie de 1830; je suis convaincu qu'on aurait bien mieux servi cette monarchie en agissant avec une hardiesse généreuse, et que tous, pays, Chambres et cabinet, nous aurions fait acte de sage comme de grande politique en nous associant au désir impuissant, mais clairvoyant du roi. »

Cependant, les adversaires les plus implacables de la captive demandaient, comme elle-même, qu'on lui donnât des juges, et le gouvernement de Juillet, violemment critiqué de la placer en dehors du droit commun et de ne pas la traduire devant les tribunaux, se croyait obligé de s'en excuser publiquement. Dans un article publié en tête du *Moniteur* du 11 novembre 1832 il s'exprimait ainsi :

« Mme la duchesse de Berry une fois arrêtée, naissait la question de savoir à quelle autorité elle serait déférée. Elle ne devait pas être l'objet d'un jugement, mais d'une mesure politique. Tout le monde sent, en effet, qu'une pareille accusée devenait, en présence d'un tribunal, l'occasion de scènes déplorables. Après le scandale des débats, venait le résultat même du procès. Qu'on songe, en effet, aux conséquences d'une condamnation ! Qu'on songe à celles d'un accquittement ! Si Mme la duchesse de Berry eût été condamnée, l'autorité royale devenait responsable, ou de sa clémence, ou de son impassibilité. Si elle eût été acquittée, elle aurait librement traversé ces mêmes provinces qu'elle venait d'exposer à la guerre civile, et gagné nos frontières pour les repasser peut-être bientôt encore. Mme la duchesse de Berry ne pouvait donc pas être jugée ; elle devait devenir l'objet d'une mesure politique ; c'est un ennemi qu'il fallait réduire à l'impuissance. »

L'opposition n'en réclamait pas moins une poursuite en justice de la princesse pour crime de droit commun. Le gouvernement, voyant qu'il ne réussissait pas à convaincre ses détracteurs, revenait à la charge et reproduisait, dans le *Moniteur* du 15 novembre 1832, un article du *Journal des Débats*, où nous croyons reconnaître non seulement les idées, mais encore le style de M. Thiers.

« Lorsque la composition du nouveau ministère fut connue, il y a un mois, était-il dit dans cet article, tous les organes de l'opposition s'écrièrent d'un ton lamentable : « Nous marchons à une troisième Restauration. » Le premier acte de ce ministère de Restauration a été d'avoir arrêté la duchesse de Berry; le second, ce sera d'épargner à la France et à la Révolution de Juillet le danger d'un acquittement, ou le cynisme d'une condamnation, que personne ne demande qu'on exécute à la rigueur. Acquittement ou condamnation, l'un et l'autre ne pourraient être qu'un triomphe pour le parti de la dynastie déchue. Le scandale même du procès, scandale nécessaire, en serait un. »

Le même article continuait par cette apologie de M. Thiers :

« Qui donc en France, sans la plus insigne mauvaise foi, pourrait se vanter à présent d'être plus compromis que M. Thiers et le ministère dont il fait partie envers la Restauration? Qui donc a donné plus de gages à la Révolution de Juillet? Qui lui a plus entièrement abandonné sa fortune et sa vie? La Restauration pardonnerait-elle à celui qui a mis la main sur la mère du duc de Bordeaux? N'est-ce pas un titre indélébile de proscription dans le cas où la maison déchue se relèverait? La responsabilité que M. Thiers a prise le jour même de son entrée au ministère aurait effrayé, n'en doutez pas, beaucoup de ces clabaudeurs dont le patriotisme se perd en paroles.

Quand on appellera cent fois Mᵐᵉ la duchesse de Berry Caroline tout court ou Caroline Berry, ce n'est pas là ce qui laissera une plaie profonde dans le cœur des princes déchus. Mais M. Thiers, qui l'appelle Mᵐᵉ la duchesse de Berry et qui la traite avec les égards dus à son rang et à son malheur, la fait arrêter et la retiendra; voilà ce qui ne s'oublie pas. M. Thiers n'a fait que son devoir, je le sais, envers la France et la Révolution de Juillet; mais il l'a fait avec une énergie, une persévérance, une habileté dont lui saura gré le pays. »

Le même article développait ensuite, dans les termes suivants, les causes qui, d'après l'opinion de M. Thiers et de ses collègues, rendaient un procès impossible :

« Que veut une saine politique ? que Mᵐᵉ la duchesse de Berry soit mise hors d'état de nuire. La France ne demande pas une autre vengeance, ou plutôt elle ne demande pas de vengeance. Cela est si vrai que, par un procès même, l'opposition ne prétend pas arriver à un autre but. Elle aurait honte qu'on la soupçonnât d'avoir envie de la tête de la duchesse de Berry. Elle appelle d'avance la clémence du roi. Eh bien, quand les nations prennent leur parti de traduire en justice une tête royale, ce n'est pas pour si peu. Soyez donc conséquent jusqu'au bout. Est-ce un grand exemple que vous demandez? Est-ce un défi que vous voulez jeter aux rois de l'Europe? Tout affreuse que puisse être une pareille logique, je la conçois. Mais un procès à Mme la duchesse de Berry pour la voir acquitter ou lui faire grâce ! Un procès pour irriter des passions que vous ne pourrez ensuite étouffer que dans le sang ! C'est évidemment trop ou trop peu. »

L'auteur de l'article concluait en déclarant que la duchesse de Berry devait être considérée comme en dehors du droit commun, et que, d'ailleurs, sa détention sans jugement n'était pas, en somme, plus illégale que la Révolution de Juillet :

« On invoque le droit commun, disait-il. Où était le droit commun quand la Chambre excluait du territoire français Charles X et ses descendants à perpétuité ? Il y a là, quoi qu'on en dise, rétroactivité ; car je ne sache pas qu'aucune loi antérieure à la Révolution de Juillet eût prévu le cas où le roi violerait la Charte. Qu'on me la montre ! Mais il y a bien autre chose qu'une dérogation au principe de la non-rétroactivité ! Depuis quand les enfants sont-ils punis pour le crime de leur père, et non seulement les enfants nés, mais les enfants à naître ?... Ne cherchons pas le droit commun où il n'est pas, où il ne peut pas être, si nous ne voulons tomber dans les inconséquences les plus monstrueuses. En excluant à perpétuité du territoire français Charles X et sa famille, les Chambres n'ont prononcé ni un jugement ni une peine ; elles ont pris une mesure politique nécessaire à la sûreté du pays. C'est encore une mesure politique que le ministère leur demande pour Mme la duchesse de Berry, et la Restauration même ne peut s'en plaindre, car c'est ce qu'elle-même avait fait, avec une sanction sanglante, pour la famille et la postérité de Napoléon. »

De leur côté, les Chambres semblaient très peu soucieuses de prendre sur elles la responsabilité d'une loi statuant sur le sort de la prisonnière. « C'est un principe constitutionnel, a dit M. Guizot, qu'en pareille matière les Chambres n'agissent que d'avance et par des mesures générales, jamais après coup et en prononçant sur les personnes; les souvenirs des temps révolutionnaires et de leurs proscriptions législatives accroissaient beaucoup dans les esprits l'autorité de ce principe; il était aisé de prévoir que la Chambre des députés n'aurait nulle envie de statuer elle-même et directement sur Mme la duchesse de Berry, et que l'opposition aurait beau jeu à exploiter ses scrupules ou son humeur. Nous le sentîmes si bien que nous ne donnâmes à l'ordonnance qui avait annoncé un projet de loi aucune suite. Au lieu de porter aux Chambres la question tout entière, le gouvernement prit le parti de la résoudre lui-même, d'interdire envers Mme la duchesse de Berry toute poursuite judiciaire, toute application pénale, et de n'avoir ainsi à débattre, devant les Chambres, qu'un fait accompli et sa propre responsabilité en l'accomplissant. »

Cette manière de procéder soulevait dans la presse légitimiste des colères qui allaient jusqu'à l'exaspération. Citons, à titre d'exemple, cet article de la *Mode* :

« Madame est placée hors de la loi des nations, elle est soumise à l'arbitraire le plus accablant; elle est sous le poids du bon plaisir de M. Thiers; c'est la prisonnière de M. Thiers ; on la lui a livrée pour la torturer à son gré, pour flétrir son cœur de mère et son âme de Française, pour l'abandonner aux caprices de l'officier de police Joly.

« Il ne doit plus y avoir pour Mme la duchesse de Berry ni justice ni liberté en France; l'ordonnance du 8 novembre (celle qui annonçait qu'un projet de loi allait être présenté aux Chambres pour statuer relativement à la princesse) est déjà tombée en désuétude. Le *Journal des Débats*, l'organe du juste-milieu, a dit ce qu'exigeait la sécurité du trône de Juillet; c'est *une prison perpétuelle*, sans forme ni figure de procès ; il ne s'agit donc plus, pour Madame, ni de la Chambre des députés, ni de la Chambre des pairs, ni des cours d'assises, ni de la loi Briqueville ; on ne veut plus ni du *scandale d'un acquittement*, ni des *dangers d'une condamnation ;* c'est la *prison perpétuelle* qu'on demande, entendez-vous bien, Français, *perpétuelle ?* »

Le petit article de la *Mode* se terminait par ces réflexions sarcastiques :

« Si le sujet était moins grave, il y aurait de quoi mourir de fou rire en voyant le juste-milieu rêver la *perpétuité*, quand il n'a même pas la confiance d'une semaine d'avenir. Pauvres gens, vous faites pitié avec vos fureurs à *perpétuité* ! Consultez les annales de la Révolution, et dites-nous s'il s'y trouve une seule détention perpétuelle qui soit arrivée au terme de dix ans ? Vous voudriez faire du *perpétuel* quand Napoléon n'a pas dépassé quatorze ans. Trouvez, si vous le pouvez, un spéculateur assez audacieux pour risquer, pour un an seulement, sa fortune sur la plus élevée et la plus sûre de vos existences politiques. »

Telle était l'atmosphère de haines et de fureurs qui enveloppait le gouvernement de Juillet, pris, comme entre deux feux, entre deux oppositions : celle des républicains, celle des légitimistes.

XV

LES LÉGITIMISTES.

La citadelle de Blaye était devenue le point de mire de toute l'Europe. On contemplait avec émotion les gravures représentant les murs de cette mystérieuse forteresse, qui renfermait la mère de Henri V. Vaincue, désarmée, prisonnière, elle avait encore un tel ascendant qu'elle excitait au plus haut degré les appréhensions de la monarchie de Juillet. Une femme seule et captive intimidait tout un gouvernement. On épiait ses moindres démarches, ses moindres paroles. On interrogeait jusqu'à ses soupirs. Sa vie était comme un roman tragique, dont tout un peuple suivait avec anxiété les angoisses et les péripéties. On se demandait pourquoi il fallait tant d'officiers, tant de soldats pour garder une seule prisonnière. Cette citadelle, en état de défense, comme si elle était en face de l'ennemi, avait je ne sais quoi de lugubre et d'étrange. Aucune captivité, depuis celles de la famille royale au Temple et de Napoléon à Sainte-Hélène, n'avait autant frappé les imaginations. Le prestige de la duchesse de Berry était alors dans toute sa force; elle avait, comme les princesses dans les romans de chevalerie du moyen âge, des paladins qui lui étaient dévoués corps et âme.

Le duc de Fitz-James écrivait, de Naples, à Madame le 21 décembre 1832 :

« Eloigné de la France lorsque la nouvelle de ses malheurs est venue la couvrir d'un voile de deuil, serai-je enfin assez heureux pour faire parvenir aux pieds de Votre Altesse Royale, avec l'hommage de mon profond respect, l'expression des sentiments exaltés qui se pressent en foule dans mon cœur ? Je le tenterai du moins, et l'ami que Votre Altesse Royale vient d'immortaliser en l'honorant de sa confiance m'en fournira peut-être le moyen. Ah! Madame, soyez fière de vous-même ; je viens de traverser une partie de l'Europe, en allant remplir un devoir sacré, dont l'accomplissement fut trop longtemps retardé. En tous lieux, j'ai recueilli avec transport le tribut d'hommage et d'admiration que les cœurs les plus tièdes sont obligés de rendre à votre grande âme. Nous n'étions pas dans le secret de sa force et de sa sublimité, lorsque mes amis et moi cherchions à vous détourner de vos nobles et audacieux projets. Ma conscience ne me reproche pas les conseils que je pris alors la liberté de vous faire parvenir ; ils étaient dictés par la froide et implacable raison, et nous ne devions écouter qu'elle, puisqu'il s'agissait de vous et de votre sûreté. Pauvres hommes! nous ignorions encore tout ce que le cœur d'une mère renfermait de puissance et d'énergie. Mieux inspirée par le seul instinct de votre âme, vous avez fait pour votre fils ce que vous seule étiez capable de faire, vous avez rendu l'honneur à notre cause ! Honneur et gloire à vous par-dessus tous les hommes de notre âge! »

Cette lettre donne une exacte idée du degré d'exaltation où étaient arrivés les partisans de la princesse.

Le comte de La Ferronnays, le duc de Fitz-James et le duc de Laval adressaient, le 13 décembre 1832, au maréchal Soult, président du conseil des ministres, une lettre, où il était dit :

« Acceptez-nous pour otages de Mme la duchesse de Berry. Peut-être ne nous jugera-t-elle pas indignes d'un tel honneur. Acceptez-nous. Qu'elle soit rendue à la liberté, ainsi qu'à l'amour de ses enfants! Qu'il ne soit pas dit que la généreuse France n'a plus que des fers pour ce qu'elle adorait naguère, pour ce qu'elle admire aujourd'hui! Que ces fers deviennent notre glorieux partage, et que nos têtes blanchies sous quarante ans de fidélité à nos rois vous servent de garanties! »

L'exemple de cette proposition venait d'être

donné par le marquis de Villette, qui, en apprenant l'arrestation de Madame, s'était empressé d'écrire au maréchal :

« Fils de Villette, député à la Convention, et qui, sous le poignard, prononça la défense de son roi; neveu de Varicourt, qui, le 6 octobre, fut tué en défendant la porte de la reine; témoin de la mort héroïque et chrétienne de S. A. R. Monseigneur le duc de Berry; fidèle gentilhomme de l'infortuné duc de Bourbon, je ne puis mentir au sang qui coule dans mes veines, aux souvenirs qui se fixèrent dans mon cœur et à l'amitié du dernier des Condé; je viens donc, s'il en est besoin, m'offrir comme otage pour S. A. R. Madame, duchesse de Berry. »

Le marquis de Valori avait écrit également au maréchal Soult le 14 novembre 1832 :

« Les vertus, le courage et les malheurs de S. A. R. Mme la duchesse de Berry ont inspiré à un vrai chevalier la plus noble et la plus touchante proposition. La nombreuse liste des imitateurs de cette belle action peut compenser peut-être l'immense intervalle qui existe entre de fidèles serviteurs et une fille des Césars. Le Français peut être changeant, mais il est brave et sensible. Je m'inscris et m'offre, moi et ma famille, composée de sept personnes, comme otages de l'héroïque mère de Henri V. » (Le comte de Montalembert-Essé s'offrait aussi comme otage, lui et toute sa famille.)

En même temps, la marquise de Valori proposait à la princesse de partager sa captivité. Madame lui répondait ainsi :

« Blaye, 7 janvier 1883.

« Ma chère marquise,

« Merci de vos vœux, de ceux de votre noble famille. Comme j'aurais été heureuse de vous voir près de moi ! Comme je suis touchée de l'offre généreuse que vous avez faite de partager ma captivité ! Nous sommes habitués à tous les genres de dévouement des Valori. Faites bien mes compliments au marquis de Valori, à la charmante Mlle Charlotte, et croyez à toute mon affection. »

Le prince de Polignac, M. de Chantelauze et M. de Guernon-Ranville, signataires des Ordonnances du mois de juillet 1830, étaient incarcérés au fort de Ham. Le prince adressait à la *Quotidienne* et à la *Gazette de France* la lettre suivante en date du 5 janvier 1833 :

« Vous avez inséré dans votre feuille du 3 de ce mois la copie d'une pétition adressée aux deux Chambres en faveur des prisonniers de Ham. Le public pourrait se méprendre sur le véritable but de cette pétition, et je crois devoir déclarer que j'y suis tout à fait étranger. A aucune époque moins qu'à présent, je ne pourrais songer à ma position personnelle. Nos malheurs disparaissent devant une grande et éclatante infortune. La captivité de l'héroïque mère du duc de Bordeaux absorbe toutes nos pensées, et remplit notre âme de douleur. Nos vœux, comme ceux de la France entière, n'ont en ce moment qu'un objet, c'est de voir s'ouvrir les portes de Blaye. »

MM. de Chantelauze et de Guernon-Ranville écrivirent dans le même sens.

La maréchale Oudinot, duchesse de Reggio, cette femme d'élite, qui avait rempli d'une manière si distinguée les fonctions de dame d'honneur de la duchesse de Berry depuis l'arrivée de la princesse à la cour de France, en 1816, jusqu'à la révolution de 1830, lui adressa la lettre suivante :

« Château de Jeand'heurs, ce 11 novembre 1832.

« Madame,

« Depuis la nouvelle de votre arrestation, je n'ai qu'une pensée, celle de partager votre captivité. Je l'aurais essayé de suite si l'on ne m'avait fait observer qu'avant tout le consentement de Votre Altesse Royale m'était nécessaire. Je l'attends de vos anciennes bontés pour moi. J'ai l'honneur d'être, Madame, avec attachement et le plus profond respect, de Votre Altesse Royale, la très obéissante servante.

« Maréchale OUDINOT, duchesse de REGGIO. »

Voici la réponse de la duchesse de Berry :

« A Madame la duchesse de Reggio.

« Du château de Blaye, ce 23 novembre 1832.

« Vous ne pouvez douter, ma chère duchesse, combien j'ai été touchée de votre lettre, qui m'a été transmise par *une bien parfaite* du marquis Oudinot, que je vous prie de bien remercier de ma part. Je n'accepte point ce que vous m'offrez ; le sacrifice serait trop grand ; je sais combien votre famille a besoin de vos soins, et je ne me pardonnerais pas de l'en priver. Je serai fort aise d'avoir de vos nouvelles et de celles de vos enfants.

« Ne doutez pas, ma chère duchesse, de ma reconnaissance et de mon amitié.

« Ma santé n'est pas bonne ; mais j'ai du courage et de la patience.

« Signé : Marie-Caroline. »

Nous devons à l'obligeance du général comte Oudinot de Reggio la communication de ces lettres ; elles honorent les deux femmes qui les écrivirent.

L'auteur du *Génie du Christianisme* fut au premier rang parmi les personnes qui s'émurent du sort de la prisonnière et voulurent se dévouer à elle. A la nouvelle de son arrestation, il lui adressa cette admirable lettre :

« Genève, 1ᵉʳ novembre 1832.

« Madame,

« Vous me trouverez bien téméraire de venir vous importuner dans ce moment pour vous supplier de m'accorder une grâce, dernière ambition de ma vie. Je désirerais ardemment d'être choisi par vous au nombre de vos défenseurs. Je n'ai aucun titre personnel à la haute faveur que je sollicite auprès de vos grandeurs nouvelles ; mais j'ose la demander en mémoire d'un prince dont vous daignâtes me nommer l'historien. Je l'espère encore comme le prix du sang de ma famille : mon frère eut la gloire de mourir avec son illustre aïeul, M. de Malesherbes, défenseur de Louis XVI, le même jour, à la même heure, pour la même cause et sur le même échafaud.

« Je suis avec le plus profond respect, Madame, votre très humble et très obéissant serviteur.

« CHATEAUBRIAND.

« *P.-S.* — Je pars pour Paris, où j'attendrai les ordres de Madame. »

Arrivé à Paris le 17 novembre, M. de Chateaubriand s'empressa de solliciter du gouvernement l'autorisation de se rendre à Blaye auprès de la princesse. Ses démarches demeurèrent infructueuses. Il porta leur insuccès à la connaissance du public par une circulaire adressée aux rédacteurs en chef des journaux le 22 novembre, et qui se terminait ainsi :

« Je n'ai jamais eu la prétention, Monsieur, de me croire capable de défendre seul la cause du malheur de la France. Mon dessein, si on m'avait laissé parvenir aux pieds de l'auguste prisonnière, était de lui proposer, pour l'occurrence, la formation d'un conseil d'hommes plus éclairés que moi. Outre les personnes honorables et distinguées qui se sont déjà présentées, j'aurais pris la liberté d'indiquer au choix de Madame M. le marquis de Pastoret, M. Laîné, M. de Villèle, etc.

« Maintenant, Monsieur, écarté officiellement, je rentre dans mon droit privé. *Mes Mémoires sur la vie et la mort du duc de Berry*, enveloppés dans les cheveux de la veuve aujourd'hui captive, reposent auprès du cœur que Louvel rendit plus semblable à celui de Henri IV. Je n'ai point oublié cet insigne honneur dont le moment actuel me demande compte et me fait sentir toute la responsabilité. »

La comtesse de Noailles, la princesse de Bauffremont, la baronne de Charette, la duchesse de Reggio, la comtesse Anquetil et beaucoup d'autres dames sollicitaient en vain du gouvernement l'autorisation de présenter leurs hommages à l'auguste captive dans le fort de Blaye.

Le journal *la Guyenne* publiait une adresse signée par le comte de Marcellus, le vicomte du Hamel, le vicomte de Ségur-Montazeau, le comte

Alexandre du Lur-Saluces, le marquis de Lur-Saluces, le comte de La Myre-Mory et une foule de légitimistes, hommes et femmes, appartenant à toutes les classes de la société. Cette adresse était ainsi conçue :

« Madame, dans les jours de douleur, comme au temps de la prospérité, entre Votre Altesse Royale et nous, c'est à la vie et à la mort. Nous mettons nos fortunes à vos pieds. Disposez-en, Madame ! Aucun sentiment de rivalité ni d'ambition ne s'élève dans nos rangs; plus ou moins riche, chacun offre tout. Si des otages pouvaient vous rendre la liberté, voilà nos noms. Mais, Madame, ne choisissez pas : il y aurait des malheureux. Daignez laisser ce soin à qui demanderait ces otages. Nous nous livrerons au jour, à l'heure, aux conditions qu'il plaira. »

Dans les rangs du barreau, M. Hennequin, M. Flayol et tant d'autres offraient leur ministère à la princesse. Devant l'infortune de Madame, M. Guibourg, le fidèle compagnon de ses périls, oubliait ceux qui menaçaient sa propre tête pour demander à défendre Son Altesse Royale. Un avocat, qui n'était pas légitimiste, M. Janvier, écrivait à Madame le 9 novembre 1832 :

« Quiconque a du cœur et quelque talent ambitionnerait de vous défendre. Déjà l'on prononce des noms auprès desquels j'ai la témérité d'inscrire le mien, si obscur qu'il soit... Oserai-je vous le dire, Madame, je ne crois pas aux droits absolus et inadmissibles de votre fils, mais je vous trouve sublime dans l'amour que vous lui portez, sublime dans la périlleuse tentative de les reconquérir. Depuis six mois, en redoutant votre succès, j'applaudis à vos efforts; j'ai fait des vœux à la fois contre votre cause et pour votre personne. Mon libéralisme s'incline d'admiration devant votre courage de femme et votre dévouement de mère. »

Un grand nombre de villes envoyaient des adresses à la duchesse de Berry et protestaient contre sa captivité. On célébrait en vers et en prose les malheurs de l'auguste prisonnière. M. Adolphe Sala, incarcéré à Aix, comme passager du *Carlo-Alberto*, composait, sur l'air : « Dis-moi, soldat, dis-moi, t'en souviens-tu? » une chanson intitulée : *Le cri de l'Honneur*, et publiée par la *Gazette de France* du 10 décembre 1832. En voici deux couplets :

> Elle avait dit : — Je reverrai la France,
> Je reverrai ce noble champ d'honneur. —
> Son cœur, hélas! était plein d'espérance,
> Elle rêvait la gloire et le bonheur.
> Si le destin à ses vœux fut contraire,
> Si le malheur a suivi tous ses pas,
> Elle était brave, amis, elle était mère.
> Français, l'honneur ne vous parle-t-il pas?
>
> Ils l'ont vendue! O mon pays, ô France!
> Souffriras-tu qu'on insulte au malheur?
> Laisseras-tu la vertu sans défense?
> Laisseras-tu le crime sans vengeur?

> Puisse ma voix, à mille voix unie,
> Pour la défendre en nos sanglants débats,
> Parler pour elle au nom de la patrie!
> Français! l'honneur ne vous parle-t-il pas?

Le *Keepsake français* pour 1833 était dédié « à la prisonnière de Blaye » avec cette inscription : « Les arts en deuil à leur royale et infortunée protectrice, » et cette épigraphe du comte Jules de Rességuier :

> Nature inconcevable, esprit mystérieux,
> Le plus beau des présents que nous aient fait les cieux :
> La femme tour à tour héroïque, ingénue,
> Sans cesse révélée et sans cesse inconnue,
> Forte dans sa vertu, légère dans ses jeux,
> Est l'être le plus faible et le plus courageux.

Il faut lire les journaux de l'époque pour se rendre compte du paroxysme auquel étaient arrivées les passions politiques. A Paris, la *Quotidienne*, la *Gazette de France*, le *Revenant* publiaient chaque jour contre le gouvernement de Juillet de véritables *Philippiques*. Le plus curieux des journaux légitimistes, en 1832 et en 1833, c'est peut-être la *Mode*, cette feuille mondaine qui représentait si bien l'esprit des salons aristocratiques, et qui mêlait à ses gravures, à ses jeux de mots, à ses réclames de coiffeurs ou de couturières des tirades à la Démosthène et des apostrophes éloquentes. Son article, intitulé *Parallèle entre Caroline et Marie-Louise*, produisit un grand effet :

« Comparez, y est-il dit, les conduites de ces

deux femmes, l'apathie de l'impératrice, la générosité de la duchesse, et prosternez-vous devant la captive de M. Thiers... Marie-Louise, c'est la femme passive qui s'endort dans l'orage; Caroline de Berry, c'est la volonté puissante qui s'éveille au milieu de l'orage et qui dit : Hommes de peu de foi!... L'Autrichienne s'en va sans regrets à l'ombre du trône paternel. La Française revient dans sa patrie malgré les baïonnettes, les espions et les traîtres de toute sorte. L'une est l'impératrice qui a emporté son fils, et qui l'a remis à M. de Metternich; l'autre, c'est plus qu'une impératrice, c'est une simple femme qui a pris son fils dans ses bras, qui a été le mettre à l'abri et qui est revenue toute seule pour nous parler de son fils, sans danger pour lui et en tout danger pour elle. »

Grand succès aussi dans les salons légitimistes pour un autre article de la *Mode* : Lettre du feu roi de Naples François Ier à son beau frère Louis-Philippe Ier, roi des Français :

« De ma tombe royale, le 1er décembre 1832. Monsieur mon frère, je vous écris de ma tombe royale; elle a été agitée par bien des rumeurs depuis que j'y suis descendu. Nous avons subi bien des secousses, dans le séjour des ombres, qui ne venaient ni du Vésuve ni de l'Etna. Révolutions fatales et maudites! Elles réveillent les vivants et les morts; elles troublent toutes les couronnes en deçà comme au delà de la tombe.

Enfin, je dormais paisible dans la mienne ; voici qu'on m'annonce la nouvelle terrible. On dit que ma fille et votre nièce, la fille de Naples et de France, Caroline, duchesse de Berry, est votre prisonnière. Ceci est étrange que Caroline de Naples en soit là ! Vous, son maître à elle ! Elle à Blaye ! Vous au Tuileries regrattées. C'est étrange ! Pourtant rappelez-vous, monsieur mon frère, ce qu'elle fut, la noble dame, et comment vous, jeté hors de France par les factions qu'avait soulevées votre père Egalité, vous vîntes chez nous, pauvre, errant, fugitif, proscrit, malheureux, demander l'hospitalité de notre cour ! Vous fûtes reçu à ce foyer du roi, vous eûtes la main d'une de nos princesses. C'est donc à nous que vous devez votre famille, à nous que vous devez le premier établissement de votre fortune, à nous votre royale épouse, à nous la faveur de Louis XVIII, à nous l'amitié de Charles X. »

La lettre du roi mort se terminait par l'évocation d'une fête, le bal du 31 mai 1830, celui où assistait la cour de Naples.

« Vous allez inviter le roi de France qui accepte votre fête, honneur insigne pour le duc d'Orléans ! Le Palais-Royal s'anime et s'agite. Le roi de France y vient, précédé de ses gardes. Votre palais fut à lui toute cette nuit-là. Vous étiez heureux et fier comme jamais je ne vous vis ni heureux ni fier. Quand le roi Charles sortit de chez vous, vous l'avez accompagné jusqu'au bas de l'escalier, comme un digne et fidèle sujet que vous étiez. Qui eût dit que ce roi dont les gardes tenaient votre château serait fugitif à deux mois de là ? Qui eût dit que notre princesse, qui dansait avec votre fils dans ces longues galeries, serait votre captive à ving-neuf mois de distance? »

Le langage des salons aristocratiques était un perpétuel mélange d'indignation et de persiflage. Ecoutons le comte de Falloux. Il dit dans ses *Mémoires d'un royaliste* :

« On avait demandé au clergé le chant du *Domine salvum fac Ludovicum Philippum*, ce que le mauvais goût du temps traduisit d'abord par Philippe-pomme, puis par Philippe-poire. Louis-Philippe donnait à ses enfants des surnoms familiers, et l'on attribua impertinemment le nom de Grand-Poulot à M. le duc de Chartres. (C'est le titre de duc de Chartres que les légitimistes continuaient à donner au duc d'Orléans.) Toutes ces expressions étaient fort usitées dans les salons et les châteaux, où la *Mode* et le *Revenant* entretenaient quelquefois spirituellement, mais toujours très violemment, ce genre de polémique. On m'aurait bien surpris alors si on était venu me parler de fusion; je n'aurais mis pour rien au monde le pied dans un salon orléaniste. »

Le comte de Falloux ajoute que pendant l'hiver de 1832-1833 la haute société légitimiste prit le deuil, proscrivit les bals, et ne se permit que les raouts.

« Les soirées auxquelles on donnait ce nom, ajoute-t-il, n'étaient pas très favorables à la conversation ; cependant l'esprit français, incapable d'oisiveté, imagina d'en faire les honneurs aux écrivains en vogue. La vicomtesse de Noailles, qui habitait l'hôtel Beauvau, devenu depuis le ministère de l'intérieur ; la duchesse de Rauzan, fille de la duchesse de Duras ; la comtesse de Chastellux, sa belle-sœur, la marquise de La Bourdonnaye, femme du général député du Morbihan ; la duchesse de Maillé, qui avait donné une vraie renommée au château de l'Ormoy et qui jouait le répertoire de Molière à faire pâlir le Théâtre-Français, se disputèrent les emprunts au salon de Mme de Girardin. Eugène Suë, M. de Balzac, M. de Sainte-Beuve devinrent les lions de l'hiver. »

Une liste de souscription circulait dans les salons du faubourg Saint-Germain pour offrir une chaumière à la cuisinière des demoiselles du Guiny, Marie Bossy, cette brave servante qui s'était si noblement conduite lors de l'arrestation de Madame. La *Mode* écrivait au sujet de cette souscription :

« Marie, tu as souffert pour la noble dame à l'heure même où les parents de cette dame, qui la savaient poursuivie et vendue, venaient en pleine loge à l'Opéra. Jour bien choisi pour la dame, seigneurs très nobles et très puissants ! Ce jour-là, c'était l'anniversaire de la mort de votre père par la main du bourreau ; ce jour-là sera l'anniversaire de l'arrestation de votre nièce par l'or de M. Thiers. Mais aussi ce jour-là sera l'anniversaire de Marie Bossy... Prenez cet argent, Marie, prenez ! Il vous profitera, celui-là. Vous ne le sentirez pas brûler vos mains et votre cœur, celui-là. Vous ne le partagerez pas avec les membres de cette infâme rentière qu'on appelle la police ; vous ne serez pas obligée d'en donner un reçu à M. Thiers et à M. Gisquet. Prenez notre argent, bonne Marie, et le jardin que vous cultiverez avec cet argent produira des fruits bien doux, et la pauvre fortune que vous fera la France royaliste sera pour vous une couronne de lauriers. »

La *Mode* disait que toutes les femmes étaient du parti de la mère de Henri V.

« C'est plus qu'une foi politique, ajoutait la feuille légitimiste ; c'est plus que de l'admiration, c'est une communauté pleine de sentiments et d'émotions. Nous comprenons qu'en pareille occasion les femmes tiennent à honneur de ne pas être devancées, car elle est une des gloires de leur sexe, cette jeune mère, cette héroïne qui s'est révélée tout à coup à l'admiration du monde. Elles ont droit d'en êtres fières, comme elles sont fières de Jeanne d'Albret et de Marie-Thérèse. Elles peuvent dire à juste titre : « Sa gloire est à nous, son illustration nous appartient. »

C'est ainsi que le parti légitimiste, loin de se décourager, trouvait dans ses malheurs mêmes un surcroît de conviction et d'enthousiasme.

XVI

M. DE CHATEAUBRIAND

Si l'histoire doit être sévère pour l'opposition acharnée que M. de Chateaubriand fit au dernier ministère de Charles X, opposition qui dépassa le but et contribua à renverser le trône, en revanche elle ne peut manquer de rendre hommage à la noble fidélité que l'auteur du *Génie du Christianisme* témoigna pour la cause de l'exil et du malheur. Sa conduite chevaleresque était d'autant plus louable que, très gêné dans ses affaires d'argent, il n'aurait eu qu'un mot à dire pour obtenir de la monarchie nouvelle tous les traitements, toutes les fonctions, toutes les faveurs qu'il aurait désirés. C'était sans contredit celui de tous les légitimistes qui avait le plus de renommée, le plus de prestige, celui que le roi Louis-Philippe aurait attaché le plus de prix à rallier à son gouvernement. Les républicains et les bonapartistes n'auraient pas été moins heureux de l'accaparer. Ils le couvraient d'une pluie de fleurs.

Beaucoup moins dédaigneux de la popularité qu'il ne le prétendait, M. de Chateaubriand n'avait, malgré ses théories de renonciation, aucun goût pour la retraite et le silence. Personne ne fut plus affamé de gloire et n'eut à un plus haut degré le juste sentiment de sa valeur. Ce qui ajoute encore au mérite de son dévouement pour les Bourbons de la branche aînée, c'est qu'il croyait moins que personne à leurs chances prochaines. Sa fidélité, loin d'être un calcul, fut une immolation. Il écrivait, dans sa brochure intitulée *De la Restauration et de la Monarchie élective* :

« Je sens très bien qu'aucune de mes facultés n'a vieilli ; mieux que jamais je comprends mon siècle ; je pénètre plus hardiment dans l'avenir que personne ; mais la fatalité a prononcé ; finir sa vie à propos est une condition nécessaire de l'homme public. »

Le grand homme n'était pas insensible à l'encens que lui prodiguaient les ennemis les plus acharnés de la cause légitimiste. Il invitait à dîner au café Armand Carrel et Béranger. Le poète populaire lui adressait la chanson qui commence ainsi :

> Chateaubriand, pourquoi fuir ta patrie,
> Fuir son amour, notre encens et nos soins?

Le chantre de Lisette disait, à propos des Bourbons :

> Et tu voudrais t'attacher à leur chute!
> Connais donc mieux leur folle vanité;
> Au rang des maux qu'au ciel même elle impute
> Leur cœur ingrat met ta fidélité.

Dans ses *Mémoires d'outre-tombe*, l'illustre écrivain a qualifié d'admirable cette chanson qui, dit-il, est de l'histoire du temps. Les avances des bonapartistes ne le flattaient pas moins. Les lettres pleines d'enthousiasme que la reine Hortense et le prince Louis-Napoléon lui adressaient, en 1832, lui faisaient faire cette réflexion :

« Les Bourbons m'ont-il jamais écrit des lettres pareilles? Se sont-ils jamais douté que je m'élevais au-dessus de tel faiseur de vers ou de tel politique de feuilleton ? Lorsque, petit garçon, j'errais, compagnon des pâtres, sur les bruyères de Combourg, aurais-je pu croire qu'un temps viendrait où je marcherais entre les deux plus hautes puissances abattues, donnant le bras d'un côté à la famille de saint Louis, de l'autre à celle de Napoléon, grandeurs combinées qui s'appuient également, dans l'infortune qui les rapproche, sur l'homme dédaigné de la légitimité ? »

Les observations qui précèdent, loin d'être une critique contre l'homme de génie qui a laissé un nom immortel, n'ont d'autre but que de faire ressortir le mérite de son abnégation.

Nous venons de relire les deux brochures qu'il publia, l'une en octobre 1831 : *De la nouvelle proposition relative au bannissement de Charles X et de sa famille*, l'autre en décembre, 1832 : *Mémoire sur la captivité de Madame la duchesse de Berry*. Toutes deux sont des chefs-d'œuvre. Ce qui frappe dans ces productions géniales, ce n'est pas seulement la vigueur de la pensée, la majesté du style, la force de l'argumentation, c'est l'impartialité absolue avec laquelle le grand penseur, désabusé de toute chose, excepté de l'honneur, parle de la République et de l'Empire, dont il semble pressentir l'avènement. Ce puissant écrivain est un homme politique, et c'est aussi un philosophe, un poète, un prophète : Gouvernement républicain, résurrection des aigles, plébiscite, suffrage universel, triomphe de la démocratie, tout lui apparaît comme dans une vision fatidique. Il dit, en 1831, dans la première des deux brochures que nous venons de citer :

« Si le gouvernement républicain fût résulté de la Révolution de Juillet, il aurait mis à l'aise bien des consciences : en lui prêtant serment, on n'aurait rien trahi, car c'eût été un changement de principe, et non un roi substitué à un roi ; il n'y eût pas eu usurpation, mais un autre ordre de choses. Quant à moi, qui suis républicain par nature, monarchiste par raison et bourbonniste par honneur, je me serais beaucoup mieux arrangé d'une démocratie, si je n'avais pu conserver la monarchie légitime, que de la monarchie bâtarde octroyée de je ne sais qui. »

En exprimant le regret que le duc de Bordeaux n'eût pas été proclamé après la révolution de Juillet, il ajoute que le duc de Reichstadt aurait pu l'être aussi.

« Restait le choix, dit-il, entre deux espèces de légitimités : l'héritier d'une grande race, l'héritier d'un grand homme. Ces deux légitimités qui, à différentes distances dans les temps, avaient une source semblable, l'élection populaire, pouvaient convenir également à la France. Le duc de Reichstadt présentait aux hommes de religion et à ceux que le préjugé du sang domine, ce qui complaisait à leurs idées : un sacre par les mains du Souverain-Pontife; la noblesse par une fille des Césars. Sa mère lui donnait le passé, son père l'avenir. Toute la France était encore remplie de générations d'hommes qui, en reconnaissant Napoléon II, n'auraient fait que revenir à la foi qu'ils avaient jurée à Napoléon Ier. L'armée eût reçu avec orgueil le descendant des victoires. »

Examinant l'éventualité d'un règne de Henri V, voici comment le grand écrivain l'envisage :

« Si la Providence, dit-il, inclinait vers lui la volonté des Français, il ne doit reparaître au milieu d'eux que comme le premier citoyen, sans gardes, sans cour, sincère ami des institutions qu'il aurait jurées. Afin d'éviter toute réclamation, je voudrais que le peuple fût consulté, que le suffrage universel remît la couronne à l'enfant de Robert le Fort; espèce de sacre politique qui précéderait, sans l'exclure, le sacre religieux. Aux deux bouts de la lignée se trouverait ainsi l'élection des Francs et des Français. »

C'est là le dénouement que M. de Chateaubriand eût désiré. Mais la conclusion, vraiment prophétique, de cette brochure, prouve que l'auteur ne comptait pas voir se réaliser son espérance.

« C'est assez, dit-il. Quel que soit le conseil de Dieu, il restera au candidat de ma tendre et pieuse fidélité une majesté les âges que les hommes ne lui peuvent ravir. Mille ans noués à sa jeune tête le pareront toujours d'une pompe au-dessus de celle de tous les monarques. Si dans la condition privée il porte bien ce diadème de jours, de souvenirs et de gloire, si sa main soulève sans effort ce sceptre du temps que lui ont légué ses aïeux, quel empire pourrait-il regretter? Dans la transformation sociale qui s'opère, le duc de Bordeaux ne serait peut-être rien sur le trône; hors du trône, le trente-septième descendant de Hugues-Capet, l'héritier de Philippe-Auguste, de saint Louis, de Charles V, de Louis XII, de François Ier, de Henri IV, de Louis XIV et de Louis XVI est le roi des siècles, le passé couronné vivant au milieu de l'avenir. »

On le voit, M. de Chateaubriand ne croyait guère aux chances de succès de la cause qu'il défendait avec tant de courage et d'éloquence. Membre du comité légitimiste institué par Madame la duchesse de Berry, il fut arrêté chez lui, à Paris, le 20 juin 1832, comme prévenu de complot contre la sûreté de l'Etat. Conduit à la Préfecture de police, il y resta douze heures dans une loge de voleurs, puis y fut installé avec beaucoup d'égard dans les appartements mêmes du Préfet.

Le 30 juin, il était remis en liberté. Plein de mépris pour son époque, il écrivit alors :

« Les générations si fort éprises de l'indépendance se sont vendues ; communes dans leur conduite, intolérables dans leur orgueil, médiocres ou folles dans leurs écrits, je n'attends de ces générations que le dédain, et je le leur rends ; elles n'ont pas de quoi me comprendre ; elles ignorent la foi à la chose jurée, l'amour des institutions généreuses, le respect de ses propres opinions, le mépris du succès et de l'or, la félicité des sacrifices, le culte de la faiblesse et du malheur. »

M. de Chateaubriand, avant de partir pour la Suisse, écrivait à Béranger, le 12 août 1832 :

« Ne brisez pas votre lyre comme vous nous en menacez ; je lui dois mes plus glorieux titres au souvenir des hommes. Faites encore sourire et pleurer la France ; car il arrive, par un secret de vous seul connu, que dans vos chansons populaires les paroles sont gaies, et la musique plaintive. Je me recommande à votre amitié et à votre muse. »

En Suisse, il était en coquetterie avec la reine Hortense. Après l'avoir déclaré « libéral, napoléoniste et même républicain plutôt que royaliste », l'ancienne souveraine de la Hollande ajoutait : « La nouvelle France, ses nouvelles illustrations sauraient l'apprécier, tandis qu'il ne sera jamais compris de ceux qu'il a placés dans son cœur si près de la divinité. »

Le futur Napoléon III lui avait écrit d'Arenenberg, le 4 mai 1832 :

« Que les Bourbons sont heureux d'avoir pour soutien un génie tel que le vôtre !... Tout ce qui est national trouve de l'écho dans votre âme; ainsi, quand vous parlez du grand homme qui illustra la France pendant vingt années, la hauteur du sujet vous inspire, votre génie l'embrasse tout entier, et votre âme alors, s'épanchant naturellement, entoure la plus grande gloire des plus grandes pensées... Mais, permettez-moi de vous le dire, vous êtes le seul défenseur redoutable de la vieille royauté; vous la rendriez nationale si l'on pouvait croire qu'elle pensât comme vous; ainsi, pour la faire valoir, il ne suffit pas de vous déclarer de son parti, mais bien de prouver qu'elle est du vôtre. »

M. de Chateaubriand répliquait le 19 mai 1832 :

« On est toujours mal à l'aise pour répondre à des éloges ; quand celui qui les donne avec autant d'esprit que de convenance est de plus dans une condition sociale à laquelle se rattachent des souvenirs hors de pair, l'embarras redouble.... En défendant la cause de la légitimité, je ne me fais aucune illusion, mais je pense que tout homme qui tient à l'estime publique doit rester fidèle à ses serments. »

Le 29 août 1832, l'auteur de la brochure : *Bonaparte et les Bourbons* dînait, à Arenenberg, chez la reine Hortense. Au mois d'octobre suivant, il écrivait au futur empereur, qu'il qualifiait alors de « jeune homme studieux, instruit, plein d'honneur et naturellement grave » :

« Vous savez, prince, que mon jeune roi est en Écosse, que tant qu'il vivra il ne peut y avoir pour moi d'autre roi de France que lui ; mais si Dieu, dans ses impénétrables conseils, avait rejeté la race de saint Louis, si les mœurs de notre patrie ne lui rendaient pas l'état républicain possible, il n'y a pas de nom qui aille mieux à la gloire de la France que le vôtre. »

Telles étaient les dispositions d'esprit de M. de Chateaubriand, exilé volontaire en Suisse. A la tombée du jour, il allait vaguer dans les détours de l'Arve, du côté du Salève. Un soir du mois de novembre, il vit entrer M. Berryer, qui revenait de Lausanne, et lui apprit l'arrestation de la duchesse de Berry. Dès ce moment, l'auteur du *Génie du Christianisme* oublia toutes ses vieilles rancunes contre la Restauration, et n'eut plus qu'une idée : mettre son dévouement et son éloquence au service d'une princesse malheureuse.

XVII

LE MÉMOIRE.

De Genève, M. de Chateaubriand écrit, le 12 novembre 1832, à M. Barthe, ministre de la justice du roi Louis-Philippe :

« J'apprends à l'instant même l'arrestation de Madame la duchesse de Berry. J'ai l'honneur de vous envoyer ci-incluse une lettre ouverte pour l'auguste et malheureuse princesse en vous priant de la lui faire tenir le plus tôt possible. Magistrat, vous ne serez pas étonné que je remplisse mon devoir. »

Cette lettre, dont M. de Chateaubriand envoie en même temps des copies aux journaux, est la lettre éloquente, datée de Genève 12 novembre, que nous avons citée plus haut.

Arrivé à Paris, le 17 novembre, M. de Chateaubriand sollicite le lendemain, par une lettre adressée au ministre de la justice, l'autorisation de se rendre à Blaye auprès de la duchesse de Berry. Le 20 novembre, il renouvelle sa demande par écrit au maréchal Soult, président du conseil, et dans une lettre où se trouve cette phrase : « Les rapports de courtoisie qui ont eu lieu autrefois entre nous, Monsieur le maréchal, me font espérer que vous écouterez favorablement une demande qui vous paraîtra loyale et juste. »

Le maréchal lui répond sèchement le lendemain par un refus non motivé. Alors, reprenant sa plume de combat, l'illustre écrivain adresse aux rédacteurs en chef des journaux une circulaire par laquelle il leur annonce ce refus, et il se met à écrire sa célèbre brochure : *Mémoire sur la captivité de Madame la duchesse de Berry*.

L'avertissement qui précède l'opuscule a quelque chose de retentissant comme l'appel du clairon.

M. de Chateaubriand s'exprime ainsi :

« Réduit par l'inconcevable volonté du pouvoir à un duel, je l'accepte. Je ne m'attendais guère à venir, de la tombe du Mari, combattre au pied de la prison de la Veuve... En supposant que je dusse rester seul, que j'eusse mal compris ce qui convient à la France, je ne suis pas moins dans la voie de l'honneur. Or, il n'est pas inutile aux hommes qu'un homme s'immole à sa conscience ; il est bon que quelqu'un consente à se perdre pour demeurer ferme à des principes dont il a la conviction, et qui tiennent à ce qu'il y a de noble dans notre nature : ces dupes sont les contradicteurs nécessaires du fait brutal, les victimes chargées de prononcer le *veto* de l'opprimé contre le triomphe de la force. »

L'avertissement se termine par ces fières paroles :

« Je préfère, dit-on, une famille à ma patrie : non, je préfère au parjure la fidélité à mes serments, le monde moral à la société matérielle; voilà tout. Pour ce qui est de la famille, je ne m'y consacre que dans la persuasion qu'elle était essentiellement utile à la France ; je confonds sa prospérité avec celle de la patrie ; et lorsque je déplore les malheurs de l'une, je déplore les désastres de l'autre. Vaincu, je me suis prescrit des devoirs, comme les vainqueurs se sont imposé des intérêts ; je tâche de me retirer du monde avec ma propre estime : dans la solitude, il faut prendre garde au choix que l'on fait de sa compagne. »

Le Mémoire paraît dans les derniers jours de décembre. L'effet qu'il produit est immense. Dans cette œuvre, animée par un soufle vraiment extraordinaire, l'avocat se montre aussi éloquent que le poète est inspiré.

Si des paroles peuvent consoler la prisonnière, n'est-ce pas un langage tel que celui-ci ?

« Madame la duchesse de Berry paraît d'autant plus élevée qu'un bas niveau s'étend autour d'elle. Elle avait même à craindre d'être méconnue, car elle est en deçà ou au delà de l'époque de ses pairs. La captive de Blaye n'est pas de son temps ; sa gloire est un anachronisme. »

Le défenseur s'adresse ainsi à toutes les femmes pour justifier l'entreprise de la courageuse princesse :

« Madame, portant elle-même la couronne, l'eût dédaignée (et, en vérité, je ne sais quel plaisir on prendrait à la couronne en ce siècle); mais, comme mère, Madame avait des devoirs à remplir. Elle peut dire, dans un autre sens, ce que Marie-Antoinette dit au tribunal des tigres :

« J'en appelle à toutes les mères ! »

« Quelle mère livrerait l'héritage de son enfant, ne ferait, pour le lui conserver, le sacrifice de son repos et de sa vie, surtout si cet enfant est privé de son père, et qu'il soit faible et trahi ? Cet enfant est-il le légataire de saint Louis et de Henri IV, est-il sorti du sein maternel sous un coup de poignard, l'avenir des peuples se rattache-t-il à sa tête ? Oh! une mère abandonnerait-elle alors lâchement et sans combat ces doubles destinées ! »

Et quelles paroles émues sur les infortunes de l'enfant !

« Si le malheur nous touche dans la solitude d'une tombe, il nous attendrit davantage dans l'abandon d'un berceau; il n'est plus alors le simple souvenir d'une chose passée, d'une créature misérable, mais qui a cessé de souffrir ; pénible réalité, il attriste un âge qui ne devait connaître que la joie ; il menace toute une vie qui ne lui a rien fait et n'a point mérité ses rigueurs. La duchesse de Berry n'a point réussi dans son entreprise ; mais le succès est-il donc tout sur terre ? Ses partisans ont succombé. Mais certaines défaites ne sont-elles pas des victoires à qui la fortune a seulement refusé ses ailes ? On reproche à la princesse ce qu'elle a fait. Mais sa justification n'est-elle pas dans la conduite des princes, ses devanciers ? Charles VII était donc fauteur de guerre civile, lorsqu'il prenait à Poitiers la qualité de régent du royaume, lorsqu'un gouvernement livré aux Anglais citait l'héritier du trône à la Table de Marbre, le jugeait par contumace avec tous *ses complices et le bannissait à perpétuité ?* Henri IV était donc fauteur de guerre civile lorsqu'il combattait à Ivry, tandis que les États de Paris prétendaient gouverner la France et se choisir un roi, tandis que le Béarnais excommunié était traité par les ligueurs comme l'ennemi de la paix publique et le plus méprisable des hommes ? Entre Charles VII, Henri IV et Marie-Caroline, il n'y a que la différence du succès ; si l'admiration se proportionne à la grandeur du péril et la faiblesse des moyens de celui qui s'y expose, Marie-Caroline l'emporte sur ses aïeux. »

Le gouvernement de Juillet osera-t-il traduire la princesse devant un tribunal quelconque ?

« Avocat Juste-Milieu, s'écrie Chateaubriand, levez-vous !... Une insolente femme n'aurait pas respecté la douleur des prospérités usurpées sur elle ! Comment ! précipitée des délices de la vie dans un abîme d'infortune, elle a bivouaqué traîtreusement dans les bois, dans les marais, sur les rochers ! Tantôt villageoise, tantôt marinière, le républicain ou le royaliste qui l'ont reconnue lui ont gardé le secret du malheur. Elle a reçu l'hospitalité au foyer des pâtres, ou aux croix plantées sur les champs de bataille en mémoire des laboureurs vendéens... Elle a traversé les rivières à la nage, bravé les balles de l'ennemi, les pièges de l'espion. Peut-elle repousser cette masse accablante de faits ? Et cette veuve, errante sans pain auprès de ceux qu'elle avait nourris, sans vêtements auprès de ceux qu'elle avait vêtus, sans asile dans le prétendu royaume de son fils, ose par un dernier attentat terminer son aventure de mère dans une prison, à travers une tempête, en sortant d'un brasier : quelle félonie !... Par tous ces faits, la femme Berry, dûment atteinte et convaincue de gloire et d'adversité au premier chef, recevra sa sentence, en supposant que l'auditoire ait pu entendre jusqu'au bout une pareille plaidoirie, que juges et jurés n'aient pas déserté leurs bancs, ou porté l'*accusée* en triomphe. »

La question de droit n'est pas moins bien traitée que la question de sentiment. Le jurisconsulte parle aussi bien que le poète. Sa péroraison est cette magnifique apostrophe :

« Illustre captive de Blaye, Madame, que votre héroïque présence sur une terre qui se connaît en héroïsme amène la France à vous répéter ce que mon indépendance politique m'a acquis le droit de vous dire : *Votre fils est mon roi !* Si la Providence m'inflige encore quelques heures en consolation de ces heures verrai-je vos triomphes, après avoir eu l'honneur d'embrasser vos adversités ? Recevrai-je ce loyer de ma foi ? Au moment où vous redeviendrez heureuse, j'irai avec joie achever dans la retraite des jours commencés dans l'exil, et qui ne sont bons à personne. Hélas ! je me désole de ne pouvoir rien pour vos présentes destinées ! Mes faibles paroles se perdront inutilement autour des murs de votre prison : le bruit des vents, des flots et des hommes, au pied de la forteresse solitaire, ne laissera pas même monter jusqu'à vous ces derniers accents d'une voix fidèle. — Paris, 24 décembre 1832. »

Le Mémoire sur la captivité de Madame la duchesse de Berry valut à M. de Chateaubriand une immense popularité dans le parti légitimiste. Les députations et les lettres arrivèrent de toutes parts à l'illustre écrivain. Du nord et du midi de la France il reçut des adhésions couvertes de plusieurs milliers de signatures.

« Je serai le premier, a-t-il écrit dans ses *Mémoires d'Outre-Tombe*, à avoir dit en face de l'usurpation une vérité que personne n'osait dire, et, chose étrange! je crois moins au retour de Henri V que le plus misérable juste-milieu, ou le plus violent républicain. »

Cependant, la France légitimiste tressaillait. Le 4 janvier 1833, douze cents jeunes gens de toutes les classes sociales, mais appartenant plus particulièrement au jeune barreau et aux écoles de Paris, se présentèrent chez l'auteur de la retentissante brochure. Il leur dit :

« L'avenir vous appartient, messieurs. Vous verrez des jours meilleurs que ceux que j'ai vus; mais, tout homme du passé que je suis, j'ai du moins la certitude qu'en parlant à la jeunesse française de gloire, de liberté et d'honneur, je me sers d'une langue qui ne vieillira jamais dans notre patrie. »

A peine M. de Chateaubriand avait-il fini de parler, que le fils de Berryer proposa de voter une médaille d'or à l'auteur de l'éloquent écrit. Cette proposition fut accueillie à l'unanimité, et l'on décida qu'on placerait à l'exergue de la médaille ces mots qui devenaient la devise des légitimiste : *Madame, votre fils est mon roi!*

XVIII

LA SÉANCE AUX AVEUX.

Le 4 janvier 1833, le maréchal Bugeaud, alors maréchal de camp et membre de la Chambre des députés, écrivait au préfet de la Dordogne :

« Nous aurons demain une séance dramatique à l'occasion de vingt-huit ou trente pétitions pour la duchesse de Berry ; nous passerons à l'ordre du jour sur tout cela, et nous tirerons une terrible épine du pied du ministère. L'ordre du jour sera très significatif : il voudra dire que les choses restent dans le *statu quo*. Au reste, il est probable qu'il se motivera fortement par la discussion. De cette manière, la duchesse de Berry ne sera pas jugée, selon toute apparence, et on la détiendra jusqu'à ce que les circonstances permettent de la mettre en liberté, à condition qu'elle n'y reviendra plus. »

Parmi les pétitions, les unes demandaient l'application des lois, les autres la mise en liberté de la princesse. Une autre proposait que la France fût consultée au moyen de registres ouverts dans les mairies, et d'autres pétitionnaires s'offraient à prendre, comme otages, la place de la captive. Toutes ces pétitions avaient été soumises à une seule et même commission, qui, après de laborieux débats, et à la majorité d'une voix seulement, cinq voix contre quatre, avait conclu, dans son rapport, à l'ordre du jour pur et simple, en se fondant sur ce que, les mesures à prendre à l'égard de la duchesse de Berry devant être déterminées par des considérations de sûreté publique et d'ordre intérieur, il fallait laisser le gouvernement maître d'agir ainsi qu'il l'entendrait, et sous sa responsabilité.

Le rapport, rédigé par M. Sapey, fut lu par lui à la Chambre des députés dans la séance du 5 janvier 1833. L'assemblée était houleuse et agitée, pleine de mouvement et de passion. Le ministère, qui jouait son existence dans le débat, approuvait la conclusion du rapport, mais n'était nullement sûr d'obtenir la majorité.

Le duc de Broglie, ministre des affaires étrangères, prit la parole. Il soutint que la dynastie déchue était placée en dehors du droit commun; que le gouvernement n'avait d'autre règle à suivre contre la duchesse de Berry que les lois de la guerre; qu'on devait se borner à détenir la princesse comme on détient un prisonnier dont il faut enchaîner la haine, ou un fou dont la liberté serait dangereuse. L'orateur ajouta que le principe de l'égalité de tous les Français n'était pas applicable dans la circonstance, la princesse n'étant pas Française par origine, et ne l'étant plus par alliance, depuis la mort de son époux. A ces mots, toute la droite poussa des cris d'indignation. « Après tout, reprit le duc, ce principe de l'égalité devant la loi, si tutélaire qu'il soit, n'est pas plus sacré que tant d'autres que vous avez fait fléchir. Est-il plus sacré que celui de l'irresponsabilité royale, qui a fléchi pourtant lorsque vous avez déposé Charles X? » Et l'orateur rappelait que l'expulsion, la déchéance, l'avènement d'un nouveau roi, la loi de bannissement, avaient été autant de mesures illégales, justifiées, disait-il, par la nécessité.

« Que demande-t-on, d'ailleurs, s'écriait le ministre des affaires étrangères. Ce n'est point un jugement réel, un jugement sérieux, un jugement destiné à faire éclater la vérité, à assurer le triomphe de l'innocence ou à hâter la vengeance des lois. Ce qu'on demande, c'est un simulacre de jugement, une comédie solennelle, dans laquelle tous les rôles sont distribués d'avance, dont le dénouement est prévu et réglé... Savez-vous, Messieurs, ce que vous feriez en renvoyant Madame la duchesse de Berry devant un tribunal quelconque? Savez-vous quelle question vous iriez porter devant ce tribunal? C'est la question de savoir si la duchesse de Berry a le droit de conspirer contre le gouvernement. C'est cette question qui sera plaidée, et il ne sera plaidé que celle-là. C'est à vous de voir s'il vous convient qu'elle soit portée devant les juges que le sort désignera. »

Puis, énumérant les dangers qu'un tel procès devait entraîner, le duc de Broglie ajoutait, d'un ton véhément :

« Avec la liberté de parole et d'action dont nous jouissons, voyez-vous accourir, de toutes les extrémités du royaume, tous les ennemis du gouvernement, tous les ennemis d'un gouvernement quelconque, je ne dis pas par centaines, par milliers, je dis par centaines de milliers? Songez au langage des défenseurs, à celui de l'accusée; songez à l'explosion des fureurs populaires que ce langage ne peut manquer d'exciter. Croyez-vous que ce sera assez de toutes les forces dont le gouvernement dispose pour protéger, selon le vent qui soufflera, tantôt la tête des juges, tantôt celle des accusés? Vous avez vu le jugement des ministres, vous avez vu pendant dix jours la ville de Paris tout entière sous les armes, la capitale du royaume dans l'attitude et l'anxiété d'une ville de guerre qui a subi un assaut? Eh! bien, vous n'avez rien vu. Vous avez vu les troubles du mois de juin? Eh! bien, vous n'avez rien vu. »

L'Assemblée paraissait encore indécise. Trois orateurs de la gauche : MM. de Ludre, de Briqueville et Cabet, parlèrent après le duc de Broglie. Tous les trois demandèrent la comparution de la princesse devant les tribunaux.

« Le parti carliste, dit M. de Ludre, est revenu dans les caissons de l'étranger. Il vient presque à nos yeux proclamer son prétendant roi de France et de Navarre. Il vient nous présenter comme inoffensive la princesse de Naples (car je ne la considère pas plus comme Française que M. le ministre), cette princesse à qui il a plu de se faire chef de chouans. »

M. de Briqueville rappelait que lors de sa proposition relative au bannissement de la branche aînée des Bourbons, les ministres déclaraient le Code pénal applicable à ceux des membres de la famille déchue qui tenteraient la guerre civile. M. Cabet s'écriait :

« On parle du péril qu'il y aurait à soumettre la duchesse de Berry à la juridiction ordinaire : le gouvernement est-il donc si mal affermi qu'il ne puisse subir une pareille épreuve ? »

M. Berryer monta ensuite à la tribune, au milieu de l'attention générale. On s'attendait, de la part du grand orateur légitimiste, à une explosion d'éloquente colère. Il s'exprima, tout au contraire, dans les termes les plus calmes, les plus mesurés, et, à la surprise générale, il appuya la thèse de la commission et du ministère, en demandant le vote de l'ordre du jour pur et simple.

« Ce sera reconnaître, dit-il, qu'on n'a pas le

droit de juger celle dont on s'est emparé ; ce sera avouer qu'il y a là, non une coupable et un juge, mais deux principes en lutte : celui du droit royal et celui de la révolution. »

Irritée de l'habile et ironique appui donné au ministère par l'orateur légitimiste, la majorité, de plus en plus houleuse et indécise, semble tentée de se prononcer pour un procès criminel. M. Thiers s'approche de la tribune, dont M. Berryer vient de descendre.

Le président Dupin : M. le ministre de l'intérieur a la parole. (*Rires sur quelques bancs.*)

Voix nombreuses : C'est M. le ministre du commerce. (En effet, M. Thiers a, depuis le 1er janvier, échangé le portefeuille de l'intérieur contre un autre portefeuille.)

M. Thiers, ministre du commerce et des travaux publics, monte à la tribune.

« Je viens, dit-il, appuyer l'ordre du jour et contre ceux qui l'ont combattu, et contre le dernier orateur qui l'a si habilement compromis en le défendant. »

Le ministre attaque violemment les Bourbons de la branche aînée. Le républicain le plus avancé ne tiendrait pas un autre langage.

« La dynastie déchue, s'écrie-t-il, est étrangère pour la France, non pas depuis vingt ou trente ans, mais depuis plus d'un siècle. Depuis plus d'un siècle, elle a cessé d'être associée à nos mœurs, à nos idées, à nos vœux, elle s'est enfermée dans un palais au milieu des désordres de toute nature, pour y maudire le génie de la France... Quinze ans lui ont été donnés pour rentrer dans nos mœurs, dans notre esprit, pour se rapatrier, en quelque sorte, avec nous ; elle est restée étrangère à nos avances, elle a fini par un parjure. Qu'elle reste donc dans le sein de l'étranger, qui est plus sa patrie que la France ; ce n'est pas nous qui la lui avons faite, mais c'est la destinée des Stuarts qui a été, qui sera toujours la sienne. »

La droite frémit de colère. Le futur fondateur de la troisième République affirme qu'il a foi dans le gouvernement de Juillet, dans la sainteté de sa cause et dans sa durée.

« On parle de moyens extraordinaires, ajoute-t-il, nous sommes sortis, il est vrai, des moyens ordinaires. Au milieu de la nuit, sans l'assistance des magistrats, nous avons fait assiéger un quartier tout entier, enfoncer les portes ; nous nous sommes emparés de la prisonnière après un siège de quinze heures. Mais nous-mêmes, vous nous approuvez de l'avoir fait. Comment nous condamnerez-vous d'avoir continué à ne pas nous astreindre à la loi ordinaire ?... On ne juge pas les princes : dans les temps de barbarie ou de passions politiques, on les immole ; dans les temps de générosité, de civilisation comme le nôtre, on les réduit à l'impuissance de nuire. Toutes les formes judiciaires ne sont, il faut l'avouer, que de l'hypocrisie. C'était une hypocrisie que le jugement de Charles Ier; c'était une hypocrisie que celui de Louis XVI; c'était une hypocrisie que la commission militaire qui jugea le duc d'Enghien dans la prison du château de Vincennes. Il n'y a pas de jugement pour les princes, et je vous le répète, dans les temps de barbarie on les immole, et dans les temps de civilisation on les réduit à l'impuissance de nuire. »

Voyant que la majorité est encore récalcitrante, l'orateur évoque le fantôme des dangers qu'un procès ferait courir au gouvernement.

« Je suppose, dit-il, que vous ameniez la duchesse de Berry à Paris, qu'elle paraisse devant la juridiction à laquelle sont déférés habituellement les délits politiques. Permettez-moi de vous montrer les conséquences d'une conduite qui me semble telle, que je ne conçois pas que des hommes raisonnables, attachés à leur pays, puissent nous conseiller de lui en donner le spectacle. Vous la feriez venir de Blaye à Paris; vous échelonneriez de quatre-vingts à cent mille hommes sur la route. » (*Vives réclamations.*)

UNE VOIX : Vous disiez qu'il n'y avait plus de carlistes; il y en a donc?

M. Thiers continue :

« Vous transporteriez la prisonnière à Paris, vous l'enverriez sur la sellette du Luxembourg, vous la mettriez en face de la Chambre des pairs, de l'un des grands pouvoirs de l'État; vous renouvelleriez les scènes épouvantables et devenues plus graves encore du jugement des ministres. (*Dénégations nombreuses et longue agitation.*)

« Des hommes prudents, politiques, ne doivent pas soumettre deux fois un pays à des épreuves aussi redoutables que celles-là, et exposer la pairie à des insultes, le roi à des injures qu'un parti ne manquerait pas de prodiguer à son égard. Un gouvernement qui se respecte n'expose pas un pays à de telles expériences. »

Un grand tumulte succède au discours de M. Thiers. Après lui, M. Eusèbe Salverte et M. Odilon Barrot parlent pour demander l'exécution des lois. Mais l'ordre du jour pur et simple est adopté. Cinquante ou soixante membres seulement se sont levés contre.

Telle est l'issue de la séance que le parti légitimiste, dans sa colère, appelle la *séance aux aveux*. Il relève une à une les déclarations des ministres, et en prend acte avec orgueil. Au lieu de se montrer abattu, il lève fièrement la tête. « Notre princesse est donc bien redoutable, s'écrie-t-il, puisque vous avouez vous-mêmes que si vous la faisiez venir de Blaye à Paris il vous faudrait échelonner cent mille hommes de troupes sur sa route. Vous avouez que vous avez peur d'elle, peur d'une femme, peur d'une prisonnière, peur d'un procès, peur de la justice, peur de la vérité, peur du droit. Vous avouez que vous êtes, par vos actes, par votre principe même, l'arbitraire, l'illégalité, la violence. Vos arguments ne sont que la justification de nos idées et de notre cause... » Et c'est ainsi que la séance du 5 janvier 1833 est représentée dans les deux camps comme un succès pour chacun d'eux. Au lieu de calmer les passions, elle n'a eu d'autre résultat que d'en redoubler l'ardeur.

XIX

LES CONSULTATIONS.

L'année 1833 commençait mal pour la prisonnière de Blaye. Elle souffrait au moral et au physique. Une grande tristesse envahissait son âme. Le parquet de Nantes avait réclamé Mlle Stylite de Kersabiec ; celui de Montbrison, le comte de Mesnard et Mlle Lebeschu. Ces trois fidèles allaient être traduits devant la cour d'assises, et la captive, affligée de leur sort peut-être plus que du sien, avait des heures de prostration et de découragement absolu. Quand elle vit M. de Mesnard quitter la citadelle de Blaye, le 9 janvier, elle pleura beaucoup. Quelques jours auparavant (23 novembre), ce loyal et dévoué courtisan de l'infortune avait écrit au colonel Chousserie une lettre que M. Nauroy a publiée dans le livre qu'il vient de faire paraître sur la duchesse de Berry.

« Mon colonel, écrivait le comte, sachant combien vous désirez, en remplissant un pénible de-devoir, rendre la captivité de Mme la duchesse de Berry le plus supportable possible, il est nécessaire que, pour votre gouverne, j'entre dans quelques détails sur la situation de Son Altesse Royale et sur son caractère. J'ai peu quitté Madame depuis seize ans, et pas un instant depuis ses malheurs. Elle a un courage, une patience, une résignation, qui lui font conserver du calme et même de la gaieté dans les situations les plus fâcheuses; mais comme elle sent très vivement, le moral et le physique n'en souffrent pas moins. Madame est très souffrante depuis longtemps, beaucoup plus qu'elle ne voudrait le paraître; elle a besoin des plus grands soins, au moment où elle peut se trouver *absolument seule*... Je vous préviens, mon colonel, que Madame ne se laissera pas imposer des personnes en qui elle n'aura pas confiance, et qui lui seront désagréables; elle ne les acceptera jamais, et préférera la solitude; mais Dieu veuille qu'on ne la contrarie pas à ce point, car si une fois l'ennui et le chagrin s'emparent de Madame, ce sera bientôt du désespoir, et elle est perdue! C'est les larmes aux yeux que je vous le dis, mon colonel, parce que c'est dans la conviction la plus entière. »

M. de Mesnard terminait ainsi cette lettre touchante :

« Vous parlerai-je encore de moi, qui, par quelques services et une longue habitude, ai pu devenir de quelque consolation dans le malheur de Son Altesse Royale? Je compte bien sur vous pour plaider ma cause, et, si je suis obligé de m'éloigner, ne me faites remplacer que temporairement, car, quel que soit mon sort, détenu ou libre, je demande à toujours partager celui de Madame, lorsqu'elle sera malheureuse..»

Les légitimistes ne cessaient d'insister dans leurs journaux sur les funestes effets du séjour de Blaye, sur les souffrances, les privations, les persécutions auxquelles, disaient-ils, la captive succombait. Le 11 décembre, Madame avait été assez gravement indisposée pour désirer consulter un médecin. Elle adressa une demande à M. de Preissac, préfet de la Gironde, qui eut la délicatesse d'ouvrir les portes de la citadelle à M. Gintrac, très connu à Bordeaux pour ses opinions légitimistes. M. Gintrac renouvela sa visite le 18 décembre et le 9 janvier. Jamais cet homme d'honneur n'a levé le voile qui doit cacher à tous les yeux les confidences du malade au médecin comme le secret de la confession. Mais des rapports particuliers arrivaient au gouvernement, dans lesquels l'indisposition de la princesse était vaguement qualifiée. Le secret fut mal gardé au cabinet du ministre de l'intérieur, et déjà dans les principaux salons du juste milieu on se disait à l'oreille certains demi-mots, quand une dépêche télégraphique annonça au gouvernement que, dans la nuit du 16 au 17 janvier 1833, la duchesse de Berry avait été prise de vomissements persistants. Cette indisposition, bientôt connue dans le public, fut l'objet des commentaires les plus contradictoires et les plus animés. Les uns disaient : « La princesse est enceinte; » les autres : « Elle est empoisonnée. »

Le 9 novembre précédent, au château de Nantes, le général Drouet d'Erlon avait deviné la vérité. « Il me semble, avait-il dit, que Madame est enceinte. »

A Blaye, la princesse, se promenant dans le petit jardin, avait été examinée par bien des regards aux aguets, et l'on inclinait à croire que le pronostic du général était exact. Le gouvernement se décida à faire partir pour Blaye deux des premiers médecins de Paris, les docteurs Auvity et Orfila. En annonçant leur départ, qui eut lieu dans la nuit du 21 au 22 janvier, la presse ministérielle indiqua qu'ils étaient appelés à résoudre un cas de médecine légale.

Arrivés à Blaye, les deux docteurs virent la princesse les 24 et 25 janvier. Il y eut une consultation, à laquelle prirent part également M. Gintrac, ce médecin de Bordeaux très estimé de Madame, et M. Barthez, chirurgien militaire de la garnison du fort. Les quatre docteurs signèrent, le 25 janvier, une consultation sur l'état de la santé de la princesse. Elle commençait ainsi : « Madame la duchesse de Berry est née de parents phtisiques; son père était, en outre, sujet à la goutte. Son tempérament est éminemment nerveux, et les maladies qu'elle a antérieurement éprouvées démontrent qu'elle est disposée aux affections inflammatoires; ainsi, à plusieurs reprises, elle a été atteinte de catarrhes pulmonaires, dont quelques-uns assez graves pour avoir inspiré aux médecins qui la soignaient des craintes assez sérieuses. Plusieurs fois aussi elle a ressenti des douleurs articulaires avec gonflement, présentant tantôt le caractère rhumatismal, tantôt les apparences de la goutte. »

On lisait plus loin :

« Aujourd'hui 25 janvier, vers neuf heures, nous nous sommes rendus auprès de Son Altesse Royale. Nous l'avons trouvée levée. Elle a paru à celui d'entre nous (le docteur Auvity) qui avait eu l'honneur de lui donner des soins les années précédentes, un peu amaigrie ; une toux sèche assez fréquente se faisait entendre ; une légère oppression existait ; les mouvements de la respiration, observés avec soin, ne paraissaient point aussi faciles que dans l'état normal ; l'oreille, appliquée sur le thorax, faisait reconnaître que l'air ne pénétrait qu'imparfaitement dans les poumons ; le pouls, manifestement accéléré par l'émotion qu'éprouvait Son Altesse Royale, donnait environ quatre-vingt-huit à quatre-vingt-neuf battements par minute... »

La conclusion de la consultation des quatre docteurs était celle-ci : « Il est d'une grande importance d'éviter l'impression d'un air froid sur toute l'habitude du corps. Ainsi, les promenades doivent se faire dans le milieu de la journée, lorsque le temps est beau, et de préférence dans les endroits abrités. Cette recommandation est surtout utile à cause de la situation élevée de la citadelle, de son voisinage d'un grand fleuve fréquemment couvert de brouillards épais, et de son exposition à des vents plus ou moins violents. »

Le jour même où les quatre médecins signaient cette consultation, le futur vainqueur de l'Alma, le futur maréchal de France — alors le lieutenant de Saint-Arnaud, officier au 64ᵉ de ligne — écrivait à son frère :

« Citadelle de Blaye, corps de garde de la porte Dauphine, le 25 janvier 1833.

« Quelle date pompeuse ! Qu'en dis-tu ? C'est-à-dire que, pour échapper à l'ennui de vingt-quatre heures de garde, je m'enferme avec toi et ne réponds qu'aux rondes majors, rondes d'officiers, visites de poste, patrouilles, etc. La duchesse de Berry est sortie avant-hier. Qu'elle est pâle, et qu'elle a mauvaise mine ! Tout, jusqu'à sa démarche, porte l'empreinte du malaise. Nous avons eu hier grande consultation de médecins. MM. Orfila et Auvity, accompagnés de M. Gintrac, de Bordeaux, sont venus voir la duchesse et tenir conseil. Les deux premiers sont repartis ce matin pour Paris. Ils ont visité la citadelle. Tout cela pourrait bien faire croire que la prisonnière ne le sera pas longtemps, et qu'on la rendra à une température plus en harmonie avec les besoins de sa santé. Dieu le veuille! Toute l'armée a des semestres, excepté le bataillon de Blaye. »

Le gouvernement se garda bien de livrer à la publicité un rapport médical qui l'aurait obligé ou à mettre la princesse en liberté, ou à lui assigner au moins une autre prison. Il s'empressa donc d'enfouir ce rapport dans les archives, convaincu que la prisonnière de Blaye était enceinte, et résolu à ne pas perdre d'avance le bénéfice d'une révélation qui devait, croyait-il, accabler le parti légitimiste Et « il fallait, a dit Louis Blanc dans l'*Histoire de Dix ans*, que la cour fût bien fortement tentée par l'appât de ce honteux bénéfice, car, plutôt que d'y renoncer, elle affronta les suites d'un accident qui, commenté par les haines de parti, éternellement injustes, pouvait devenir contre elle le texte des plus effroyables imputations. Mais ces sortes de folie sont communes à tous les pouvoirs impatients du succès. Le gouvernement n'était plus qu'un joueur désespéré; il jouait contre la chance de profiter d'un scandale celle de rester écrasé sous le poids d'une calomnie. »

Cependant, les conclusions du rapport des quatre médecins avaient transpiré dans le public. Les légitimistes s'écrièrent que le gouvernement de Juillet voulait donner à la duchesse de Berry la citadelle de Blaye pour prison et pour tombe. Leurs journaux retentirent d'imprécations contre le ministère, et le sommèrent, s'il ne voulait « s'exposer à devenir l'horreur de l'univers et de la postérité », de mettre immédiatement en liberté la prisonnière. *La Gazette de France* contenait presque tous les jours un article dans lequel on établissait que le gouvernement exposait la princesse à une mort certaine en prolongeant son séjour à Blaye, et cette feuille arborait une bande noire en signe de deuil prématuré. *Le Revenant* allait encore plus loin. Il écrivait :

« Un affreux soupçon s'est répandu depuis quarante-huit heures dans la capitale, soupçon qui grandit, qui parle à haute voix. Des noms sont déjà prononcés... Nous l'avons dit au jour de l'arrestation de Marie-Caroline : malheur à qui osera toucher l'un des cheveux de la petite-fille de Henri IV ! Oh ! oui, malheur ! Cette menace, aujourd'hui, est de notre part un dernier avis. Après la parole, l'action. Vienne une fatale nouvelle, et, sur notre foi, on ne demandera plus où sont les royalistes. Une vie ne peut être payée que par une autre vie. »

Sans aller jusqu'à de pareilles exagérations, l'on disait, même parmi les adversaires de la branche aînée des Bourbons, que la duchesse de Berry était souffrante, que l'air de Blaye lui faisait du mal, et que l'humanité exigeait qu'on la changeât de prison. Il se fit à ce sujet tant de bruit que le gouvernement demanda non plus aux quatre médecins, mais seulement à deux d'entre eux, les docteurs Auvity et Orfila, un rapport détaillé sur la salubrité de la citadelle de Blaye. On lisait dans ce document: « L'habitation occupée par Mme la duchesse de Berry est à une distance notable du fleuve et dans un point de la citadelle bien au-dessous des remparts, quoique déjà assez élevé au-dessus des remparts. Le corps de logis offre un rez-de-chaussée et un étage ; celui-ci sert de logement à la princesse et à deux des personnes qui lui sont attachées ; les pièces qui en font partie, sans être vastes ni très nombreuses, sont assez spacieuses et suffisamment aérées pour qu'il n'y ait aucun inconvénient à les habiter, d'autant plus qu'elles ne sont pas humides. Convenablement meublées, elles nous ont paru disposées de manière à ce que les habitants puissent être parfaitement garantis de toutes les vicissitudes atmosphériques. Un jardin planté d'arbres fruitiers, coupé par des plates-bandes en fleurs, par des allées sablées, et dont on pourrait évaluer l'étendue au quart, ou peut-être au tiers de la cour du Louvre, est immédiatement annexé à l'appartement de Mme la duchesse de Berry, et lui offre une promenade commode, ayant un point de vue très étendu sur le cours de la Gironde, et dont elle peut disposer entièrement à son gré, à toute heure du jour. »

Le rapport concluait ainsi :

« Relativement aux soins dont Mme la duchesse de Berry est l'objet, nous pouvons affirmer, d'après ce que nous avons vu, et d'après ce qui nous a été dit, qu'elle est traitée avec les plus grands égards, et qu'il nous a paru que rien n'a été omis de ce qui pouvait adoucir sa position. L'exposé qui précède nous porte à conclure que, dans l'état de captivité où est Mme la duchesse de Berry, aucun autre lieu susceptible de pareille destination ne pourrait lui offrir des conditions plus salubres.

« Nous sommes avec respect, monsieur le ministre, vos très humbles et très obéissants serviteurs.

« ORFILA, PIERRE AUVITY. »

Le gouvernement s'empressa de publier au *Moniteur* ce rapport, qui était daté de Paris, le 1er février 1833. Mais les légitimistes, loin de s'en montrer satisfaits, répétèrent à l'envi que, venant de médecins désireux de flatter le pouvoir, ce n'était qu'un acte de complaisance et de courtisanerie qui ne pouvait tromper personne.

XX

LES DUELS.

Les quatre médecins signataires de la consultation du 25 janvier 1833 n'ont pas déclaré que la duchesse de Berry est enceinte, mais ils l'ont laissé supposer. La nouvelle commence à circuler dans Paris, à la grande joie du gouvernement. Une feuille satirique appartenant à l'opinion républicaine, *le Corsaire*, y fait allusion. Aussitôt le rédacteur de l'article, M. Eugène Briffaut, est provoqué en duel par un jeune légitimiste; il est blessé. A une nouvelle allusion malicieue du *Corsaire*, les rédacteurs du journal carliste *le Revenant* répondent par une nouvelle provocation. Cette fois *le Corsaire* la décline, invoquant le respect dû à la liberté de l'écrivain politique.

Le gouvernement se réjouit de voir les républicains et les légitimistes, si souvent coalisés contre lui, se faire la guerre les uns aux autres.

La querelle s'envenime; deux feuilles républicaines, le *National*, journal de M. Armand Carrel, et la *Tribune*, entrent dans la lice. Jusque-là ils n'avaient parlé de la duchesse de Berry qu'avec la générosité due à une femme et au malheur. Mais, irrités par le ton hautain et les menaces des légitimistes, ils se tournent résolument contre eux.

« Il paraît, écrit le *National*, que voilà le moment venu de prouver la fameuse alliance carlo-républicaine. Qu'à cela ne tienne : que messieurs les cavaliers servants disent combien ils sont, qu'on se voie une fois, et qu'il n'en soit plus question; nous n'irons pas chercher les gens du juste-milieu pour nous aider. »

Une déclaration analogue paraît dans la *Tribune*. De part et d'autre, une foule de combattants viennent s'offrir. Une première liste de douze noms est déposée par les légitimistes. Sur cette liste, M. Carrel choisit comme adversaire M. Roux Laborie. Mais les légitimistes ayant présenté douze noms, les républicains ne veulent pas se contenter d'un seul duel; c'est au moins douze qu'il leur en faut. MM. Godefroy Cavaignac, Armand Marrast et Garnerin adressent au *Revenant* la lettre suivante :

« Nous vous envoyons une première liste de douze personnes. Nous vous demandons, non pas douze duels simultanés, mais douze duels successifs, dans des temps et lieux dont nous conviendrons facilement. Point d'excuses, point de prétextes qui ne vous sauveraient pas d'une lâcheté, ni surtout des conséquences qu'elle entraîne. Entre votre parti et le nôtre, désormais la guerre est engagée par un combat. Plus de trêve que l'un des deux n'ait fléchi devant l'autre. »

On se croirait revenu aux duels du temps de Henri III. Les plus sensés des légitimistes déplorent un tel anachronisme, et cherchent à empêcher ces combats collectifs, dont le seul résultat serait d'affaiblir l'opposition et de fortifier le gouvernement.

Une première rencontre a lieu le 2 février 1833. Les deux adversaires sont M. Armand Carrel et M. Roux-Laborie. Le combat, à l'épée, dure trois minutes. M. Carrel atteint deux fois M. Roux-Laborie au bras ; mais, en se précipitant contre lui avec trop d'ardeur, il va chercher le fer, et reçoit dans le bas-ventre une blessure profonde. On le croit blessé à mort, et la nouvelle, qui se répand dans tout Paris instantanément, y cause la plus vive émotion. Les républicains veulent venger l'écrivain populaire, et commencer une série de combats. La société *Aide-toi, le ciel t'aidera* déclare qu'elle est prête à s'engager tout entière dans la querelle. La *Société des Droits de l'homme* offre de marcher par section de vingt combattants jusqu'à concurrence de quatre mille. M. Ferdinand Flocon, au nom des sociétés populaires, adresse aux légitimistes cette sommation publiée par plusieurs journaux :

« Messieurs, vous ne voulez pas qu'on parle mal de la duchesse de Berry. Vous dites que c'est une femme, une femme malheureuse et captive, une mère privée de ses enfants ; vous dites qu'on doit des égards au sexe, à la faiblesse, au malheur ; vous vous portez ses champions. Et nous, ayant pris part à la Révolution de Juillet, nous vous déclarons que nous ne souffrirons plus que vous l'insultiez dans vos journaux. Nous pensions que le soin de la défendre pouvait encore être laissé à ceux qui en ont profité. Il n'en est plus ainsi. La Révolution de Juillet est un principe. Les hommes qui l'ont usurpée vous permettent de l'attaquer. Eh bien ! la Révolution de Juillet est opprimée et persécutée chaque jour dans la personne de ceux qui l'ont faite. Elle a peuplé les prisons de ses amis et de ses représentants. Les registres des geôles sont criblés des noms des défenseurs de la liberté. Si donc vous réclamez le privilège du malheur et de l'oppression, il nous appartient autant et plus qu'à vous.

« Nous, nous étions là au jour du combat ; nous vous avons cherchés, et nous ne vous avons pas trouvés. Et aujourd'hui vous vous montrez. Vous osez nous défendre de parler de votre dame. Eh bien ! notre dame à nous, c'est la Liberté, c'est la Révolution de Juillet. Et nous vous défendons d'en parler en bien et en mal. »

Ce défi audacieux se termine ainsi :

« Vous avez formé au sein de la capitale des réunions dont le but avoué était de manifester votre sympathie pour une cause que la nation repousse. La capitale, étonnée de votre audace, a vainement attendu la répression légale de tant d'effronterie. Nous vous défendons de faire de pareils rassemblements à l'avenir. Et puisque le Pouvoir vous approuve, car il vous tolère, nous vous déclarons qu'à la première occasion, aussitôt que vous aurez l'insolence d'annoncer une réunion publique de légitimistes, nous ferons ce que depuis longtemps le Pouvoir aurait dû faire : nous vous disperserons par la force. »

Les passions sont à un tel point déchaînées que le gouvernement se croit obligé d'intervenir. Une feuille ministérielle, le *Nouvelliste*, publie la note suivante le lendemain du jour où MM. Carrel et Roux-Laborie se sont battus :

« Des postes ont été placés hier soir aux bureaux des différents journaux. Ordre a été donné d'arrêter à l'instant les provocateurs et leurs témoins. Sur tous les points, des agents de l'autorité sont disposés pour mettre obstacle à toute rencontre entre citoyens. D'un autre côté, la justice informe, et ne se ralentira pas. Le gouvernement, qui a vaincu la contre-révolution dans la Vendée, ne la laissera relever la tête nulle part. »

Le 4 février, on lit dans le *Journal des Débats* :

« Depuis quelques jours, il se passe au milieu

de nous de déplorables scènes qui ne semblent pas appartenir à un état de civilisation aussi avancé que le nôtre. Ce ne sont plus des provocations d'homme à homme pour des injures personnelles, mais de parti à parti et pour des querelles de parti. C'est vraiment la guerre civile au milieu de la paix. »

MM. de Calvimont, Albert de Berthier et Théodore Anne, légitimistes, qui devaient se battre contre trois républicains, MM. Armand Marrast, d'Hervas et Achille Grégoire, en sont empêchés par les mesures que prend le gouvernement. Un apaisement relatif commence à se produire. Des hommes du peuple s'étaient dirigés sur les bureaux du journal légitimiste la *Gazette de France*, dont ils voulaient briser les presses. C'est un républicain, c'est M. Ferdinand Flocon qui les a fait renoncer à ce projet de violence, en invoquant le respect dû à la propriété.

Le 4 février, la *Gazette de France* publie ce sage article :

Une rencontre entre deux hommes d'opinions opposées a eu lieu ; le sang de tous deux a coulé. Par suite de cette malheureuse affaire, de nouveaux défis ont été portés, des listes de combattants ont été dressées et proposées. Nous-mêmes, malgré notre invariable ligne d'après laquelle nous sommes éloignés de toute personnalité injurieuse pour ne voir dans les hommes que des principes et des opinions, nous avons eu notre part de ces appels passionnés et des menaces faites à ceux qui ne répondaient pas. Toutes les lois convenues de la société en matière d'honneur nous paraissent renversées dans ces appels faits par des hommes qui n'ont aucune injure personnelle à venger à d'autres hommes qui n'ont individuellement nul tort à se reprocher... Les républicains défendent le principe de liberté que nous défendons aussi ; entre eux et nous il n'y a plus qu'une seule question à résoudre. Mais elle ne se décidera pas par la mutilation ou la mort des hommes de cœur et de talent de chaque côté. Le grand duel qui est à ouvrir doit avoir la nation pour juge. »

L'article se termine par cette conclusion, faite pour déplaire au gouvernement, qui croyait déjà profiter de la lutte acharnée engagée entre ses adversaires :

« Les républicains doivent bien voir que la liberté n'existe pas plus pour eux que pour nous. Beau spectacle vraiment à donner à la France que celui d'esclaves se battant avec leurs fers, tandis que le maître, armé de son fouet, frappe tantôt les uns et tantôt les autres ! »

La *Gazette de France* ajoute, le lendemain 5 février :

« Deux partis ont été aux prises. Le gouvernement n'a rien fait pour les calmer ; il n'a su que les irriter en les injuriant, ou arrêter brutalement les individus... Les deux partis se sont arrêtés quand ils ont vu qu'ils s'engageaient à leur insu contre la liberté de la presse.

La *Gazette* a dit : « Respect aux opinions. » La *Tribune* a dit : « Respect à la propriété. » C'est l'honneur de notre époque et de la presse. La presse guérit donc les blessures qu'elle fait. Sans elle, nous aurions vu renaître les scènes sanglantes des Armagnacs et des Bourguignons. Ces temps-là ne peuvent plus se produire en France. Espérons ! »

M. Armand Carrel, bien que républicain avancé, a toujours excité dans le camp légitimiste une certaine sympathie. Il combat avec tant de vigueur le gouvernement du juste-milieu ! Il écrit avec tant de verve ! Il a tant de courage, la plume ou l'épée à la main ! La *Gazette de France* fait suivre de cet entrefilet l'article que nous venons de citer :

« Les journaux annoncent que l'état de M. Carrel s'est amélioré. Nous regrettons qu'un homme de ce talent et de ce caractère se soit engagé dans une affaire aussi malheureuse. Nous faisons des vœux pour qu'il soit rendu à ses amis et aux nobles discussions de la presse périodique. »

Et, le lendemain, la feuille légitimiste ajoute, après avoir reproduit ces lignes du *Courrier français* :

« La conduite de M. Laborie et de ses témoins a été parfaite pendant et après le combat ; c'est une justice que se plaisent à leur rendre les amis de son adversaire.

« Ainsi, les passions des partis ne dénaturent point le caractère national ; ces marques de la générosité française consolent de tout et font prévoir que des ennemis si généreux finiront par être amis. Voici un fait qui confirme ce que nous venons de dire et dont nous pouvons garantir la vérité : M. Carrel ayant été informé que M. Thiers venait d'envoyer son secrétaire pour savoir de ses nouvelles, a insisté pour qu'on l'introduisît près de lui, malgré la défense formelle des médecins. Dès que M. Martin fut près de son lit, on entendit M. Carrel le charger de témoigner à M. Thiers toute son indignation de ce qu'on avait voulu arrêter son adversaire, et de demander que le ministre qui se disait son ancien ami s'employât près de ses collègues, et même près du roi, pour prévenir d'aussi odieuses mesures. Ce fait ne nous étonne pas, et confirme tout ce que nous savons déjà du noble caractère de M. Carrel. »

M. Armand Carrel ne mourra pas cette fois. C'est trois ans plus tard qu'il est destiné à succomber dans un duel avec M. Emile de Girardin. Des légitimistes marquants, M. de Chateaubriand lui-même, vont prendre de ses nouvelles, et lui témoignent leur sympathie. N'est-ce pas l'auteur du *Génie du Christianisme* qui écrira dans ses *Mémoires d'outre-tombe* :

« Je reviendrai sur les rédacteurs du *National*, je dirai comment je les ai connus ; mais, dès à présent, je dois mettre à part M. Carrel : supérieur à MM. Thiers et Mignet, il avait la simplicité de se regarder, à l'époque où je me liai avec lui, comme venant après les écrivains qu'il devançait ; il soutenait avec son épée les opinions que ces gens de plume dégainaient. »

Pendant que républicains et légitimistes s'accordent pour s'intéresser à M. Carrel, il y a un homme qui se plaint avec amertume des témoignages de sympathie accordés au blessé.

« A-t-on rien vu d'aussi comico-tragique que les duels de journalistes, écrit-il au préfet de la Dordogne, le 18 février 1833? Quelle importance les républicains ont voulu y attacher ! Ils ont essayé de faire un héros de Carrel. On ne donna pas autant d'éloges à Villars après Denain ; on ne chanta pas autant Napoléon après Marengo, Austerlitz et autres grandes batailles. On va s'inscrire chez M. Carrel, on l'honore dans les journaux modérés : voilà ce que je ne puis comprendre. Je ne sais pas rendre des hommages au talent qui s'exerce à bouleverser le pays. Je le maudirais bien plutôt. Mais, messieurs, qui vous inscrivez chez Carrel, pourquoi n'honorez-vous pas le voleur de grands chemins qui vous dévalise avec adresse ? Il est moins habile en sophismes sans doute, mais aussi il est moins dangereux que le chef républicain. Les gens querelleurs reçoivent toujours des hommages; le débonnaire juste-milieu, plein de tolérance pour tout le monde, ne reçoit que des injures. Faites-vous moutons, et l'on vous tondra; faites-vous lions, on vous baisera la griffe. Pour moi, j'aime mieux avoir des griffes que de baiser celle des lions. »

Onze mois après, le général Bugeaud — c'est lui qui a écrit cette lettre — aura le malheur de tuer un homme en duel. A la Chambre des députés, dans la séance du 24 janvier 1834, M. Larabit dira à la tribune :

« Quand on se sent dans son droit et qu'on veut vous faire reculer, on renonce à l'obéissance. — On obéit d'abord! » s'écriera le général Bugeaud. Un membre de l'opposition de gauche, M. Dulong, répliquera : « Faut-il obéir jusqu'à l'ignominie ? » Un duel sera la conséquence de cette parole, et au bois de Boulogne, le 29 janvier 1834, le général Bugeaud tuera M. Dulong. La lettre que nous venons de citer est datée de Blaye. Depuis le commencement du mois de février 1833, celui qui l'a écrite a pris le commandement de la citadelle.

XXI

L'ARRIVÉE DU GÉNÉRAL BUGEAUD.

Le 30 janvier 1833, il y avait un bal au château des Tuileries. Le général Bugeaud y assistait. Le comte d'Argout, alors ministre de l'intérieur, vint à lui :

« Général, lui dit-il, j'ai toujours pensé que vous étiez très dévoué à la monarchie et au gouvernement de Juillet. Accepteriez-vous une mission de confiance et de dévouement ? »

Et en prononçant ces mots, le ministre regarda le général d'une façon étrange.

« Quand je me dévoue à une cause, répondit celui-ci, ce n'est point à demi. Donc j'accepterai, et je ferai tout ce qui ne sera pas contraire à l'honneur. Plus l'emploi sera périlleux et difficile, plus j'en serai flatté. »

Le comte d'Argout répliqua :

« Je m'attendais à cela, et je vais porter de suite votre réponse au roi. »

Puis il s'éloigna aussitôt.

« Là-dessus, a écrit le futur maréchal de France, le futur vainqueur d'Isly, mon esprit travaille à deviner de quoi il s'agit. Faut-il aider dom Pedro ?... ou bien est-ce en Turquie qu'on veut m'envoyer ?... à moins que ce ne soit en Grèce. Mais je finis par me confier au sort sans plus y penser, et je restai au bal jusqu'à cinq heures du matin.

« En rentrant chez moi, je trouvai l'ordre de partir pour Blaye; je fus chez M. d'Argout et chez le maréchal Soult prendre mes instructions. Le roi me fit demander, me remercia d'avoir accepté, et me donna aussi ses instructions. Je vous assure que j'aurais préféré conduire six mille hommes à dom Pedro, ou au Grand-Turc. Ce métier de gardien convient peu à mon caractère et à mon esprit; mais il faut bien obéir, car nous autres soldats, nous ne devons pas agir selon nos convenances, mais marcher quand on nous a ordonné de marcher. D'ailleurs, n'est-ce pas par l'entier dévouement des hommes de cœur que la France peut être mise à l'abri des factions et des factieux ? »

Thomas-Robert Bugeaud de la Piconnerie, né à Limoges le 15 octobre 1784, mort à Paris le 10 juin 1849, avait pour père un gentilhomme du Périgord, Ambroise Bugeaud, seigneur de la

Piconnerie, et pour mère Françoise de Sutton de Clonard, appartenant à une noble famille irlandaise, dont quelques membres s'expatrièrent avec Jacques II et se fixèrent en France. Enrôlé comme simple soldat en 1804, il était caporal à Austerlitz, et, l'année suivante, sous-lieutenant au 64e de ligne. Très dévoué à Napoléon, il fit avec distinction les campagnes de l'Empire et ne voulut pas servir sous la Restauration; après Waterloo, il se retira, avec le grade de colonel, dans sa terre d'Excideuil (Dordogne), et s'y livra aux travaux agricoles, échangeant, comme Cincinnatus, l'épée contre la charrue, et ajoutant à son blason cette devise : *Ense et aratro*. La Révolution de Juillet le rappela à l'activité. En 1831, il fut élu député par le département de la Dordogne, et il venait d'être nommé maréchal de camp, quand un décret du 31 janvier 1833 l'appela au commandement du fort de Blaye, en remplacement du colonel Chousserie.

Le gouvernement était très pressé de voir partir le nouveau gouverneur. Le comte d'Argout, ministre de l'intérieur, lui écrivait le 1er février 1833, à trois heures de l'après-midi :

« Le maréchal Soult vous fera parvenir avant quatre heures votre nomination et vos instructions. J'ai fait commander les chevaux de poste pour cette heure-là. Je ne serais pas fâché que vous vous missiez en route avant le départ du courrier. Faites courir devant votre voiture pour aller plus vite. Je pense que vous ne devez pas vous arrêter à Bordeaux, ce qui vous ferait perdre du temps, mais vous rendre directement à Blaye... Adieu, cher général, je vous répète de nouveau combien je suis heureux de voir confier en des mains si loyales, si habiles et si dévouées un poste dont la surveillance et la direction touchent de si près aux plus grands intérêts de l'Etat. Comptez entièrement, je vous prie, sur mon zèle à vous seconder en toutes choses dans cette tâche difficile. »

Le général Bugeaud arrivait à la citadelle de Blaye le 3 février 1833, et il écrivait, le même jour, au maréchal Soult, duc de Dalmatie, président du conseil, ministre de la guerre :

« Monsieur le maréchal, je suis arrivé ici à minuit, et je suis entré à la citadelle à sept heures du matin... Jusqu'à présent, tout m'a paru bien organisé. Au reste, il faut voir, et ce n'est que dans deux ou trois jours que je connaîtrai parfaitement mon poste. Il fait, d'ailleurs, une tempête affreuse qui ne permet pas de tout visiter en quelques heures. »

Le colonel Chousserie s'empressa d'écrire à la duchesse de Berry pour lui annoncer l'arrivée du nouveau gouverneur, qui désirait se présenter devant elle. La princesse répondit par cette lettre :

« J'ai reçu, monsieur le colonel, avec une vive peine la nouvelle que vous me donnez. C'est une nouvelle vexation du gouvernement. Je vous avais déjà dit, monsieur le colonel, que celles que je pourrais empêcher, je le ferais. Ainsi, je ne recevrai pas le général Bugeaud, ni les personnes qui seront probablement de sa suite. Je saurai me renfermer seule, si c'est nécessaire, dans mon appartement. Mais les ministres sauront répondre à la France et à l'Europe de ce qu'une fille de Henri IV et de Marie-Thérèse aura souffert. Elle saura mourir sous les fers plutôt que de céder à la tyrannie. Voilà ma détermination. J'espère que je vous verrai, monsieur le colonel; soyez sûr que je n'oublierai jamais vos bons procédés envers moi. »

Le même jour, 3 février, le général Bugeaud adressait à l'un de ses amis, M. Gardère, la lettre suivante :

« Mon cher ami, je suis arrivé ici sain et sauf; j'ai de suite pris possession de mon commandement, et je connais déjà mes hommes et mon poste comme ma poche. Je suis bien logé, bien nourri, bien chauffé, bien éclairé (en lampes et bougies); quand j'aurai ma femme, je pourrai très bien supporter ma prison.

« La duchesse n'a pas voulu me voir. Elle a prétendu que c'était une nouvelle vexation du gouvernement qu'elle ne souffrirait pas. Je n'ai pas insisté, et, pour exploiter le caractère féminin, j'ai simplement annoncé que j'avais du roi des communications verbales à faire, que je ne me présenterai que quand on voudra m'entendre.

Me rappelant qu'une bonne tactique avec *les belles* est quelquefois de paraître indifférent, j'ai dit à Mme d'Hautefort (la comtesse d'Hautefort venait de remplacer auprès de la princesse Mlle Stylite de Kersabiec) que la manière dont j'avais été reçu en prenant connaissance des lieux m'ôtait tout désir d'être admis, et que, sans descendre d'*Henri IV et de Marie-Thérèse* (expression dont s'était servie la dame), j'avais aussi ma fierté, qui était fondée sur mes antécédents personnels. Cette ruse paraît avoir réussi. Mme d'Hautefort vient de dire à mon aide de camp qu'elle croyait que Madame demanderait à me voir demain. »

Le 4 février, le nouveau gouverneur, sans être mandé par la princesse, visitait, avec le colonel Chousserie, l'appartement de Madame, et lui adressait respectueusement la parole : « Continuez votre visite, s'écria-t-elle, et laissez-moi tranquille. » Le général répliqua : Aucun raisonnement ne pourrait me faire apercevoir, Madame, une nouvelle vexation dans le changement du commandant supérieur. Quel que soit mon dévouement pour le roi, je ne me serais point chargé d'une mission qui aurait dû aggraver votre sort. Je ne suis point un geôlier farouche, et, comme j'ai l'ordre et le désir d'avoir pour vous tous les égards compatibles avec votre position, je respecterai même ce qui me paraîtrait un préjugé, et je vous épargnerai, autant que possible, ma présence, puisqu'elle vous semble une vexation. Je suis chargé par le roi de vous rapporter ses paroles expresses ; quand vous désirerez m'entendre, je me rendrai à vos ordres. » Alors la princesse s'écria : Non, monsieur, dites-le-moi par écrit. » Le général répliqua : « Je ne le puis, Madame, j'ai ordre de vous le dire verbalement. » Et il écrivait, le même jour, au maréchal Soult :

« J'ai voulu ainsi piquer sa curiosité et lui donner le désir de m'entretenir. Il serait très important que je pusse la voir tous les jours. Ce serait le meilleur contrôle possible. »

Et, le lendemain, 5 février :

« Il n'y a rien de nouveau relativement à Mme la duchesse. Elle jouit de la même santé. Elle s'est promenée aujourd'hui dans son jardin avec ses compagnons de captivité. Elle n'a pas manifesté le désir de me voir, et j'ai évité de me trouver en sa présence. Je ne visite sa demeure que la nuit pour lui laisser l'envie de me voir. Si elle persiste dans son refus, je la verrai dans quelques jours à sa promenade du jardin, afin d'observer l'état de sa santé. Je dois rendre justice au colonel Chousserie : le service militaire était bien organisé, et j'ai eu peu de changements à faire. Je fais surveiller les entrées et les sorties. »

La duchesse de Berry vit partir avec peine le colonel, dont elle n'avait eu qu'à se louer. Le lieutenant de Saint-Arnaud écrivait de Blaye à son frère le 6 février 1833 : « Dans ma dernière lettre, je t'annonçais à la hâte le changement du colonel Chousserie, remplacé par le général Bugeaud. Le colonel est parti, emportant l'estime et les regrets de tout le monde, et les miens surtout, car j'étais comblé de bontés par cette famille. » Le colonel Chousserie n'avait rempli qu'à contre-cœur les pénibles fonctions auxquelles il était heureux de se soustraire, et il n'aurait pas accepté le rôle qui allait être dévolu à son successeur par le gouvernement de juillet.

XXII

LA DÉCLARATION DU MARIAGE SECRET.

Dès que le gouvernement se crut certain que la duchesse de Berry était enceinte, il adopta le programme suivant :

1° Imposer à la princesse une sage-femme et un médecin venus de Paris;

2° La soumettre à une surveillance incessante;

3° La faire accoucher devant témoins à la citadelle de Blaye;

4° L'obliger à participer elle-même au procès-verbal d'accouchement;

5° Ne lui rendre la liberté que lorsque la naissance de son enfant se trouverait ainsi constatée d'une manière authentique et irréfutable.

Jamais gouvernement n'attacha plus de prix à une victoire diplomatique ou militaire qu'à la réalisation de ce programme. Il semblait aux ministres du roi Louis-Philippe que son trône serait à jamais consolidé si la duchesse de Berry accouchait publiquement à Blaye.

Comme la princesse ne voulait, à aucun prix, accéder à ce que le gouvernement réclamait d'elle, il allait s'engager, pour la mise en vigueur des instructions ministérielles, une sorte de duel entre un homme et une femme, entre le gouverneur du fort de Blaye et la prisonnière dont il avait la garde. Grâce aux divers documents publiés par le comte d'Ideville, dans son beau livre intitulé : *Le maréchal Bugeaud;* par M. Nauroy, dans sa récente publication sur la duchesse de Berry, et par M. Georges d'Heylli dans la *Gazette anecdotique* (15 novembre 1878), nous pouvons suivre toutes les péripéties de ce duel qui dura plus de trois mois, et où la femme vaincue excite assurément plus d'intérêt que le vainqueur.

Dès son arrivée à Blaye, le général Bugeaud croit la prisonnière enceinte; mais, comme il n'en a pas encore la certitude absolue, son objectif est d'obtenir, même par la ruse, la constatation d'un fait si ardemment souhaité par les ministres. Le gouvernement envoie donc de Paris une sage-femme, Mlle Garnier. Quel est le stratagème du général? Faire passer cette sage-femme pour une couturière.

« Demain, écrit-il le 17 février 1833 (1) au ma-

(1) Pièce citée par M. Nauroy.

réchal Soult, je préparerai la duchesse à recevoir la couturière sage-femme qu'envoie M. le ministre de l'intérieur. Je tâcherai de la conduire à demander une couturière de Bordeaux qu'elle affectionne. Le surlendemain, on lui dira qu'elle est malade, et, après quelques jours, qu'elle ne guérit pas. J'en proposerai une autre ; si elle est acceptée, j'introduirai la Parisienne comme Bordelaise, après lui avoir bien fait la leçon. C'est le seul moyen de la faire admettre et d'en tirer un bon parti. »

Le général se propose également d'examiner très attentivement la princesse, et d'observer ses moindres mouvements, toutes les fois qu'il se trouvera près d'elle, pour se rendre bien compte de la situation où elle est. Madame, après avoir d'abord refusé de le recevoir, a fini par s'y décider le 17 février. Le même jour, il écrit au maréchal Soult, ministre de la guerre (pièce citée par M. Nauroy) :

« Sans employer l'autorité dont vous me recommandez d'user en cas de besoin, j'ai réussi à me faire désirer par Mme la duchesse de Berry. Je l'ai vue aujourd'hui. Elle a causé avec moi pendant une heure avec beaucoup d'abandon et une gaîté remarquable. Divers sujets ordinaires ont été abordés : littérature, presse, agriculture. Deux fois elle a cherché à lier une conversation politique ; je l'ai éludée. La première fois, elle s'est tournée vers Mme d'Hautefort avec beaucoup de vivacité et lui a dit : « Comme il rompt les chiens avec adresse! » La seconde fois, il s'agissait du discours de M. de Broglie à l'occasion des pétitions qui demandaient qu'elle fût jugée ou mise en liberté. « Il s'est bien enferré, M. de Broglie. » J'ai encore changé la conversation. Elle s'est de nouveau brusquement tournée vers Mme d'Hautefort : « Il a du tact, le général. » Enfin, nous nous sommes quittés les meilleurs amis du monde. Elle a écrit de sa main la recette d'un liniment pour ma femme. » Envoyez-la-lui, général; j'ai souvent souffert de la rate, et ce liniment m'a fait le plus grand bien. » Pendant ma conversation, j'ai observé que la gorge était assez volumineuse. Et, à son entrée et à sa sortie (car l'entretien avait eu lieu chez Mme d'Hautefort), j'ai vu la tournure exacte d'une femme enceinte de six à sept mois. Ce qui achève de me persuader, c'est sa bonne santé, qui ne pourrait être telle si la proéminence venait de toute autre cause que la grossesse... Hier, elle laissa tomber une gazette en présence de mon aide de camp; elle ne put jamais la ramasser. »

Le 19 février, le général demande au ministre de l'intérieur des instructions sur la manière de constater l'événement attendu. Le même jour, le docteur Ménière, médecin envoyé par le gouvernement, arrive à Blaye. Le lendemain, il y est suivi par Mlle Garnier, la sage-femme, également envoyée de Paris. Le général écrit le 20 février au ministre de l'intérieur (pièce citée par M. Nauroy) :

« Mlle Garnier est arrivée. J'attends pour l'installer que Mme la duchesse demande une couturière. Je crains qu'il ne faille attendre longtemps, car hier je lui offris de faire revenir sa couturière de Bordeaux (nous l'aurions dite malade si elle avait accepté), et elle répondit qu'en ce moment elle n'avait pas d'ouvrage. Si d'ici à huit ou dix jours, la couturière n'est pas demandée, Mlle Garnier couchera dans le petit appartement près du tour et pourra s'introduire dans l'appartement quand besoin sera. La proposer directement serait complètement inutile, ou, pour mieux dire, nuisible ; ce serait s'ôter tout moyen de la faire admettre fortuitement. Il en est de même du docteur Ménière, arrivé d'hier. »

Le général Bugeaud reçoit les instructions du comte d'Argout, ministre de l'intérieur. Elles sont datées du 19 février 1833. La phrase essentielle est celle-ci :

« Le besoin d'établir les faits dans toute leur exactitude et de répondre aux calomnies dictées par l'esprit de parti exige que la naissance de l'enfant soit authentiquement constatée. »

A cet effet, le ministre formule un minutieux règlement, dont les quatorze articles constituent un système complet d'espionnage et d'inquisition. Citons-en deux à titre de spécimen :

« Il faut que la duchesse de Berry ne puisse

se renfermer dans son appartement, et que l'on ait toujours la faculté d'y pénétrer lorsque la nécessité le commandera.

« Une personne sûre, ayant le sommeil très léger, devra être établie dans la chambre au-dessous de celle de la duchesse de Berry. Cette personne avertira au moindre bruit qu'elle entendrait dans la chambre supérieure. »

Cette fois, le général, malgré tout son zèle, trouve que le gouvernement va trop loin. Le 22 février, à quatre heures du matin, il écrit aux ministres de la guerre et de l'intérieur (pièce citée par M. Nauroy) :

« J'ai reçu vos dépêches du 19 et les deux instructions qui y sont jointes. Ces instructions, comme toutes celles qui sont rédigées loin des lieux de l'exécution, sont susceptibles de nombreuses modifications, à moins que l'on ne fût absolument décidé à ne plus garder aucune espèce de ménagements avec la duchesse. Bien convaincu qu'une pareille détermination ne serait ni dans l'intérêt du roi ni dans celui du pays, je vous prierais de charger un autre que moi de l'application de ces mesures extrêmes...

« S'il est vrai que la duchesse de Berry soit grosse, — et mon opinion est qu'elle l'est, — elle l'est au plus de six mois : donc il n'y a pas urgence à employer tout de suite dés moyens d'autorité pour lui imposer le docteur Ménière et la sage-femme. Il y a plus d'avantage à temporiser et à obtenir par la confiance, et surtout par une rigoureuse surveillance, les mêmes résultats qu'on pourrait espérer de la présence des deux personnages précités. Mais supposons qu'on les imposât d'autorité dans l'intérieur du local, on n'en serait pas plus avancé.

« La duchesse, qui est d'un caractère très décidé, se retirerait dans sa chambre, ne voudrait voir ni le docteur ni sa sage-femme, et, s'ils s'approchaient d'elle, je suis convaincu qu'elle se porterait à des extrémités. Elle leur arracherait les yeux. Dans l'un ou l'autre cas, elle aurait des attaques de nerfs qui pourraient être fort dangereuses. »

Le général, en homme politique, voit très bien la mauvaise impression qu'un pareil état de choses produirait pour le gouvernement. Il ajoute donc :

« Si, après toutes ces scènes, qui ne manqueraient pas d'être connues tôt ou tard du public, elle ne se trouvait pas grosse, ou si ces mesures rigoureuses produisaient des accidents, soit en la faisant accoucher avant l'heure, soit en altérant sa santé, il est aisé de prévoir qu'il en résulterait pour le gouvernement d'immenses inconvénients. La presse de toutes les couleurs, les honnêtes gens de toutes les opinions vous jetteraient la pierre. La haine pour le roi, dans une certaine classe, redoublerait d'intensité, et il perdrait dans l'esprit de ses amis. »

Au fond, le général est parfaitement d'accord avec le gouvernement sur le but à atteindre. Il ne diffère que sur la manière de procéder.

« Le but est-il assez grand, écrit-il dans la même dépêche, pour s'exposer à de pareilles choses, et ne peut-on pas l'atteindre par d'autres moyens ? Je n'hésite pas à le dire : Non, le but n'est pas assez grand ; il y a, d'ailleurs, d'autres moyens. Ces moyens, ils sont pris en majeure partie, et je me propose de les compléter successivement, mais avec adresse, avec ménagements, car c'est la seule voie qui me paraisse bonne, la seule que je puisse adopter. »

Le général énumère ensuite toutes les mesures de surveillance qu'il a déjà prescrites :

« J'ai demandé au général Jamin un brigadier de gendarmerie. J'ai donc trois hommes de cette arme, et j'en mets un, chaque nuit, à veiller dans l'appartement qui est directement au-dessous de la chambre à coucher de la duchesse. De ce point, le plus petit bruit est entendu (1). Un autre sous-officier est de garde au-dessus, et, à côté du cor-

---

(1) Au moment où ces lignes sont écrites, on peut voir encore à Blaye un travail bizarre pratiqué dans le plafond de la pièce située au-dessous de la chambre de Mme la duchesse de Berry. De distance en distance le plâtre du plafond a été soulevé de manière à ce qu'un homme de la police assis sur le haut de l'échelle à siège dont parle le maréchal Bugeaud n'avait qu'à appliquer son oreille contre les parties du plancher ainsi dégarnies du plâtre pour entendre les moindres paroles prononcées dans la chambre de la princesse.

ridor qui communique aux appartements, il y a aussi un officier. L'un d'eux veillera toujours près du guichet d'où l'on voit et l'on entend tout. On ne peut voir de mouvement que jusqu'à l'heure du coucher des détenus, car alors ils sont isolés par le moyen de crochets que l'on pose sans bruit à leur porte, quand ils sont couchés, et qu'on enlève de même le matin de bonne heure... Au moindre bruit extraordinaire, le sous-officier placé sous la chambre à coucher préviendra l'officier de garde par le moyen d'une sentinelle qui est placée devant la croisée du premier. J'ai fait griller ce rez-de-chaussée; l'officier qui n'est pas de service, les deux sous-officiers, dont l'un est de planton éveillé sous la chambre, sont renfermés à neuf heures du soir. La même sentinelle dit au portier consigne de m'appeler au moindre bruit, ainsi que le commandant de la place et le commissaire civil, qui logent à côté de l'enceinte. Le docteur Ménière, qui est aussi à deux pas, est averti. La sage-femme couche près du tour, et peut s'introduire à l'instant, sans pouvoir elle-même sortir du local. Je vois la duchesse tous les jours. Mon aide de camp, M. de Saint-Arnaud, sous un prétexte ou sous un autre, la voit entrer deux ou trois fois. Il est fin et observateur. L'officier de service et le sous-officier la voient toute la journée. Il est bien difficile qu'on ne s'aperçoive pas d'un événement ou du plus petit dérangement de santé. »

Le jour même où il écrit cette dépêche, le général fait demander Mme d'Hautefort.

« Madame, lui dit-il, le moment est venu d'employer avec vous la plus grande franchise. Chez les belles âmes la franchise provoque la réciprocité, je compte là-dessus. Le gouvernement veut enfin sortir de l'incertitude où il est, et il veut s'assurer que l'événement qui doit être la suite de l'état qu'on suppose, ou plutôt dont on a presque la certitude, ne pourra pas lui être dissimulé. Il m'ordonne des mesures qui doivent être prises à l'amiable ou d'autorité ; je n'appliquerai pas ce dernier moyen : vous allez le voir par la première page de ma réponse. Mais un autre l'appliquera. C'est à vous à juger, madame, s'il est plus avantageux de porter Mme de Berry à prendre un grand parti. Il y en a deux : l'aveu de la grossesse, si elle existe ; la constatation de l'état, s'il n'y a pas de grossesse. Dans ce dernier cas, il doit être assez pressant pour Mme de Berry de faire cesser les bruits répandus dans toute la France chez amis et ennemis, et reparaître avec tout son éclat aux yeux de ses partisans. Si elle est grosse, il y a peut-être un mariage secret, et le même intérêt doit le faire avouer. S'il n'y a pas de mariage, il y a l'intérêt de faire cesser une foule de petites mesures qu'elle appellera vexatoires, mais qui sont toutes du devoir du gouvernement envers le pays, qui a intérêt à ce que l'événement soit constaté. Voyez, madame, si vous vous sentez assez de force et assez d'attachement à la duchesse pour aborder la question. »

La comtesse d'Hautefort a écouté attentivement, bien que ses traits se soient visiblement altérés.

« Général, répond-elle, je vous jure sur l'honneur que Madame ne nous a jamais fait aucune confidence sur son état. Elle n'en a pas fait non plus à Mme Hansler (sa femme de chambre). Comme tout le monde, nous soupçonnons ; nous la voyons grossir à vue d'œil. M. de Brissac et moi, nous en avons causé, et, pour provoquer les confidences de la duchesse, nous lui disions l'autre jour : « Madame, dans votre position, vous ne « devez pas seulement nous considérer comme « chevalier d'honneur et dame d'honneur, mais « encore comme des amis à qui vous devez con- « fier toutes vos peines, pour qu'ils vous aident « à les supporter. » Ce langage n'a rien produit : nous ne savons rien. »

On appelle M. de Brissac pour tenir conseil. Il s'exprime comme Mme d'Hautefort.

« Allons, dit alors le général Bugeaud, du courage ; il faut prendre enfin un parti. Qui de vous deux se charge d'aller tout dire à la duchesse ? »

Ici un long silence.

« Il me semble, dit le général, que cela convient mieux à Mme d'Hautefort...

« Madame, prenez la lettre du ministre, cette

feuille de ma réponse, et tâchez de vous rappeler les motifs que j'ai fait valoir pour que Madame prenne un parti. »

Mme d'Hautefort s'en va. Elle rentre une minute après. Elle était si troublée qu'elle a oublié tous les moyens à faire valoir. Le général Bugeaud les écrit. Il y ajoute cette considération :

« Ce qui doit déterminer Madame à faire constater son état, c'est le désir qu'elle a de recouvrer promptement sa liberté. S'il est constaté qu'il n'y a pas grossesse, il est probable qu'elle sera libre dès que le désarmement sera réglé avec l'Europe, et cela ne peut tarder. »

Mme d'Hautefort repart. Elle rentre au bout d'une heure, le visage très altéré :

« Général, j'ai tout dit à Madame. Elle a lu la lettre du ministre et la vôtre. Elle est extrêmement touchée de vos procédés, de vos sentiments, mais elle n'avoue rien.

— Eh bien ! Madame, que ferons-nous ? Que faut-il que j'écrive au gouvernement ? Faut-il que je dise qu'il m'envoie un successeur ?

— Général, donnez-nous quelques jours, je vous en supplie !

— Madame, je ne puis vous donner que jusqu'à dimanche, à cinq heures du soir. Si un parti n'est pas pris en ce moment, ou si l'on ne souffre pas que j'applique toutes les mesures ordonnées par le ministre, je demande mon remplaçant. »

Dans sa dépêche, datée de trois heures de

l'après-midi, le général Bugeand vient de raconter aux ministres cette conversation.

A cinq heures et demie, il ajoute le *post-scriptum* suivant :

« On vient de m'appeler près de la duchesse. Elle s'est presque jetée dans mes bras en pleurant. Elle me serrait la main, en m'avouant qu'elle est mariée secrètement en Italie, et qu'elle est grosse ; qu'elle croit devoir à ses enfants, à ses amis, à elle même, d'en faire l'aveu. Je l'en ai vivement félicitée et je lui en ai demandé la déclaration écrite. Elle a un peu hésité, mais enfin elle y a consenti. Je l'attends pour la joindre à cette seconde dépêche.

« J'ai trois cents livres de moins sur le cœur. Je suis heureux, le but est atteint. L'honneur du roi et du pays est sauvé ! Tout favorise le trône de Juillet. »

Voici les termes du document qui excite à un si haut degré la joie du général :

« Déclaration de Marie-Caroline, duchesse de Berry.

« Pressée par les circonstances et les mesures ordonnées par le gouvernement, *quoique j'eusse les motifs les plus graves pour tenir mon mariage secret*, je crois me devoir à moi-même, ainsi qu'à mes enfants, de déclarer m'être mariée secrètement pendant mon séjour en Italie.

« De la citadelle de Blaye, ce 22 février 1833.

« Marie-Caroline. »

Pauvre princesse! au moment où le général Bugeaud triomphe, elle est plongée dans la douleur la plus profonde. A peine vient-elle de signer la déclaration qui lui fait tant de mal, qu'elle écrit, à cette même date du 22 février, une lettre déchirante à son fidèle serviteur, le comte de Mesnard, captif dans la maison d'arrêt de Montbrison, en attendant d'être jugé par la cour d'assises. Elle s'exprime ainsi dans cette lettre :

« Des vexations, l'ordre positif de me laisser seule avec des espions, la certitude de ne sortir qu'au mois de septembre ont pu seuls me décider à la déclaration de mon mariage secret, ne pouvant plus cacher mon état, pour mon honneur et celui de mes enfants. Si je restais ici, je mourrais. »

L'infortunée prisonnière ajoute ces lignes d'une mélancolie touchante :

« Mon âme a pu s'élever jusqu'à désirer la gloire, et je me suis senti le courage de tout faire pour en acquérir ; mais ce sentiment ne m'a été inspiré que par l'amour pour mes enfants et pour la France que j'aimais, malgré tous les malheurs que j'y ai éprouvés, que j'aime encore, et à la prospérité de laquelle je souhaite tout le bonheur auquel j'aurais tant voulu contribuer. Mon ambition n'a jamais eu un autre motif. Vous savez, et ceux qui me connaissent bien savent comme vous, quels sont mes goûts : ils savent que j'aime les arts; ils savent, comme vous, que, jeune encore, je pouvais me passer de plaisirs bruyants. M'a-t-on vue quelque part plus heureuse qu'à Rosny? J'aurais voulu y passer ma vie, si j'avais pu y avoir mes enfants et quelques amis; mais ce bonheur m'est ravi aussi bien que la gloire... Ah! mon Dieu! que tout cela est triste! »

Le lendemain du jour où elle avait signé la déclaration, Madame recevait la visite du docteur Gintrac, ce médecin de Bordeaux qui, par ses opinions légitimistes et par son caractère, lui était très sympathique. Avant d'entrer dans la chambre de la princesse, il vit le comte de Brissac qui lui parla de l'aveu du mariage secret. Le docteur paraissait consterné « Il faut, disait-il, que ce soit monsieur le comte qui me le dise pour que je le croie. C'est un malheur immense, irréparable. »

Dès qu'elle aperçut M. Gintrac, la duchesse de Berry s'écria :

« Eh bien! vous savez, docteur? M. de Brissac vous a dit...

— Oui, Madame, et j'en doute encore; du moins, je voudrais pouvoir en douter, tant j'ai peine à comprendre les motifs d'une décision aussi grave.

— Que voulez-vous? J'ai cru devoir agir ainsi. Je veux sortir de cette prison à quelque prix que ce soit.

— Je crains bien que Madame ne se soit trompée, et que le moyen qu'elle a choisi ne soit pas le bon.

— Trouvez-en un meilleur, et je m'en servirai. Ne voyez-vous pas que ces murs m'étouffent, qu'il faut absolument que je sois libre, et que tous les moyens sont bons pour me tirer de cette galère ? Je vous le répète, docteur, je veux sortir d'ici à quelque prix que ce soit. »

Madame, dans sa déclaration, avait fait connaître qu'elle était mariée secrètement; mais elle s'était abstenue de dire le nom de son époux, et n'avait pas déclaré qu'elle fût enceinte. Néanmoins, le gouvernement de Juillet considérait ce premier aveu comme un résultat important pour ses vues.

Le 24 février, le ministre de l'intérieur écrivait au général Bugeaud :

« Mon cher général, il est impossible de mieux faire que vous faites. Vous avez conduit toute cette affaire avec toute l'habileté et la prudence imaginables. Vos lettres sont très curieuses, et le roi les lit avec un vif intérêt; il m'a chargé de vous le dire. »

Le 26 février, le *Moniteur* publiait, en tête du journal et dans la partie officielle, le document qui avait été, on peut le dire, arraché à la mère du duc de Bordeaux. Il était précédé de ces lignes :

« Le vendredi 22 février, à cinq heures et demie, Mme la duchesse de Berry a remis à M. le général Bugeaud, gouverneur de la citadelle de Blaye, la déclaration suivante.

Venait ensuite la déclaration, telle que nous l'avons reproduite plus haut. La feuille officielle ajoutait :

« Cette déclaration, transmise par le général Bugeaud à M. le président du conseil, ministre de la guerre, a été immédiatement déposée au dépôt des Archives de la chancellerie de France. »

Voici les réflexions que nous trouvons au sujet de la déclaration et des circonstances qui l'accompagnaient dans l'ouvrage de deux écrivains républicains, MM. Germain Sarrut et Saint-Edme, auteurs d'une *Biographie de la duchesse de Berry* :

« La conduite de la princesse dans cette circonstance difficile fut, à coup sûr, une faute en politique, mais il y eut un sentiment de dignité remarquable chez elle à mieux aimer commettre cette faute que de rester sous le coup du soupçon d'un tort moral. Elle avait contracté un mariage qui, par sa nature, était destiné à demeurer secret, puisque ces sortes d'unions ne modifient en rien la position sociale des princes. Le mariage a des suites qui la mettent dans la nécessité d'avouer confidentiellement aux personnes de sa famille qui la retiennent captive une union qui explique et motive son état, sous peine de devenir l'objet de suppositions et d'accusations fâcheuses. Tant qu'elle espère être mise en liberté, elle cache sa position comme elle en a le droit, puisque ces sortes de mariages sont des actes de la vie privée et intime qui doit être murée pour tous les yeux. Sa captivité se prolonge, elle est soumise à un système d'inquisition qui ne lui permet pas de voiler plus longtemps son secret aux regards qui la surveillent et l'espionnent par ordre supérieur; mais la délicatesse et l'honneur de la femme parlent chez elle plus haut que les combinaisons politiques de la princesse; elle ne balance plus. Elle déclare verbalement son état et son mariage. Les gens auxquels elle a affaire, au lieu de se contenter de cette déclaration verbale qui devrait leur suffire, abusent de sa position de captive pour exiger une déclaration écrite. D'un côté, on promet à la princesse que cette déclaration demeurera un secret entre celle qui la fait et ceux qui la reçoivent; de l'autre, on fait, au nom de Louis-Philippe, luire l'espoir d'une liberté prochaine aux yeux de la prisonnière dont l'âme si active succombe sous le poids de la captivité. Pleine de confiance, elle écrit, signe et remet cette déclaration à M. Bugeaud. Ce secret de famille, au lieu de demeurer dans le sein où elle l'a versé, est livré, par une combinaison machiavélique, à la publicité du *Moniteur*. »

Le lendemain, 27 février, le général écrivait à M. Mourgues, préfet de la Dordogne :

« Quand vous recevrez cette lettre, les journaux vous auront déjà appris l'aveu qu'a fait la duchesse de Berry, et vos carlistes seront atterrés, indignés. Nous serons bientôt obligés de défendre contre eux la duchesse de Berry, l'héroïque captive, la nouvelle Jeanne d'Arc, Marie-Thérèse! etc., etc.

« Ce qui est certain, c'est que je m'intéresse à elle depuis que son malheur est au comble; elle m'appelle *son ami*, elle a presque raison, et je compte bien lui offrir mes services pour l'avenir. Si, par exemple, elle obtenait de rester en France (ce qui ne serait pas bien dangereux à présent), je lui ferais acheter une terre en Périgord, et je mettrais à sa disposition mon expérience agricole et tous mes soins de bon voisinage.

« Je croyais que l'immensité existait entre moi et un diplomate. Je viens pourtant de faire de la diplomatie; il est vrai qu'elle a été franche, ouverte, généreuse; la race des Metternich, des Talleyrand, n'aurait pas aussi bien réussi peut-être. Souvent les simples vous attrapent plus vite que les habiles. Enfin, j'ai réussi à obtenir un aveu qui va simplifier ma mission et celle du gouvernement. Ça n'a pas été sans quelques peines. »

Malgré ce chant de victoire du général Bugeaud, le parti légitimiste n'était pas aussi anéanti que le croyait le général. Si la plupart des partisans de la duchesse de Berry se montraient atterrés et désespérés, beaucoup d'autres croyaient que le rôle politique de la princesse n'était pas fini. Le lendemain du jour où la déclaration avait été publiée par le *Moniteur*, on lisait dans la *Gazette de France :*

« La partie officielle du *Moniteur* contient un acte qui aurait plus d'authenticité si, au lieu d'émaner d'une prison d'État, il avait été signé par une personne libre... Au reste, un mariage secret, c'est-à-dire un mariage de conscience, fait en présence des autels, ne change rien légalement aux droits civils et politiques. Cela ne peut surtout rien changer à l'état des opinions, quant aux faits antérieurs au mariage. Mme de Staël, mariée à un officier genois, n'en a pas moins gardé le nom et le titre qu'elle avait illustrés par son génie. Marie-Louise, mariée secrètement à un officier autrichien, n'en a pas moins reçu d'un congrès le titre d'impératrice, et le duc de Reichstadt n'en a pas moins été jusqu'à son dernier jour l'espoir d'un parti qui représentait vingt années de victoire. Si donc l'acte déposé au *Moniteur* est vrai, il n'en restera au ministère que la honte d'avoir surpris le secret d'une femme, de l'avoir forcée elle-même à le livrer, et d'avoir publié les détails de la vie intérieure d'une princesse, nièce de Louis-Philippe et cousine germaine de ses filles. »

Ce qui se passa à Paris, au Palais de Justice, le 27 février, prouva bien que le parti légitimiste n'avait pas perdu toute espérance. Ce jour-là, M. de Chateaubriand et les gérants des journaux le *Courrier de l'Europe*, la *Quotidienne*, la *Gazette de France*, l'*Écho français*, le *Revenant*, la *Mode* étaient traduits devant la cour d'assises pour délit de presse : la publication du *Mémoire sur la captivité de Mme la duchesse de Berry.*

« La veille de mon appel au tribunal, a écrit Chateaubriand, le *Moniteur* avait donné la déclaration de Mme la duchesse de Berry; si je m'étais absenté, on aurait cru que le parti royaliste reculait, qu'il abandonnait l'infortune... Il ne manquait pas de conseillers timides qui disaient : Faites défaut; vous serez trop embarrassé avec votre phrase : *Madame, votre fils est mon roi.* — Je la crierai encore plus haut, répondis-je. — Je me rendis dans la salle même où jadis était installé le tribunal révolutionnaire, où Marie-Antoinette avait comparu, où mon frère avait été condamné. La Révolution de Juillet a fait enlever le crucifix dont la présence, en consolant l'innocence, faisait trembler le juge. »

Quand les jurés rentrèrent et prononcèrent l'acquittement de tous les accusés, des applaudissements éclatèrent. Chateaubriand fut environné par des jeunes gens, qui avaient pris, pour entrer, des robes d'avocats. M. Armand Carrel était là. La foule grossit à la sortie de l'auteur du *Génie du Christianisme*. Il y eut une rixe dans la cour du Palais de Justice entre son escorte et les sergents de ville. Enfin, il parvint à grand'peine chez lui, au milieu de la foule, qui suivait son fiacre en criant : « Vive Chateaubriand! » L'illustre écrivain a fait cette réflexion dans les *Mémoires d'outre-tombe* : « Mon apparition devant les juges eu un effet heureux, elle a contre-balancé un moment l'effet de la déclaration du *Moniteur* et maintenu la mère de Henri V au rang où sa courageuse aventure l'avait placée. »

Les partisans de Henri V continuaient tous à répéter : « Madame, votre fils est mon roi. »

XXIII

LE DOCTEUR MÉNIÈRE.

La captivité de la duchesse de Berry a eu son Mémorial comme celle de Marie-Stuart. Dominique Bourgoin, médecin de la reine, a laissé, vraisemblablement, d'après ses ordres, un récit détaillé des derniers mois qu'elle passa en prison, du 21 août 1586 au 8 février 1587. C'est aussi un médecin, M. Prosper Ménière, qui a rédigé, dans la citadelle même, le journal de la captivité de Blaye. Le consciencieux et impartial docteur avait bien raison quand il écrivait, à la date du 13 avril 1833 :

« J'ai un certain pressentiment qui m'avertit que ce qui se passe en ce moment dans cette citadelle pourra bien s'appeler quelque jour de l'histoire. »

Ce livre si curieux et si amusant est un document historique et psychologique d'une haute valeur. Voici comment il est jugé par le premier des critiques contemporains.

« C'est un *journal*, dit le comte de Pontmartin, le *journal* d'un honnête homme, d'un homme d'esprit d'autant plus persuasif que ses opinions le rapprochent de la monarchie de Juillet plutôt que de l'auguste captive, et que, au milieu de ce pêle-mêle de griefs, de soupçons, de colères, de récriminations, de méfiances, d'hostilités, de douleurs, d'ennuis, de représailles, de querelles courtoises ou de scènes violentes, il conserve admirablement son imperturbable neutralité médicale. »

Né à Angers le 17 juin 1799, le docteur Prosper Ménière avait trente-trois ans quand, sur le conseil de M. Orfila, le gouvernement le fit partir pour Blaye. Médecin remarquable, joli homme, causeur spirituel, il s'était déjà concilié les plus honorables sympathies. Le célèbre romancier Balzac lui écrivait le 27 avril 1833 :

« J'ai été personnellement bien heureux de vous savoir envoyé à Blaye, et politiquement satisfait d'y savoir un homme d'honneur et de probité ?... Vous avez une conversation si douce, si amène, si largement instructive, que je sais qu'il est difficile que vous ne plaisiez pas aux hommes de goût... Ce que je trouve de plus beau dans votre position, c'est de vous trouver à même d'être utile dans l'une des situations les plus délicates où puisse arriver une femme. »

Le docteur Ménière aurait été un diplomate de premier ordre, car il a toutes les qualités d'un négociateur : le tact, la finesse, la souplesse, l'esprit d'observation, la perspicacité. Il y a des pages où son *journal* rappelle les *relazioni* des ambassadeurs vénitiens. C'est un psychologue, car il étudie avec autant de soin le moral que le physique de ses malades. C'est un homme du monde, aimable sans affectation, et séduisant sans fatuité. C'est plus que tout cela : c'est un homme de cœur qui possède une qualité essentielle au médecin : l'humanité.

En politique, le docteur Ménière est sceptique, comme beaucoup d'esprits supérieurs : « Je crois peu aux convictions, dit-il, et beaucoup aux intérêts ; j'ai vu de trop près certains hommes pour croire à leurs vertus patriotiques ; enfin, il me semble beau de n'être que du parti de la France. Chacunne peut agir utilement que dans la limite de ses facultés ! je ne me sens pas fait pour conduire les hommes. Le grand troupeau dont je fais partie ne manquera jamais de chefs. Tout le monde veut être berger par le temps qui court ; mais, pour ma part, j'abdique toute prétention à la houlette. »

« Plein de respect pour ma noble profession, dit-il ailleurs, et de reconnaissance pour ceux qui ont confiance en moi, je ne ferai rien qui puisse blesser ma conscience et m'aliéner l'estime des honnêtes gens.... Les médecins ne sont pas des hommes, ce sont des individus remplissant un ministère intime et sacré tout à la fois. »

Sa devise, c'est le salut de ceux qui souffrent : *Salus infirmorum*. « J'aime beaucoup les malades, écrivait-il de Blaye à M. Orfila. Il m'est impossible d'être médecin à froid; il faut que je m'intéresse aux gens que je soigne, qu'il s'agisse d'une duchesse ou d'une portière. Je crois que si l'étude ne m'avait pas fait docteur, la nature m'eût conduit à être infirmier. Avec cette manière de sentir, ceux qui souffrent sont certains de captiver ma bienveillance innée. »

Le docteur Ménière se présente pour la première fois devant la duchesse de Berry le 28 février 1833.

« M. Ménière, lui dit la princesse, je suis bien aise de vous voir. On m'a parlé de vous d'une façon avantageuse, vous avez en M. Gintrac un bon répondant. Vous êtes élève de Dupuytren, de Récamier, deux hommes que j'aime et que j'estime; j'aurai donc bien volontiers recours à vos soins, si cela devient nécessaire. La Faculté de Paris est la première de l'Europe; me voilà très rassurée contre les maladies. Mais il y en a que vous ne guérissez pas, messieurs : l'ennui, le chagrin, la prison ne sont pas de votre ressort, et toute votre science ne vaut pas la liberté. »

Le docteur s'est bien vite aperçu que chez la

princesse le moral souffre plus que le physique. C'est de son âme qu'il s'occupera surtout.

« Les femmes, dit-il, aiment qu'on leur parle d'espérance; aussi ai-je touché cette corde sensible. Le rôle de consolateur est dans ma nature; je m'impressionne très facilement aux maux d'autrui; je prends ma large part de toutes les infortunes dont je suis témoin, trouvant quelque charme à sécher des pleurs. Madame s'est prêtée de bonne grâce à mes efforts pour lui rendre les heures moins pesantes; elle a bien voulu causer, jaser même. »

La princesse change souvent de sujet de conversation. Elle passe sans transition de l'histoire à sa perruche, du théâtre aux plaisirs champêtres de son cher Rosny. Un peu dérouté dans les premiers temps, le docteur s'est bien vite habitué à ces excursions vagabondes, et il se considère lui-même comme une sorte d'écuyer calvacadour, errant à l'aventure, par monts et par vaux, au gré du caprice d'une illustre châtelaine.

« Pour lui, a dit le comte de Pontmartin, la royale prisonnière n'est qu'une malade, la plus aimable, la plus sympathique, la plus simple, la plus avenante, mais aussi la plus prime-sautière, la plus mobile, la plus nerveuse, la plus fantaisiste des malades. On devine qu'il est sous le charme, alors même qu'il est contrarié des boutades et des bourrasques, et, de son côté, la princesse, après un premier tribut payé à des préventions bien explicables, perd justice et accorde son affection à ce docteur si peu doctoral, à ce causeur spirituel, gracieux, souriant, toujours de bonne humeur, qui l'apaise, la distrait, l'égaye, met en fuite les *diables noirs*, raconte ou écoute des anecdotes légèrement gauloises, personnifie le médecin *Tant-Mieux*. »

Madame est en confiance avec M. Ménière, qui a tout de suite, compris son caractère et ressenti pour ses malheurs une compassion profonde.

« Je ne crois pas, écrit-il, que jamais grande dame ait moins posé. Je m'attendais à voir de grands airs, à entendre quelques phrases à effet, à reconnaître dans une foule de petits riens la femme de sang royal, habituée à voir tout le monde à ses pieds ; mon attente a été trompée : il est impossible de montrer plus de bonhomie, de franchise et de naturel. »

M. Ménière est devenu pour Madame un défenseur et un ami. Il désire ardemment qu'elle soit mise sans retard en liberté. Au risque de déplaire au gouvernement, qui s'obstine à vouloir faire croire que la princesse se porte à merveille, il n'hésite pas à la déclarer très souffrante. En effet, depuis l'aveu qui lui a causé tant d'angoisse, Madame est réellement malade. Elle souffre d'une irritation de poitrine qui, d'un moment à l'autre, pourrait devenir tout à fait grave. Sa mère, l'archiduchesse d'Autriche, Marie Clémentine, est morte phtisique en 1801, et c'est à une affection pulmonaire que son père, le roi des Deux-Siciles François 1ᵉʳ, a succombé en 1831. La princesse tousse beaucoup; on peut craindre pour elle le sort de ses parents. Le climat de Blaye ne lui est pas bon, quoi qu'en aient dit les médecins du gouvernement. Le docteur Ménière, lui, a le courage d'affirmer hautement son opinion à cet égard, et bien qu'ayant été envoyé à Blaye par le ministère, il n'hésite pas à signer, le 1ᵉʳ mars, avec quatre autres médecins, les docteurs Bourges, Canihac, Grateloup et Gintrac, un rapport médical dont la conclusion est celle-ci :

« Il importera de procurer à Mᵐᵉ la duchesse de Berry la faculté de se rapprocher le plus tôt possible de son pays natal, dont la température paraît devoir être plus favorable au rétablissement de sa santé, et, si cette décision salutaire était prise, il serait à désirer qu'elle fût exécutée avant le terme de la grossesse présumée, dans la crainte qu'après l'accouchement les symptômes de l'affection pulmonaire ne fissent des progrès trop rapides pour permettre un voyage quelconque. Ce conseil doit avoir d'autant plus de poids que l'état moral de Son Altesse Royale ne peut aujourd'hui que recevoir des impressions de plus en plus funestes d'une détention prolongée. »

Voilà un rapport que le gouvernement, si avide de publicité, se gardera bien de faire insérer au *Moniteur*.

C'est au moment où la santé de la malheureuse princesse exigerait de si grands ménagements que s'aggrave contre elle le système d'inquisition et de tracasseries qui la fait tant souffrir. Non content de lui avoir arraché l'aveu d'un mariage secret, on veut maintenant la contraindre à dévoiler le nom de son mari. Elle s'y refuse obstinément.

« Je n'ai plus rien à déclarer, dit-elle au général Bugeaud, je n'écrirai plus rien. Le gouvernement veut ma mort. Si j'accouche dans cette prison, j'en mourrai. Eh! bien, soit! mais je ne ferai aucune déclaration. »

Le général, qui n'exécute qu'à contre-cœur ses instructions, s'associe à M. Ménière pour plaindre la princesse et demander sa liberté. Il écrit au maréchal Soult le 9 mars : « Je persiste à penser qu'à la fin du mois on peut constater la grossesse bien authentiquement, et qu'alors, malgré la mauvaise foi du parti carliste, on peut renvoyer la duchesse sans danger. Elle n'exercera plus d'influence politique, car même ceux qui nient aujourd'hui sont intérieurement convaincus. En lui faisant traverser la France à petites journées, il ne restera plus le moindre doute. L'acte même de son renvoi sera la meilleure des preuves. Cette mesure montrerait, à mon avis, de la magnanimité et de l'humanité. Elle aurait, en outre, l'avantage de soustraire le gouvernement aux inconvénients de l'éventualité d'accidents qui peuvent accompagner un accouchement survenu sous de fâcheuses influences morales. Tel est l'avis que je donnerais, la main sur la conscience, si j'étais appelé au conseil des ministres. » En vain, le docteur Ménière et le général Bugeaud lui-même plaident la cause de la princesse ; le gouvernement reste inflexible.

Deux autres médecins de Paris se trouvaient dans la citadelle : le docteur Dubois et le docteur Deneux. Leur confrère, M. Ménière, nous permet de reconstituer exactement leur rôle à Blaye.

M. Dubois était un médecin justement célèbre par sa science et par sa longue carrière. Mais son souvenir se rattachait, pour la duchesse de Berry, à une date fatale : la nuit du 13 au 14 février 1820, la nuit du meurtre et de la mort de son époux. Assurément, M. Dubois avait alors rempli son devoir de médecin et donné tous ses soins au prince infortuné ; mais Madame lui avait trouvé l'air insensible, et en conservait une impression sinistre.

« Oui, disait-elle, cet homme, appelé auprès de mon mari, en même temps que Dupuytren, regarda froidement sa blessure, sans rien dire, et alla se chauffer tranquillement, pendant que nous mourions tous de douleur. Cette tête si froide, si dure, ne me sortira jamais de la mémoire. »

Le duc Decazes, témoin oculaire des derniers moments du duc de Berry, a dit que les reproches si vivement formulés par sa veuve étaient empreints d'une exagération manifeste; qu'en effet, M. Dubois avait conservé sur sa tête complètement chauve un bonnet de soie noire qu'il portait habituellement (il aurait bien pu, ajoutait le duc Decazes, courir la chance d'un rhume de cerveau en pareil cas), mais qu'il n'était point allé se chauffer, attendu que la cheminée était fort loin du lit du prince. Quoi qu'il en soit, la duchesse de Berry ne pouvait pas même entendre prononcer le nom de ce médecin, et c'était précisément celui que le gouvernement lui envoyait.

Le 8 mars, le docteur Ménière recevait une dépêche ministérielle contenant cette phrase :

« M. le professeur Dubois consent à se rendre à Blaye, malgré son âge et ses infirmités. Vous pourrez lui faire part de vos observations, dont le cours ne sera plus interrompu, puisque Mme la duchesse de Berry consent à recevoir vos soins. Elle ne pouvait mieux faire, mais elle doit, d'ailleurs, rester entièrement libre du choix de son accoucheur. L'honorable M. Dubois sera un témoin médical. Son témoignage donnera au vôtre et à celui des autres médecins qui seraient appelés à Blaye toute l'authenticité désirable. »

Le général Bugeaud chargea M. Ménière de préparer habilement Madame à la prochaine arrivée du docteur. La princesse citait quelques noms d'accoucheurs. M. Ménière prononça, comme par hasard, celui du docteur Dubois.

« Oh ! ne me parlez pas du docteur Dubois ! s'écria-t-elle. Je l'ai en horreur depuis un jour bien malheureux pour moi ; je ne lui ai jamais pardonné sa froideur, son insouciance. Si je le voyais ici, à la place où vous êtes, je serais capable de faire une fausse couche ! »

Le docteur Ménière écrivit alors au comte d'Argout une lettre où il exposait la situation. Les préventions de Madame lui semblaient exiger de grands ménagements, surtout pendant l'état de grossesse. Il se serait donc cru coupable de laisser ignorer au ministre de l'intérieur les circonstances qui motivaient la répugnance de la princesse. Sa démarche fut inutile. Le 13 mars, Madame apprenait, en lisant les journaux, que le docteur Dubois était parti pour Blaye. Aussitôt ses traits se contractèrent ; ses mains se crispèrent ; elle éclata.

« On veut me faire mourir ici, s'écria-t-elle ; on se joue à mon égard des devoirs les plus sacrés, mais qu'on y prenne garde ! je saurai me venger, je soulèverai des scandales qui coûteront bien des regrets à mes persécuteurs. On verra si je suis une femme qu'on puisse vexer et tourmenter impunément. »

Le docteur Ménière prenait en compassion la colère et la douleur de sa malade.

« Cette pauvre femme, a-t-il écrit dans son journal, paie bien cher son équipée vendéenne. Les tribulations de toutes sortes qui viennent l'assaillir, les chagrins amers dont elle est abreuvée depuis quelque temps, son avenir si gravement compromis, le spectacle de ses douleurs intimes que ses plus chauds partisans semblent se plaire à envenimer, tout cela m'attriste, et fait naître en moi le sentiment d'une douce pitié pour de si grandes infortunes. »

M. Ménière essayait en vain de consoler, de calmer la princesse.

« Jamais, s'écriait-elle, je ne recevrai Dubois de mon plein gré, et, si on le fait entrer dans ma chambre, je lui jetterai les flambeaux à la tête. »

Le docteur Dubois arriva à Blaye, le 15 mars. Madame, moins agitée, ne parut plus s'en préoccuper beaucoup. Elle affecta même un air dégagé, en parlant de l'imprudence qu'il y avait pour un vieillard à voyager dans cette saison. Au surplus, ajouta-t-elle, je lui souhaite bien du plaisir à Blaye ; qu'il y reste autant qu'il voudra, pourvu que je ne sois pas forcée de le voir. »

Le lendemain, le docteur Ménière écrivait dans son journal :

« Rien de nouveau chez la princesse. Je n'ai pas été supris de l'entendre parler de M. Dubois sans aigreur, sans amertume. J'ai dit à Madame que j'avais consulté mon très honoré maître sur les divers points qui nous occupaient toujours, M. Gintrac et moi ; que j'avais fait un historique complet de tout ce que j'avais observé chez Madame depuis que j'avais l'honneur d'être admis auprès d'elle, et que M. Dubois avait paru partager notre avis sur le traitement à suivre en pareil cas.

« La princesse a écouté tout cela sans impatience, et nous avons continué cette conversation sans que rien indiquât qu'elle lui fût désagréable. Les impressions de Mme la duchesse de Berry sont très vives, mais très passagères, et cette grandissime rancune dont elle a fait tant de bruit pourrait bien ne pas résister si on l'attaquait d'une manière adroite. Je vois Madame passer si souvent de la colère à l'insouciance, du désespoir à la gaieté que je ne renonce pas à trouver un jour notre vieux maître en faveur auprès de cette mortelle ennemie. »

De son côté, le docteur Dubois, venu là bien malgré lui, se tenait sur la réserve, et ne songeait nullement à s'imposer à la princesse. Il avait pris un logement dans la ville, et il écrivait, le 21 mars, au général Bugeaud :

« Mon général, j'ai un grand désir d'avoir des nouvelles de votre santé et de celle de votre chère famille ; mais les bavardages de vos journaux me font peur, je n'y suis pas encore accoutumé. Je vous prie de m'excuser si je m'abtiens d'aller à la citadelle pour vous offrir mes civilités. »

Médecin célèbre, M. Dubois était, à Blaye, l'objet d'une curiosité qui le flattait. On le consultait du matin au soir. Il parlait peu de la princesse, et il semblait attendre avec une patience toute philosophique la solution de la grande affaire qui préoccupait à un si haut degré le gouvernement.

Si le docteur Dubois rappelait à la duchesse de Berry la date la plus triste de son existence : celle de la mort de son mari, il y avait un autre médecin qui lui rappelait la date la plus heureuse : celle de la naissance de son fils. Ce médecin, c'était le docteur Deneux, son accoucheur, lorsqu'elle avait mis au monde l'enfant accueilli par tant d'explosions de joie, de dévouement et d'enthousiasme. M. Deneux avait été le témoin attendri du courage et de la présence d'esprit dont elle avait fait preuve. Il se souvenait de ces nobles paroles de la princesse :

« Je sais que, dans le cas d'une couche périlleuse, l'usage est de sauver la mère, au risque de perdre l'enfant. J'ignore si le ciel me réserve un accouchement laborieux. Quoi qu'il en soit, rappelez-vous que l'enfant que je porte est à la France ; en cas de danger, n'hésitez pas à le sauver, même aux dépens de ma vie. »

Le médecin n'oubliait pas non plus qu'au moment où l'enfant n'était pas encore séparé de sa mère, elle lui avait dit :

« Monsieur Deneux, nous avons un prince, ne vous occupez pas de moi ; mais soignez mon enfant. N'y a-t-il pas de danger à le laisser dans cet état ? »

L'accoucheur avait répondu :

« L'enfant est très fort, il respire librement ; il est si bien qu'il pourrait rester ainsi jusqu'à la délivrance, lors même qu'elle n'arriverait que dans une heure.

— En ce cas, avait dit la courageuse mère, laissez-le. Je veux qu'on le voie tenant encore à moi. Je veux qu'on voie qu'il est bien le mien. »

Pauvre princesse ! En 1820, on l'accusait de vouloir supposer un enfant. En 1833, on l'accusait de vouloir en dissimuler un, et autant elle désirait, en 1820, que son accouchement fût public, autant elle aurait désiré, en 1833, qu'il pût être secret. Les mêmes personnes qui, en 1820, auraient tant voulu qu'elle n'accouchât point, car la naissance d'un fils trompait leurs ambitions, étaient celles qui, en 1833, voulaient absolument qu'elle accouchât, car la naissance d'un frère ou d'une sœur du duc de Bordeaux servait les calculs de leur haine.

La duchesse de Berry avait pour M. Deneux une reconnaissance amicale, et, de son côté, le bon docteur, très légitimiste et très dévoué à la princesse, professait pour elle un véritable culte. Sans même la consulter, il proposa au gouvernement de se rendre à Blaye. Il avait accouché la princesse dans la prospérité, il voulait l'accoucher dans le malheur.

On se rappelle que Madame avait déclaré son mariage secret, mais sans dire qu'elle fût enceinte. Le gouvernement, dont l'idée fixe était de faire certifier la grossesse de la prisonnière par des hommes de son propre parti, s'empressa d'accepter la proposition du docteur Deneux. Mais cela ne faisait pas l'affaire de certains légitimistes, qui s'obstinaient à tenir la déclaration comme nulle et non avenue, comme apocryphe ou arrachée par la violence, et à tout nier : le mariage secret, la grossesse, l'accouchement. Ils pouvaient, à la rigueur, récuser le témoignage de médecins dévoués à Louis-Philippe. Mais comment révoqueraient-ils en doute celui d'un légitimiste aussi fidèle que le docteur Deneux ? Sa présence à la citadelle de Blaye allait déjouer toute leur tactique, et ce ne fut pas sans un sentiment de dépit et de colère qu'ils apprirent sa résolution.

Le docteur Ménière écrivait dans son journal le 21 mars :

« Le général a reçu aujourd'hui l'annonce de l'arrivée prochaine de M. Deneux... Décidément, la Faculté de médecine de Paris émigre vers les bords de la Gironde : M. Dubois, M. Deneux et moi, tous les trois dans la citadelle, cela me paraît presque impossible, et cela, cependant, est. Que va dire Madame ? »

Le lendemain, la princesse apprenait la nouvelle avec une grande surprise.

« Faire voyager de ce temps-ci un homme de cet âge ! s'écria-t-elle, et dans quel but ? sans que je l'aie demandé, sans qu'il puisse m'être utile à rien ! C'est affreux ! Je le renverrai à Paris, soyez-en sûr ; je ne le recevrai pas. Il ne sera pas dit que l'on m'imposera un accoucheur lors même que cet accoucheur m'est dévoué.

— Permettez-moi, Madame, dit alors le docteur Ménière, de vous faire observer que M. Deneux n'a pas reçu d'ordre de départ, mais que la proposition de se rendre auprès de Votre Altesse Royale a été faite par lui-même. Vous conviendrez que, dès qu'il prenait une semblable initiative, le gouvernement ne pouvait pas lui refuser la permission de venir à Blaye.

— Qui vous a dit cela, reprit vivement Madame. Comment le savez-vous ? Je ne croirai jamais que ce brave homme a pris cela sous son bonnet. Le père Deneux ne se décide jamais tout seul, et il faut qu'on l'ait poussé. Je le connais ; une telle démarche ne peut pas lui appartenir en propre. »

M. Deneux fut introduit près de la princesse le 23 mars. L'émotion le faisait trembler de la tête aux pieds. Il pleurait. Se précipitant aux pieds de l'auguste prisonnière, il disait des mots confus, des phrases inintelligibles. Madame le releva avec bonté.

« Je suis bien aise de vous voir, lui dit-elle, je connais tout votre zèle pour mes intérêts, tout votre attachement à ma personne, mais je n'ai pas besoin de vous en ce moment. Vous devez retourner à Paris pour soigner vos clientes ; je vous ferai demander dès qu'il en sera temps. »

M. Deneux répondit que, puisqu'il était venu, il désirait rester auprès de Son Altesse Royale; qu'il avait fait très volontiers le sacrifice de sa clientèle, et qu'il espérait que Madame voudrait bien l'accepter comme une preuve de son dévouement.

Le même jour, la princesse disait au docteur Gindrac, qui, comme beaucoup de légitimistes, voyait avec peine M. Deneux à Blaye :

« Que voulez-vous que j'y fasse : je ne l'ai pas demandé, au contraire; mais le voilà, je ne puis pas le renvoyer. Il pleure, il se désole : le faire partir, ce serait le tuer. »

M. Deneux était un bon et honorable vieillard, accoucheur attitré de toutes les grandes dames du faubourg Saint-Germain, un véritable type de désintéressement et de fidélité. Il fut heureux de s'installer dans une pièce située précisément au-dessous de la chambre à coucher de Madame. En demeurant ainsi dans l'enceinte réservée à la princesse et entourée de palissades, il se soumettait volontairement au régime des captifs. Le ministre de l'intérieur avait écrit le 22 mars :

« M. Deneux, établi dans la citadelle, n'y doit recevoir personne. Sans cela, il deviendrait un moyen continuel de communication avec Mme la duchesse de Berry. »

Le fidèle docteur se réjouissait d'être prisonnier comme la princesse ; il se regardait comme faisant partie de sa maison, et il était tout fier d'un tel honneur.

« Plus je vois M. Deneux, a écrit le docteur Ménière dans son journal, et plus je me sens porté à l'aimer... Tout le monde, dans notre nombreux cercle, a si bien compris la bonté de son caractère que chacun l'aime et le respecte. On admire la naïveté de ses convictions, la sincérité de son dévouement ; personne ne songe à les attribuer aux misérables calculs d'un égoïsme si fréquent parmi les courtisans des branches aînées ou cadettes. On voit que son cœur le pousse, et que ses adorations pour Mme la duchesse de Berry sont naturelles et gratuites. Si l'on se permet de rire quelquefois de ses allures un peu surannées, des quiproquos qui naissent de ses trop fréquentes distractions, si certains plaisants mettent à de rudes épreuves sa crédule bonhomie, cela ne passe jamais les limites, et j'ai le plaisir de voir que l'on sait rendre justice à un médecin tout à fait digne de l'estime des honnêtes gens. »

M. Deneux méritait en tout point cet éloge de son jeune confrère.

XXIV

LE ROI LOUIS-PHILIPPE.

Le 26 mars, le docteur Ménière dînait à la citadelle de Blaye, chez le général Bugeaud. Vers la fin du dîner, le planton du télégraphe avait apporté un pli pour le général. « Voici, dit celui-ci, quelque chose qui vous concerne, docteur. Le gouvernement a besoin de vous à Paris. L'ordre du départ est pressant. Vous n'êtes pas malade que je sache, vous venez de dîner comme un homme qui se porte bien ; je vais envoyer demander des chevaux de poste. La voiture qui a amené M. Deneux à Blaye est disponible ; on va vous donner l'argent dont vous aurez besoin ! En avant donc, et surtout *motus*. Je désire que l'on ignore dans la citadelle cet événement mystérieux. »

M. Ménière partait sur-le-champ. Le 29 mars, il arrivait à Paris et y voyait, le jour même, le maréchal Soult, président du conseil, ministre de la guerre, et le comte d'Argout, ministre de l'intérieur. Le lendemain, il paraissait devant le conseil des ministres. Il établit avec netteté le diagnostic de l'affection catarrhale dont souffrait la duchesse de Berry, puis indiqua tous les motifs qui faisaient craindre que cette maladie, dans les conditions actuelles, ne prît un caractère plus grave. Il termina en disant que la princesse lui paraissait disposée à accepter toutes les conditions que l'on voudrait mettre à sa liberté.

Le médecin était devenu avocat. Il espérait avoir gagné la cause de l'auguste princesse, qui était deux fois sa cliente. Il se trompait. Après cinq minutes de délibération, le ministre de l'intérieur lui dit : « Mme la duchesse de Berry accouchera à Blaye. »

Le lendemain, dimanche 31 mars, le docteur Ménière était mandé aux Tuileries par le roi lui-même. Le comte de Pontmartin a écrit, au sujet de l'ouvrage du docteur, dans ses *Souvenirs d'un Vieux critique :*

« La conversation de Louis-Philippe avec le docteur Ménière a été un des *clous* de ce livre si piquant ; elle m'a rappelé le mot de M. Thiers à un nouveau député arrivant de sa province pour faire de l'opposition dynastique : « Méfiez-vous de l'embrasure. » C'était, à ce qu'il paraît, l'embrasure d'une fenêtre des Tuileries où le monarque constitutionnel avait l'habitude d'attirer et de cantonner les débutants dans la carrière parlementaire, et où il déployait, pour les séduire, ses prodigieuses facultés d'enjôleur.

Bon père de famille, homme aimable, caractère bienveillant, Louis-Philippe ne faisait jamais le mal pour le plaisir de faire le mal ; il ne s'y décidait qu'avec peine et lorsqu'un intérêt majeur l'y poussait. Trop clairvoyant pour ne pas comprendre combien sa position envers la nièce de sa femme était fausse, il cherchait à se justifier, à étouffer la voix de sa conscience, à calmer, à expliquer, à atténuer ce que les résolutions de ses ministres avaient de cruel. Si sa situation eût été plus nette, il n'aurait pas entamé devant M. Ménière un si long plaidoyer. Il essayait de convaincre le docteur. Il essayait surtout de se convaincre lui-même.

Le roi commença par remercier le médecin de la manière dont il avait rempli une mission délicate.

« Je sais, lui dit-il, que ma nièce a eu beaucoup à se louer de vos soins, que vous avez contribué très activement à lui rendre une partie du calme dont elle a tant besoin dans sa position. Continuez d'agir comme vous l'avez fait, la reine et moi nous vous en serons très reconnaissants. »

Le souverain parla ensuite de lui.

« Ma nièce, dit-il, qui n'est pas bête, sait beaucoup de choses, mais elle ne se fait pas encore une idée de ce qu'est un roi constitutionnel. Elle n'a jamais eu l'occasion de l'apprendre ; il sera donc très utile de lui expliquer les nécessités qui dominent cette royauté nouvelle. Ce qu'on appelait autrefois la *raison d'État*, ce qui a occasionné des actes si amèrement reprochés aux puissances d'alors, est devenu de nos jours bien plus impérieux, bien plus irrésistible ; aussi un ministère qui veut conserver à la fois et sa majorité et sa popularité dicte des lois au chef de l'État, arrache son consentement à des mesures qu'il réprouve, et fait prévaloir, sous prétexte d'intérêt général, des décisions que le public appelle tyranniques. »

Puis, rejetant sur ses ministres l'initiative et la responsabilité de certains actes : « Dites à Mᵐᵉ la duchesse de Berry, ajouta-t-il, et ce sera la vérité, que le roi a complètement ignoré l'infamie de Deutz ; que l'arrestation de Nantes, qui en était la conséquence, n'a été soumise au cabinet que quand elle a été consommée, et qu'alors le conseil des ministres a décidé, à l'unanimité, qu'il fallait laisser son cours à la justice. J'ai eu la main forcée ; j'ai dû céder à des résolutions mûrement arrêtées ; il a fallu résister aux prières de la reine, faire taire la voix du sang, l'intérêt de la parenté, et tout cela parce qu'un ministre l'a voulu. »

La voix du souverain s'altérait, il semblait sérieusement ému :

« Dites bien à la princesse, ajouta-t-il, que la reine a prié, supplié, que la tante s'est montrée une véritable mère dans cette triste circonstance.

Si le malheur n'a pas enlevé à ma nièce tout sentiment de justice ; si elle ne veut pas méconnaître complètement le caractère de la reine, elle devra comprendre tout ce qu'il y a de douloureux pour son cœur maternel dans cette triste circonstance. »

Le roi semblait préoccupé de la défense de sa femme autant et peut-être plus encore que de la sienne.

« Les intérêts politiques, si impérieux qu'on les suppose, n'effacent pas en nous, disait-il, tout sentiment humain, et il y aurait une criante injustice à accuser la reine d'oublier ses devoirs de famille... Partez donc, docteur, achevez ce que vous avez si bien commencé. Mme la duchesse de Berry ne pouvait mieux faire que de vous donner sa confiance ; vous êtes très digne de l'inspirer, et je compte sur vous pour lui rappeler, en temps convenables, les choses que je viens de vous dire.

— Je serais heureux de remplir les désirs de Votre Majesté, répondit le docteur Ménière, mais je crains que Mme la duchesse de Berry ne soit pas pour moi aussi bienveillante à mon retour que par le passé. La décision prise hier soir par le conseil des ministres (il avait décidé que la princesse ferait ses couches dans la citadelle de Blaye) lui prouvera que je n'ai pas plaidé sa cause comme elle l'eût voulu, et cette circonstance, si fâcheuse pour elle, pourra bien me faire perdre tout mon crédit. »

Alors le souverain répliqua :

« Rassurez-vous, docteur ; votre malade a besoin de vous, elle saura que votre plaidoirie en sa faveur n'a pas triomphé des desseins arrêtés des ministres, parce qu'il y avait parti pris de la part de ces messieurs, et elle vous pardonnera cette défaite. J'ai les mêmes droits que vous, sous ce rapport, à son indulgence ; j'ai échoué comme vous, et cependant elle ne cessera pas de me garder rancune... La mesure prise contre elle va l'exaspérer ; elle m'attribuera ce surcroît de rigueur, et dans sa colère les accusations les plus injustes vont pleuvoir sur ma tête. Je compte donc sur vous, et personne ne sera plus à même de me défendre efficacement. »

L'entrevue avait duré cinq quarts d'heure. Malgré toute la faconde du roi, l'embarras, pour ne pas dire le remords, avait percé dans son verbeux discours. A un certain moment de l'entretien, il avait même laissé deviner comme un sentiment de découragement, de lassitude.

« Vous direz à ma nièce, s'était-il écrié, que par le temps qui court, quand l'émeute est dans la rue, quand des assassins à gages se relayent pour me tuer, quand la guerre civile est à peine assouvie dans la Vendée et que la presse la plus ardente enflamme toutes les passions populaires, la position d'un roi constitutionnel est à peine tenable, et qu'en vérité je serais parfois tenté de *mettre la clé sur la porte.* »

En résumé, devant le modeste médecin, l'attitude du roi avait un peu ressemblé à celle d'un accusé en face d'un juge. Telle est, nous semble-t-il, l'impression finale que laisse le récit conscencieux du docteur Ménière, qui cependant était sous le charme de son auguste interlocuteur, et que flattait singulièrement l'honneur inattendu d'un pareil entretien.

Le général Bugeaud désirait vivement le retour du docteur. Il avait écrit au ministre de l'intérieur le 28 mars :

« Rien ne pouvait plus déranger mes plans que le brusque rappel de M. Ménière. Il m'était indispensable pour aider la duchesse à supporter sa prison pendant trois mois encore. La douceur des manières de ce médecin, l'amabilité de sa conversation, l'intérêt qu'il prenait à sa malade l'avaient rendu indispensable. Je vous prie donc de me le renvoyer le plus tôt possible. Une maladie grave de la duchesse ou sa mort mettrait le gouvernement dans un grand embarras. »

Le docteur Ménière était de retour dans la citadelle de Blaye le 4 avril.

XXV

LES DEUX FUTURS MARÉCHAUX.

La captivité de Blaye est célèbre non seulement par la prisonnière, mais par deux des hommes qui étaient chargés de la garder. L'avenir réservait au gouverneur de la citadelle et à son aide de camp le bâton de maréchal de France. L'un devait être le vainquer d'Isly, et l'autre le vainqueur de l'Alma.

Peu de carrières militaires furent aussi glorieuses que celle du maréchal Bugeaud; mais ce n'est pas manquer de respect à sa mémoire que de considérer comme la partie la moins brillante de ses états de service celle où sont consignées ses fonctions de gouverneur du fort de Blaye.

Le jugement de Louis Blanc sur cet homme illustre nous semble toutefois trop sévère. Au dire de l'historien républicain, « c'était un militaire doué comme tel de qualité éminentes, possédant en certaines matières une instruction solide, remarquable par une sorte de bon sens grotesque; moins méchant que bizarre, sensible même par accès, mais emporté, brutal, dépourvu de tact, impatient du joug des procédés délicats et animé d'un zèle de subalterne dont il savait à peine relever l'humilité par son arrogance, sa franchise et ses airs fanfarons. »

Le grand critique légitimiste, M. le comte de Pontmartin, s'est montré beaucoup plus favorable au gouverneur du fort de Blaye. Il a écrit, trente ans après la captivité de Mme la duchesse de Berry :

« Saluons — tardivement, mais franchement — cet honnête et vaillant général Bugeaud, que nous traitions alors d'héritier d'Hudson Lowe. C'eût été dommage de vieillir et de mourir sans rendre pleine justice à cet illustre homme de guerre, que la postérité indemnise de nos injures et de nos sarcasmes, et dont le généreux patriotisme put s'abuser, mais ne se refroidit jamais. »

M. de Pontmartin ajoute : « Son seul tort fut un excès de zèle, un luxe de dévoûment à la monarchie nouvelle, qui l'amena à accepter une corvée comme un devoir, et lui fit oublier qu'un soldat peut déposer son épée pour conduire une charrue, — *ense et aratro*, — mais non pas pour tenir un trousseau de clefs. A part ce brin d'orties perdu dans une touffe de palmes africaines, quelle bonne aubaine de reconstituer, d'après le témoignage du docteur Ménière, cette physionomie martiale, — Paul-Emile croisé de Cincinnatus, — telle que l'avait déjà montrée le comte Henri d'Ideville dans son remarquable ouvrage. »

Le gouverneur du fort de Blaye nous apparaît comme un homme aussi ardent pour les débats parlementaires que pour les luttes des champs de bataille, ne tenant pas moins à son mandat de député qu'à son grade de maréchal de camp, excellent militaire et politicien consommé, partisan convaincu de la monarchie de Juillet, plein de rancunes pour la Restauration, qu'il n'avait pas voulu servir, ennemi juré du drapeau blanc, défenseur passionné du drapeau tricolore, serviteur du *juste-milieu*, très hostile à l'ancien régime, et peut-être plus hostile encore à la démagogie.

Le général Bugeaud aurait pu facilement alléguer sa mission de député pour refuser le commandement du fort de Blaye; mais c'était un homme de parti, et l'idée d'être utile au gouvernement de son choix l'avait décidé à ne pas reculer devant une mission que la discipline ne le forçait pas de remplir. « Les journaux de droite, a dit M. Thureau-Dangin, voyaient en lui un geôlier barbare, une façon d'Hudson Lowe. Propos de parti. La vérité est que, dans une mission pénible, que d'autres, il est vrai, n'eussent peut-être pas acceptée, il fut droit et respectueux. »

Le docteur Ménière, dans son journal, est sous le charme du gouverneur.

« Le général est un véritable militaire, écrit-il le 18 mai 1833. C'est un praticien consommé, et quand, traversant les rangs du 64º, il s'empare du fusil mal tenu par quelque pauvre soldat inexpérimenté, on reconnaît aussitôt l'homme du métier que les troupiers contemplent avec autant d'admiration que d'étonnement. »

Après avoir assisté, pour la première fois, à des manœuvres commandées par le général, le docteur ajoute, saisi d'enthousiasme :

« Jusque-là, j'avais vu notre gouverneur aux prises avec les difficultés d'une position bizarre, se tirant d'affaire tant bien que mal, au milieu des ennuis l'assaillant de toutes parts, tourmenté par les craintes de M. d'Argout, poussé par le sentiment du devoir et de l'intérêt de l'Etat à des mesures que n'approuvait pas son cœur affectueux et bienveillant ; en somme, très malheureux du rôle que lui avaient départi des circonstances aussi graves que singulières... Mais quand je l'eus aperçu à l'œuvre, faisant exécuter à sept ou huit cents hommes les mouvements de guerre offensive qu'il nous avait décrits tant de fois, quand j'ai pu constater les résultats positifs de ces principes si clairs, j'ai compris que le général était un personnage de haute portée, et j'ai commencé dès à présent à lui donner, en petit comité, un titre, celui de maréchal de France, que l'avenir se chargera, je l'espère, de confirmer. »

M. Ménière représente le général comme « un homme aux vues fermes autant qu'élevées, patriote sincère et éclairé, propagateur des idées d'ordre et de liberté..., en un mot un Français modèle et digne d'être présenté à nos amis comme à nos ennemis ». Le docteur lui reconnaît cependant un caractère irascible.

« Le général Bugeaud, dit-il, n'est pas mouton, tant s'en faut. Il est toujours en guerre, et son ardeur belliqueuse est inépuisable. Il s'irrite contre la mauvaise foi de l'esprit de parti; il est toujours tenté de répondre aux articles de ses ennemis politiques; aussi son aide de camp, qui lui sert de secrétaire, écrit sans cesse sous sa dictée des rectifications, des dénégations, des explications. »

Mais le docteur ajoute :

« Le général Bugeaud est un homme excellent. Ce farouche geôlier est plein de bonté, de faiblesse même pour les femmes et les enfants. »

Bon et compatissant, malgré ses dehors un peu brusques, le général souffrit plus d'une fois des souffrances de sa prisonnière. La princesse, dont un brave militaire comme lui ne pouvait s'empêcher d'admirer la vaillance, lui inspirait une sympathie contre laquelle il aurait essayé vainement de se défendre, mais qui, nous devons le dire, n'était pas réciproque. La captive ne laissait échapper aucune occasion de témoigner au général sa tristesse et son mécontentement. En revanche, elle se montrait d'une bienveillance extrême pour Mme Bugeaud et pour ses deux filles, qui étaient alors des enfants. La plus jeune, celle qui est devenue la comtesse Féray-d'Isly, venait d'avoir sept ans. Elle a recueilli pour l'ouvrage du comte Henri d'Ideville quelques notes, où, évoquant les plus lointains souvenirs de son enfance, elle relate les incidents qui frappèrent sa jeune imagination, lors de son séjour dans la citadelle de Blaye.

« Dès notre arrivée, dit-elle, sans attendre que ma mère eût sollicité l'honneur de lui être présentée, Mme la duchesse de Berry lui fit demander de venir la voir avec ses enfants. On nous fit à toutes deux, à ma sœur et à moi, une belle toilette (robe d'alépine aventurine, chapeau également aventurine, recouvert d'un colossal nœud rose). J'insiste sur ces détails pour vous convaincre de l'exactitude de mes souvenirs. Depuis la veille, je recevais de ma mère des sermons sur la bonne tenue que je devais observer, et le lieutenant Saint-Arnaud me faisait répéter mes révérences. Nous partons avec mon père à l'heure indiquée par Son Altesse, qui vint très gracieusement au-devant de ma mère dans son salon. La duchesse, pour saluer ma mère, avait quitté un très grand fauteuil garni de gros coussins de duvet. L'aspect confortable de ce siège me fascina sans doute, j'oublie tout à coup les sermons, les révérences ; je me précipite dans le fauteuil, en disparaissant dans le moelleux duvet. On ne vit plus que le nœud rose de mon chapeau. La duchesse se mit à rire aux éclats, autant de la confusion de ma mère que de mon procédé peu civilisé ; elle s'opposa formellement à ce que je fusse dérangée, et prit un autre fauteuil. Heureusement, ma sœur s'était conduite en fille de bonne maison ; mais quand elle me vit si bien en possession de mon agréable retraite, elle s'enhardit, et vint la partager.

Depuis cette visite, chaque fois que les deux petites filles se trouvaient ensemble dans la chambre de la princesse, Madame leur donnait le fauteuil de duvet, chacune à son tour. Très gracieuse pour leur mère, elle avait dit à leur père :

« Général, vous m'enverrez souvent vos enfants ; votre petite sauvagine me plaît, c'est la nature ! »

L'aînée allait chaque matin prendre des leçons dans une pension. Elle ne se rendait chez la princesse que le jeudi et le dimanche, et lui portait chaque fois un bouquet.

La plus jeune des demoiselles Bugeaud ajoute :

« Son Altesse nous caressait beaucoup, nous faisait servir à goûter, aimait à nous voir courir au jardin. Plus libre que ma sœur, je la voyais presque tous les jours. Quelquefois, elle me regardait fixement, me prenait sur ses genoux, et

m'embrassait. « Ninie, me disait-elle, tu me rap-
« pelles mon fils; il est blond comme toi. » Ma
mère mettait une grande discrétion dans ses visites. Son Altesse était assez bonne pour le lui reprocher. »

Dans les mêmes notes, la fille du général s'exprime ainsi sur le compte de M. de Saint-Arnaud,
alors lieutenant au 64e de ligne, en garnison au
fort de Blaye :

« Mon père découvrit vite en lui l'homme charmant, intelligent et dévoué qu'il était; il en fit
son officier d'ordonnance. Depuis cet instant, ils
n'ont cessé d'entretenir les plus intimes relations. M. de Saint-Arnaud s'occupait des distractions. Il organisait les soirées de lecture ou
de chant, et personne mieux que lui ne décou-
vrait des jeux, des tours de cartes, des amuse-
ments de toute sorte. Les grands jours de repré-
sentations données par les officiers, on offrait
aux enfants une représentation de marionnettes;
Mme la duchesse se faisait rendre compte de la
fête, et demandait une seconde représentation
chez elle. »

Armand-Jacques Leroy de Saint-Arnaud avait
alors trente et un ans. Né à Paris le 20 août 1801,
il était entré au service le 19 décembre 1816,
dans la deuxième compagnie des gardes du corps,
commandée par le duc de Gramont. Il avait été
ensuite sous-lieutenant dans la légion de Corse,
puis dans celle des Bouches-du-Rhône, puis au

49ᵉ de ligne. Il avait quitté le service militaire depuis quelques années, quand il le reprit, le 22 février 1831.

A la différence du général Bugeaud, qui aurait pu refuser le commandement du fort de Blaye, M. de Saint-Arnaud avait été, bien malgré lui, envoyé dans cette citadelle. Il écrivait le 30 novembre 1832 :

« Ton mal étoilé frère part avec son bataillon; pourquoi faire? pour garder la duchesse de Berry. De coureur de chouans me voilà geôlier. Je ne puis pas te dire combien je suis contrarié de cette destination qui m'ôte l'espoir d'aller à l'armée du Nord. Je mourrai de rage si on se bat sur le Rhin, et que je reste enfermé dans les murs de la citadelle de Blaye. Qui sait combien de temps la duchesse restera là ? »

Le général Bugeaud ne tarda point à apprécier les qualités solides et agréables du jeune et brillant officier. A table, devant quinze personnes, il lui donnait sa parole d'honneur que si jamais il avait une ambassade, il le demanderait comme secrétaire, et cela parce que le lieutenant avait traduit de suite, en trois langues, un ouvrage du général intitulé : *Aperçu sur l'art militaire*.

On lit dans le journal du docteur Ménière, à la date du 21 février 1833 :

« M. de Saint-Arnaud, lieutenant de grenadiers au 64ᵉ, chante avec beaucoup de goût, s'accompagne au piano, et, chose remarquable, les romances les plus sentimentales sont celles qui obtiennent le plus de faveur au milieu de notre auditoire à moustaches :

> Tu veux devenir ma compagne,
> Jeune Albanaise aux pieds légers.

Ces paroles du *Klepthe* sont dans toutes les bouches ; même le général Bugeaud, qui n'est pas précisément un virtuose, les fredonne vingt fois par jour. »

M. de Saint-Arnaud fut présenté à la duchesse de Berry le 28 mars. Il écrivait le lendemain à son frère :

« Le général avec lequel je suis s'attache de jour en jour d'avantage à moi, et me témoigne la confiance la plus entière. Présenté hier matin chez Madame, j'y ai passé deux heures le soir, en y conduisant les docteurs Deneux et Gintrac. Enfin, tout me sourit dans ma carrière. »

Cette dernière phrase ne prouve-t-elle pas le prestige qu'exerçait la duchesse de Berry même sur les officiers chargés de la garder ?

Nouvelle lettre en date du 7 avril :

« Je vois très souvent la princesse et ses compagnons. Ils ont tous communié le jeudi saint. Je vais entendre la messe avec eux dans deux heures, et ce soir j'irai y faire de la musique. La duchesse aime assez à m'entendre chanter. Elle m'a dit d'apporter ce soir ma guitare. »

Lisons maintenant le journal du docteur Ménière, à la date du 15 avril :

« La soirée promettait d'être aussi triste que possible. J'ai convoqué un auxiliaire dont la présence nous a été plusieurs fois d'un grand secours. M. de Saint-Arnaud, aide de camp du général, a quelquefois passé la soirée chez Mme la duchesse de Berry. C'est un homme de bonne compagnie, qui a beaucoup voyagé, qui parle agréablement de toutes choses, et que ces dames voient avec plaisir. Il ne m'a pas été difficile de trouver un prétexte pour l'amener chez la princesse. Il chante très agréablement. Mme d'Hautefort et lui ont réuni leurs talents, et un petit concert est venu nous offrir la plus charmante distraction. La princesse n'y a pris que fort peu de part, mais enfin elle a écouté; le temps s'est passé moins tristement, et j'ai atteint mon but. »

M. Ménière revient sur le même sujet, à la date du 25 mai :

« M. de Saint-Arnaud, dit-il, fait quelquefois partie de notre cercle du soir... Ces dames se plaisent à épuiser son répertoire. Il est plein d'esprit et de gaieté, instruit, aimable. M. Bugeaud en fait grand cas. Il pourrait bien avoir rencontré à Blaye un excellent protecteur pour le reste de sa carrière militaire, et, pour ma part, je lui souhaite tout le succès qu'il mérite. »

M. de Saint-Arnaud était garde du corps l'année où la duchesse de Berry, éblouissante de jeunesse et accueillie comme une idole, faisait en France une entrée triomphale. En la retrouvant à Blaye dans des conditions si différentes, le jeune officier se sentit profondément ému. Comme pour tout homme chevaleresque, une femme malheureuse avait à ses yeux un caractère sacré; aussi fut-il dans la citadelle le courtisan respectueux et empressé de Madame. Il savait apprécier l'honneur d'être admis auprès de Son Altesse royale, de lui parler, de la distraire. Il montra de la courtoisie, du tact, du savoir-vivre, et plus tard la princesse n'apprit pas sans plaisir l'élévation de cet homme d'esprit et de cœur aux plus hautes dignités que puisse ambitionner un militaire.

XXVI

LES COMPAGNONS DE CAPTIVITÉ

La duchesse de Berry n'avait plus les mêmes compagnons de captivité qu'au moment de son entrée dans la citadelle de Blaye, Mlle Stylite de Kersabiec et le comte de Mesnard. Réclamés, l'une par le parquet de Nantes, l'autre par celui de Montbrison pour y être traduits en cour d'assises, ils avaient été obligés, à leur grand regret, de quitter la princesse, l'une le 7 décembre 1832, l'autre le 9 janvier 1833.

Avant de s'éloigner de la forteresse, M. de Mesnard avait eu la consolation d'y embrasser sa petite-fille, enfant en bas âge. Le sous-préfet, M. Randouin, écrivait à ce sujet au préfet de la Gironde :

« J'ai eu hier une seconde visite de Mme la vicomtesse de Mesnard, qui, en vertu d'une promesse que lui avait faite M. le gouverneur, vien pour présenter sa fille, âgée de deux ans, à son beau-père. J'ai envoyé sa demande à M. le colonel Chousserie, qui a répondu que la petite-fille, serait reçue, conduite par la nourrice jusque chez lui, et de là portée à son grand-père, dans les bras d'un officier d'ordonnance. Mme de Mesnard aurait beaucoup désiré voir M. le colonel Chousserie et obtenir l'admission de la nourrice, dont l'absence devait faire pousser les hauts cris à l'enfant. J'ai vu également hier Mme de Castéja, à qui j'étais chargé de remettre une lettre de son cousin le marquis de Louvois. Cette dame se plaint beaucoup qu'on lui ait retiré une autorisation qu'elle avait, dit-elle, obtenue, et elle accuse vivement « la cruauté du gouvernement envers une pauvre femme ».

Le comte de Mesnard et Mlle Stylite de Kersabiec furent remplacés auprès de la duchesse de Berry par le comte de Brissac et la comtesse d'Hautefort, qui avaient sollicité du gouvernement l'honneur de partager la captivité de la princesse. Ils arrivèrent à la citadelle de Blaye, l'un le 22, l'autre le 28 décembre 1832.

Né le 3 juillet 1793, mort le 22 avril 1870, le comte Emmanuel de Brissac appartenait à la grande famille angevine dont l'illustration égale l'ancienneté. Son père, d'abord marquis de Cossé, puis titré duc de Cossé, créé successivement colonel d'infanterie et menin du Dauphin, mourut en laissant la réputation d'un militaire plein d'honneur. Le comte Emmanuel de Brissac entra en 1811 à l'École militaire de cavalerie de Saint-Germain, et en sortit l'année suivante avec le grade de sous-lieutenant aux dragons de la garde impériale. Il reçut trois blessures, et fut fait prisonnier à la journée de Brienne. Au début de la Restauration, Louis XVIII le nomma capitaine et chevalier de la Légion d'honneur, deux récompenses que méritait son courage, et que Napoléon n'avait pas eu le temps de lui décerner. Il avait épousé, en 1818, une demoiselle de Montmorency. Aide de camp du duc de Berry, puis du duc de Bordeaux, il figurait dans l'almanach de 1830 comme lieutenant-colonel, chevalier d'honneur adjoint de la duchesse de Berry, aide de camp du duc de Bordeaux.

Le comte de Brissac était un des plus grands seigneurs de France; la comtesse d'Hautefort en était l'une des plus grandes dames. Née le 18 décembre 1787, morte le 17 avril 1873, Adélaïde de Maillé La Tour-Landry avait épousé, en 1805, le comte d'Hautefort. Elle était, à la fin de la Restauration, la seconde, par ordre d'ancienneté, des dames pour accompagner de la duchesse de Berry. Dès qu'elle se trouva dans la citadelle de Blaye, en face de la princesse, elle se jeta respectueusement à ses pieds.

La captivité du comte de Brissac et de la comtesse d'Hautefort leur faisait d'autant plus d'honneur qu'elle était absolument volontaire, et que cependant, elle les astreignait à la même surveillance, à la même gêne, à la même inquisition, au même isolement que la duchesse de Berry.

Le comte de Brissac, qui unissait à une extrême politesse une très grande fermeté, savait tenir tête au gouverneur de Blaye. Un jour que le général avait multiplié outre mesure ses perquisitions :

« Que me diriez-vous, s'écria le comte, si, dans de pareils moments, j'allais visiter la chambre de votre femme et tâter son lit ?

— Je vous donnerais un soufflet et un coup d'épée, répondit le général Bugeaud; mais ma femme n'a pas fait la guerre civile; elle n'a pas non plus accouché devant un nombreux public et montré à trente grenadiers et à un maréchal de France que son enfant allait naître. »

En relatant cette conversation dans une lettre adressée au comte d'Argout, le 4 mai 1833, le général ajoutait :

« Ces gens-là parlent et argumentent comme s'ils étaient encore aux Tuileries. »

Cependant les adversaires politiques de M. de Brissac ne pouvaient s'empêcher de rendre hommage à son caractère, à ses vertus, à sa piété. On lit dans le journal du docteur Ménière, à la date du 7 mars 1833 :

« Entre Son Altesse royale et Mme d'Hautefort règne toujours un ton de familiarité réciproque, qui m'a surpris lorsque j'en ai été témoin pour la première fois. M. de Brissac est beaucoup plus cérémonieux, la princesse lui témoigne de grands égards. Ce personnage est de haute taille, maigre, son caractère est grave, ses manières très distinguées, mais empreintes d'une certaine raideur mélancolique. En somme, on aurait pu choisir pour compagnon de captivité un homme plus gai, plus actif, plus disposé à consoler et à distraire une femme comme la duchesse de Berry. J'ajoute que, quelque choix que l'on eût fait, il eût été impossible de trouver un homme plus honorable et plus dévoué à la princesse. Il ne se plaint jamais, supporte sa position volontaire avec une résignation entière; tout le monde dans la citadelle ne parle de M. de Brissac qu'avec respect. »

Le docteur Ménière complète ainsi le portrait du prisonnier par dévouement (6 avril 1833) :

« M. de Brissac me paraît doué de beaucoup de fermeté. Il est très silencieux, d'une politesse exquise, mais froide, rigide observateur des formes, fort pieux, dit-on, et le parfait modèle des époux et des pères. Sa présence à Blaye est un gros sacrifice qu'il accomplit avec résignation. Ses intérêts privés souffrent considérablement; son éloignement de sa nombreuse famille lui cause une tristesse profonde; sa santé même s'altère, le rhumatisme l'envahit, mais il ne s'en plaint pas; le sentiment du devoir le soutient, et

Mᵐᵉ la duchesse de Berry, à qui rien de tout cela n'échappe, plaint le comte de tout ce que souffre pour elle ce loyal serviteur. »

C'est dans la religion que M. de Brissac trouvait sa consolation et sa force. Le général Bugeaud écrivait au comte d'Argout le 5 avril 1833 :

« Madame la duchesse, Mᵐᵉ d'Hautefort, M. de Brissac et les trois femmes de chambre ont communié hier en ma présence. En recevant son Dieu, la duchesse a versé quelques larmes, qui ont provoqué celles de ses femmes. Mᵐᵉ d'Hautefort a eu l'œil sec. M. de Brissac était sans doute le plus fervent des trois. »

Peu de jours après, — le 14 avril, — comme le comte avait laissé échapper quelques mots de tristesse en causant avec M. Ménière, le docteur lui rappela que la devise des Cossé-Brissac est celle-ci : *Virtute, tempore*.

« Vous avez raison, monsieur le docteur, répliqua le prisonnier, le courage et le temps suffisent à tout, je n'aurais pas dû l'oublier; mais il me semble que les hommes de notre époque ne soient plus de la même trempe que ceux qui ont brillé d'un si grand éclat dans le xvɪᵉ et le xvɪɪᵉ siècle. »

Le docteur Ménière ajoute au récit de cette conversation :

« M. le comte de Brissac, je l'ai déjà dit, est un homme fort estimable; on le dit d'une modestie extrême, d'un dévouement qui n'a d'égal que son désintéressement, et ces vertus, assez rares de nos jours, méritent qu'on en tienne compte... C'est un de ces hommes de bien dont l'obscurité volontaire nous dérobe la valeur, et souvent j'ai eu l'occasion de reconnaître la noblesse de ses sentiments. Dévoué à la branche aînée, il sacrifierait tout pour sa cause; il continue aux arrière-petits-fils d'Henri IV les services qu'un de ses aïeux rendit à ce grand roi. »

Citons enfin cet autre passage du journal de M. Ménière (15 mai 1833) :

« M. de Brissac est toujours d'un sang-froid que j'admire. Il attend avec une fiévreuse impatience le moment de quitter Blaye, et cependant il ne dit rien. Son visage impassible ne trahit aucun des ennuis qui l'accablent. Il se promène silencieusement dans le jardin, il est toujours d'une exquise politesse pour tout le monde, enfin sa résignation paraît complète. »

La comtesse d'Hautefort n'était pas moins dévouée que M. de Brissac à la duchesse de Berry. Depuis 1816, c'est-à-dire depuis l'arrivée de la princesse à la cour de France, elle lui était attachée en qualité de dame pour accompagner, et elle avait pour Son Altesse royale une affection profonde.

On lit dans le journal du docteur Ménière (15 avril 1833) :

« Mme d'Hautefort, qui est née Maillé, a bien voulu nous raconter diverses particularités inté-

»ressantes sur le compte de ses nobles ancêtres. La famille Maillé, qui était déjà puissante au xive siècle, a eu depuis cette époque de grandes alliances avec des maisons princières, et même avec le sang royal de France. Un Maillé, beau-frère du cardinal de Richelieu, eut une fille qui se maria en 1641 avec le grand Condé. J'avoue mon faible pour ces illustrations de la naissance. Je trouve qu'il est beau d'appartenir à ces anciennes familles qui ont joué un rôle important dans l'histoire. Qu'un homme jusque-là obscur acquière une haute renommée par ses talents et rende de grands services à la patrie, c'est bien, et je le félicite d'être célèbre à son tour et de fonder une race qui sera peut-être féconde en grands hommes ; mais je ne puis refuser mes sympathies à ces enfants d'une longue suite d'aïeux ; je leur envie cette gloire héréditaire qui s'accompagne presque toujours des bienfaits d'une éducation plus soignée, d'une fortune plus considérable, et de tout ce qui peut mettre en relief les dons de la nature. »

Fière de ses aïeux et d'elle-même, instruite, intelligente, pleine de verve et d'esprit, grande dame dans toute l'acception de ce mot, la comtesse d'Hautefort, qui haïssait le gouvernement de Juillet, ne supportait pas sans impatience sa captivité volontaire. Autant le comte de Brissac était calme, résigné, silencieux, maître de lui, autant Mme d'Hautefort se répandait en doléances, en sarcasmes, en invectives. C'était surtout le général Bugeaud qui avait le don d'exciter ses colères. M. Ménière écrivait le 16 mai 1833 :

« Ce sont des natures antipathiques, nées pour être en guerre perpétuelle, et, en effet, ces deux personnages se trouvent rarement en contact sans qu'il en résulte quelque escarmouche. Ils ont mis de côté l'un et l'autre les protocoles, la glace est rompue depuis le jour où Mme d'Hautefort a dit au général : « Vous ne pouvez pas me sentir, « mais soyez sûr que je vous rends la pareille. »

Sans être positivement jolie, la comtesse avait un visage agréable. Sa physionomie était piquante, son regard vif et spirituel, sa conversation intéressante, animée et d'un naturel plein d'imprévu (1). C'était, en outre, une musicienne très distinguée. Bien des artistes auraient pu lui envier son talent de virtuose pour le piano et pour le chant. La duchesse de Berry, qui aimait passionnément la musique, oubliait un instant ses soucis lorsque sa compagne de captivité se mettait au piano.

« Chantez-nous quelque chose, lui disait-elle le 5 mars 1833; ne vous égosillez pas à taquiner le docteur, qui paraît avoir bec et ongles; tâchez plutôt de le charmer par quelques airs gracieux et touchants. Allons, comtesse, dites-nous la ca-

---

(1) La comtesse d'Hautefort a laissé des Mémoires qu'elle a légués à son parent, M. le comte de Cumont, ancien ministre de l'instruction publique.

vatine du *Barbier de Séville;* elle vous convient à merveille. La Rosine est malheureuse, elle se plaint de son tuteur, elle le menace de se révolter s'il la persécute trop ; c'est à peu près notre situation, et vous dites cet air avec beaucoup de goût. »

Quelques jours après — le 7 avril — la princesse, plus triste encore que de coutume, se fit jouer par Mme d'Hautefort un air en harmonie avec sa douleur : la romance du Saule d'*Otello;* puis elle se mit à chanter elle-même à demi-voix, mais avec justesse et sentiment, la scène finale du chef-d'œuvre de Rossini, et, tout en chantant, elle pleurait.

XXVII

LA PRISONNIÈRE.

Nous connaissons la citadelle; essayons maintenant de retracer le portrait de la prisonnière. L'homme qui nous la fera le mieux juger est encore le docteur Ménière, un médecin, presque un confesseur. Il sait tout, il observe tout. Psychologie, pathologie, rien ne lui échappe. Il ne peut soigner le corps que s'il connaît bien l'âme, et chez le docteur Ménière le médecin est doublé d'un chroniqueur. Il s'intéresse aux faits et gestes de la duchesse de Berry autant que Dangeau s'intéressait à ceux de Louis XIV. Il a fait de la prisonnière de Blaye une étude consciencieuse jusqu'à la minutie, qui prend sur le vif la femme bien plus encore que la princesse, et qui n'a rien de flatté. Eh bien! l'étude est tout entière à l'avantage de la duchesse de Berry; personne, en lisant es Mémoires du docteur, cependant orléaniste, n'échappera à un sentiment de compassion et d'intérêt irrésistible pour la captive.

On ne peut s'empêcher de plaindre cette mère dévouée, cette princesse courageuse, dont le principal tort fut de croire aux protestations de dévouement et d'enthousiasme que la France lui avait prodiguées. C'est une vraie femme, une femme dans toute la force du mot, intéressante jusque dans ses variations, jusque dans ses colères; une femme faite pour aimer, qui, par la faute des événements, est presque obligée de haïr; une femme malheureuse, malade, humiliée, trahie, persécutée, incarnant en elle les tristesses, les douleurs, les angoisses de son sexe, souffrant comme souffrent les humbles femmes, les femmes des prolétaires, expiant par toutes les misères les adulations et les éloges dithyrambiques dont elle avait été l'objet; nature méridionale aspirant à la liberté, à la vie, au soleil; oiseau qui gémit dans sa cage, mais qui, parfois, y chante encore; femme d'esprit, femme d'imagination, femme de cœur; caractère variable comme sa destinée, tantôt dans les abîmes, tantôt dans les nuages, tantôt gaie jusqu'à l'enfantillage, femme d'ombres et de rayons, tour à tour mélancolique et joviale, abattue et enthousiaste, pleurant de rage et souriant, *varium et mutabile semper femina*.

Ce qui rend si attachante la prisonnière de Blaye, c'est qu'au milieu de tant de chagrins, après tant de déceptions cruelles, elle reste partout et toujours essentiellement aimable et bonne.

Écoutons le docteur Ménière :

« Tous les militaires de la garnison s'accordent à dire que la princesse est *bonne enfant*, expression vulgaire qui me semble parfaitement juste. Elle a beaucoup de naturel. Sa vivacité l'emporte souvent trop loin, mais elle revient promptement, et ses plus grandes colères sont bientôt effacées. Elle a de la naïveté, de l'abandon, de la bienveillance; elle subit facilement les impressions de son entourage, mais elle répare volontiers d'une main le mal que l'autre a pu faire. Sa parole prompte et facile manque de mesure, mais on la préfère au langage étudié de ceux qui savent dissimuler leur pensée. »

Le médecin nous représente la princesse comme cordialement aimée par toutes les personnes attachées à son service.

« Madame, dit-il, est très bienveillante pour sa femme de chambre, ce qui est une recommandation. Le caractère se peint dans les choses de la vie ordinaire; les femmes doivent être appréciées et jugées, non pas dans le salon, mais dans la chambre à coucher, non pas en grande toilette, mais en déshabillé. Cette épreuve est tout à fait favorable à Mme la duchesse de Berry. »

Malgré ses légitimes rancunes contre Louis-Philippe, Madame avait des pensées amicales pour la famille d'Orléans. Écoutons encore M. Ménière :

« Au milieu des scènes les plus animées, alors que l'esprit aigri par des contrariétés de tout genre, la princesse se répandait en accusations amères et passionnées, souvent, par un brusque retour à des sentiments contraires, elle exprimait son affection sincère pour tel ou tel membre de la famille royale qu'elle chargeait naguère de ses plus brûlantes invectives. »

« Au mois d'avril 1833, une des filles du roi Louis-Philippe, la princesse Louise d'Orléans, mariée au roi Léopold, touchait au terme d'une grossesse. C'était le docteur Evrat qui devait l'accoucher. La duchesse de Berry chargeait le docteur Auvity de dire de sa part à ce médecin qu'elle faisait des vœux pour que les couches de la reine des Belges fussent heureuses.

« Surtout, ajoutait-elle, que ma commission soit faite directement, sans passer par un intermédiaire. C'est un simple vœu de femme à femme; la politique n'a rien à y voir. Je lui souhaite une heureuse chance à cette bonne Louise. »

Nous venons d'admirer le cœur de Madame. Parlons maintenant de son esprit. Elle n'avait pas une instruction profonde, mais elle était bien douée par la nature. Comme une vraie Italienne, elle avait la passion des arts ; elle se connaissait en peinture, et surtout en musique; elle s'intéressait vivement à toutes les productions nouvelles de la littérature française, et spécialement aux œuvres de Balzac, de Victor Hugo, d'Alfred de Musset. Sa conversation avait du charme, de l'entrain, et parfois même, lorsque la passion l'inspirait, de l'éloquence.

Le langage de Madame est coloré, accentué, plein d'images, d'interrogations, d'invectives. Elle gesticule beaucoup, ce qui ajoute à l'énergie de son débit méridional. Sa mémoire étonnante lui fournit à chaque instant des anecdotes qui jettent beaucoup de variété dans sa narration. Parfois, la prisonnière, en parlant des joies de son enfance, laisse de côté les ennuis qui l'accablent, et son caractère, plein d'une vivacité naïve, s'épanouit au souvenir du soleil de Sicile. Mais ces éclaircies-là sont rares. La princesse a de courts instants de gaieté : il y eut bien sous la Terreur tel grand seigneur et telle grande dame qui plaisantèrent jusque sur l'échafaud. Mais, en somme, elle est foncièrement triste, souffrante au moral et au physique, découragée, désabusée, toussant, amaigrie par la fièvre, perdant l'appétit et le sommeil. Il y a des moments où elle s'écrie que le ciel, le temps, les hommes, tout est ligué contre elle; qu'on veut que Blaye soit son tombeau; qu'elle ne peut manquer d'y périr, sinon de maladie, du moins d'ennui, de désespoir, et qu'à défaut de fièvre, le chagrin suffirait pour la tuer. Elle dit le 20 mars 1833 :

« A la suite d'un acte de naissance, on inscrira

un acte de décès, et tout sera fini pour moi. On s'obstine à me prêter une importance politique que je n'ai réellement pas; mais cela convient aux ministres, cela légitime ce qui a été fait contre moi et ce que l'on prépare encore. Et pourtant, faible femme que je suis, brisée de fatigue, accablée de douleurs et de chagrins, si on me donnait la liberté aujourd'hui, à cet instant même, je partirais, dussé-je aller seule et à pied jusqu'en Espagne, et mourir en y arrivant. »

Le 15 avril, la captive se plaint plus amèrement encore.

« On veut certainement ma mort, s'écrie-t-elle. Mes pressentiments ne me trompent pas; je mourrai ici, vous le verrez, et quand on se décidera à ouvrir les portes de cette odieuse prison, il ne sera plus temps. Que n'ai-je reçu plutôt une balle quand j'étais en Vendée? Pourquoi suis-je destinée à mourir dans cette galère? »

Et cependant, malgré ces accès de spleen, malgré cette prostration, il y a des moments où la captive se relève, où elle renaît à l'espérance. Elle tressaille, quand, le 27 avril, M. Ménière lui donne lecture d'une lettre du romancier Balzac, qui se termine ainsi :

« Adieu! Je vous répète que je vous trouve heureux, et je vous aimerai pour tout ce que vous donnerez de consolation à la malade. Elle a reçu le baptême d'illustration historique qui grandit encore les grandes figures. Blaye est le sacre de

Sainte-Hélène, et elle sortira de Blaye! Sa vie recommencera! L'avenir est un bien grand homme! »

Du fond de sa prison, malgré la surveillance si rigoureuse dont elle est l'objet, l'intrépide princesse trouve encore le moyen de correspondre avec ses partisans, et, quoi qu'elle en dise, elle n'a pas renoncé, malgré tant de malheurs, à l'espoir de prendre un jour sa revanche. Elle se dit que rien n'est impossible avec des serviteurs aussi fidèles, aussi dévoués que ceux qui lui restent encore, le marquis de Bausset-Roquefort, par exemple. C'est lui qui, après l'échec du mouvement de Marseille, a organisé le voyage de la princesse jusqu'en Vendée; c'est lui qui a été prendre ses ordres à Nantes, et qui, chargé par elle d'une mission importante auprès de la reine d'Espagne Marie-Christine, a rempli cette mission au milieu des difficultés les plus grandes. C'est lui qui, de retour en France, errant, proscrit, se reposant en chemin dans quelque ferme solitaire ou dans quelque presbytère isolé, a échappé aux recherches de la police, et, arrivant jusqu'à Blaye, est parvenu, sans entrer dans la citadelle, à établir des rapports secrets avec la prisonnière au moyen du chiffre qu'elle lui avait remis à Nantes, chez Mlles de Guiny, et dont il lui fit parvenir un double par le clerc qui servait la messe, chaque dimanche, dans la salle à manger, transformée ce jour-là en chapelle. Ce dernier transportait dans une boîte à hosties non consacrées (une boîte à double fond) les dépêches chiffrées qui permirent à Madame de communiquer avec ses amis. La police de Louis-Philippe, malgré toute sa vigilance, ne put jamais parvenir à découvrir la voie secrète par laquelle la duchesse de Berry correspondait avec ses partisans. Les soupçons s'égarèrent même sur le docteur Ménière dont le général Bugeaud dut prendre la défense. Il y avait, dans l'âme de la princesse, un ressort vraiment rare. Ce qu'elle disait de son désir d'abandonner pour toujours les luttes politiques n'était, croyons-nous, qu'un stratagème. Elle voulait conserver la tutelle de son fils, même malgré la déclaration de son mariage secret, et aucune des épreuves si périlleuses, si cruelles, qu'elle venait de traverser n'avait eu raison de sa persévérance indomptable.

XXVIII

LE COMTE DE CHOULOT.

Le 9 avril 1833 arrivait à la citadelle de Blaye un homme dont la visite allait y donner lieu à un incident singulier. C'était le comte de Choulot, ce légitimiste ardent et dévoué jusqu'au fanatisme que la duchesse de Berry avait envoyé dans les cours du Nord, et qui près de Massa, dans un champ planté d'oliviers, avait fait prêter à Deutz le serment de fidélité, odieusement violé par le traître. A Paris, M. de Choulot venait de faire auprès du maréchal Soult et auprès du roi lui-même des démarches pour obtenir l'autorisation de se présenter devant la princesse. Cette demande n'ayant pas été accueillie, il ne s'en était pas moins rendu à Blaye, décidé à s'adresser directement au général Bugeaud. Il fit passer, par le planton de la porte Dauphine, sa carte au général, qui le reçut tɩt de suite. Il dit qu'il venait de Prague, et qu'il apportait à Madame des lettres et des portraits du duc de Bordeaux et de sa sœur. Il fit si bien et insista avec tant de chaleur sur l'intérêt dû à une mère séparée de ses enfants qu'il obtint du général la permission de voir la princesse en tête à tête pendant un quart d'heure. Cet entretien une fois terminé, le général dit au comte :

« J'ai bien voulu, Monsieur, prendre sur moi de faire une chose qui devait être agréable à Mme la duchesse de Berry. J'espère que, de votre côté, vous voudrez bien reconnaître ce petit service en me donnant quelques renseignements sur votre entrevue avec Son Altesse royale. »

M. de Choulot dit alors que la princesse lui avait exprimé son vif désir de recouvrer la liberté et sa résolution d'accepter les propositions que le gouvernement voudrait bien lui faire pour arriver à ce résultat. Mais il ne donna point la moindre indication au sujet de la grossesse de Madame. Or, c'était là le point qui intéressait surtout le général, et s'il s'était décidé à laisser pénétrer M. de Choulot dans l'appartement de Madame, ce n'était peut-être que pour obtenir à cet égard un aveu qui, venant d'un légitimiste si dévoué, aurait une portée toute spéciale.

« Vous avez vu la princesse, s'écria le général; vous avez dû remarquer sa taille et sa tournure, et je crois que vous devez être convaincu de l'état de grossesse de Son Altesse royale.

— La princesse s'est toujours tenue assise, répondit le comte de Choulot, et je n'ai rien remarqué de particulier dans sa personne.

— Cependant, monsieur, reprit vivement le général Bugeaud, la princesse s'est levée pour vous reconduire jusqu'à la porte de sa chambre, car elle vous accompagnait quand vous êtes rentré dans le salon. Ainsi donc, permettez-moi d'insister sur ce point. Entre nous, franchement, que pensez-vous de cette grossesse, si facile à reconnaître? »

M. de Choulot répliqua :

« Je n'ai rien vu qui soit une preuve physique du fait. D'ailleurs, quand bien même j'aurais pu remarquer l'augmentation d'épaisseur de la taille, cela ne prouverait rien, car le moindre coussin bien placé suffit pour simuler une grossesse. »

Cette observation causa au général un vif dépit. Qu'est-ce que le journal la *Guyenne* ne dirait pas le lendemain? Ne prétendrait-il pas qu'un légitimiste, reçu par la princesse, ne s'était pas aperçu que Madame fût enceinte?

Le général dit alors à son aide de camp :

« Monsieur de Saint-Arnaud, montez au pavillon, demandez à voir Mme la duchesse de Berry, et priez-la, de ma part, de vouloir bien accorder une nouvelle audience à M. le comte de Choulot. Dites à Madame que je la prierai moi-même de se tenir debout, de marcher devant M. le comte et de s'expliquer elle-même, si elle le juge à propos, au sujet de sa grossesse. »

M. de Saint-Arnaud revint au bout d'un quart d'heure, et rapporta cette réponse de Madame :

« Je ferai volontiers ce qui plaira au général. Je ne comprends rien à ce débat. M. de Choulot m'a vue debout ; j'ai marché dans ma chambre pendant une partie du temps qu'il est resté chez moi ; je lui ai parlé de mon mariage, de ma grossesse, qui est assez visible, ce me semble, et il a même été question de M. Deneux, dont la présence auprès de moi serait absurde si je n'étais pas enceinte. »

Alors le général insista pour que M. de Choulot, profitant de l'autorisation qui lui était ainsi accordée, retournât près de la princesse. Celui-ci refusa obstinément. Le général, exaspéré, avait peine à se contenir. M. de Saint-Arnaud, moins maître de lui, éclata. Il adressa même au comte de Choulot des paroles très blessantes. Mais le comte n'était pas venu dans la citadelle de Blaye pour y avoir une affaire d'honneur avec le gouverneur, ou avec son aide de camp. Il se contint, et s'en alla, laissant le général confus et vexé de n'avoir pas pu le faire parler.

D'après Louis Blanc, M. de Choulot, en allant à Blaye, avait eu surtout la pensée d'y examiner s'il n'y aurait pas moyen de faire évader la princesse.

« L'idée en était venue à quelques-uns des partisans de la duchesse de Berry, a dit l'auteur de l'*Histoire de dix ans*, et M. de Choulot fut désigné, à son insu, comme le chef de la conspiration. Il s'était rendu digne de ce périlleux honneur par sa hardiesse dans le dévouement, par les sacrifices de tout genre qu'il avait entrepris pour cette cause, et où il avait compromis une partie de sa fortune. »

Dès son entrée dans la citadelle, le fidèle serviteur de Madame s'aperçut que la princesse était gardée de la manière la plus sévère, et que la faire évader, soit par force, soit par artifice, était absolument impossible. A son retour à Paris, il imagina de s'adresser au roi lui-même pour l'engager à laisser évader la prisonnière. Reçu aux Tuileries par le souverain, il lui représenta la duchesse de Berry comme très gravement malade, et insista sur tout ce qu'on ne manquerait pas de dire si la captive succombait dans sa prison. Louis-Philippe, au surplus, ne se le dissimulait pas. Il se rappelait les accusations dont la mort du prince de Condé avait fourni le texte aux passions de parti.

« Eh! mon Dieu, dit-il au comte de Choulot, cette malheureuse succession du prince de Condé, nous n'en avons pas encore touché un sou! »

Malgré toutes ses instances, M. de Choulot n'obtint rien. Louis-Philippe s'écria à plusieurs reprises :

« Il faut des garanties à mon gouvernement. »

Pour se justifier à ses propres yeux, le roi se disait à lui-même : A qui la faute, si ce n'est à la princesse? Quand elle conspirait à Massa, ne l'avait-on pas avertie que tous ses projets seraient déjoués? Quand on avait appris son embarquement à bord du *Carlo-Alberto*, le gouvernement n'avait-il pas donné à la marine royale l'ordre de s'emparer de sa personne et de la reconduire à Holy-Rood? Pendant son séjour en Vendée, ne l'avait-on pas fait prévenir plusieurs fois, par des légitimistes, du péril qu'elle courait et de son arrestation imminente? Pourquoi s'était-elle obstinée à rester à Nantes lorsqu'il lui était si facile d'en sortir? A ce moment, le général de Rumigny, en mission dans l'Ouest, n'avait-il pas été autorisé, s'il pouvait arriver jusqu'à elle, à l'enlever, à la conduire au Havre et à l'embarquer? Elle avait agi contrairement aux conseils de Charles X, du duc de Blacas, de M. de Chateaubriand, du duc de Bellune, de M. Berryer, du marquis de Goulaine, de la plupart des chefs vendéens. Louis-Philippe avait beau se rappeler tout cela, il se reprochait, au fond du cœur, de contraindre sa nièce à accoucher en prison, malgré la consultation signée, à Blaye, par cinq médecins, malgré les instances du docteur Ménière, malgré celles du général Bugeaud lui-même, qui, comme nous l'avons dit, aurait voulu que la princesse fût mise en liberté aussitôt qu'elle avait déclaré son mariage. Mais le ministère demeurait inflexible. Il restait persuadé que ce serait pour la monarchie de Juillet un triomphe que de faire accoucher la prisonnière en prison, et cela devant témoins. Tel n'était pas l'avis de tous les partisans du roi Louis-Philippe. L'un des plus illustres, le général comte de Ségur, a écrit dans ses admirables Mémoires, animés comme toute sa carrière par un souffle d'héroïsme :

« Malgré des observations auxquelles je pris quelque part, le gouvernement abusa déplorablement de sa victoire ; je veux parler de cette espèce d'exposition publique, de ce cruel pilori où fut attachée la malheureuse princesse prisonnière. Je ne fus pas sans doute le seul à faire trop inutilement observer que cette atteinte, portée à l'honneur d'un sang royal et à son propre sang, rejaillirait sur soi-même et sur tous les trônes ; qu'elle irriterait toutes les cours et achèverait de détruire dans les peuples un reste de respect si nécessaire à conserver. Mais on avait été trop provoqué, on voulut rendre outrage pour outrage. C'était, des deux parts, attaquer la racine de l'arbre lui-même pour en faire tomber la branche qui gênait ; guerre aveugle, en présence de l'ennemi commun le plus redoutable, guerre de royalistes contre royalistes, où la royauté, qu'avant tout il fallait défendre, fut sacrifiée. »

L'opinion du général de Ségur sera, croyons-nous, le verdict de l'histoire.

XXIX

NOUVELLES ÉPREUVES DE MADAME

La prisonnière approchait du moment qui devait être pour elle une cruelle épreuve. Sa santé s'altérait de plus en plus. Elle toussait, elle avait la fièvre, elle perdait le sommeil et l'appétit. La pensée de la princesse, dont la foi religieuse avait toujours été ardente, se reportait vers Dieu. Voici les prières que la captive avait écrites de sa main sur un livre de piété et qu'elle récitait chaque jour dans sa prison :

Psaume CXXXIX (*Eripe me, Domine, ab homine malo*) :

« Délivrez-moi, Seigneur, des mains de l'homme méchant; sauvez-moi de ses violences.

« De ces hommes qui forment de mauvais desseins dans leur cœur, et qui s'assemblent tous les jours pour me faire la guerre.

« Ils aiguisent leurs langues comme des serpents ; ils ont sur les lèvres un venin d'aspic.

« Conservez-moi, Seigneur, et défendez-moi des mains de l'impie ; gardez-moi de l'homme violent, de ces hommes qui ne pensent qu'à me renverser.

« Ils m'ont dressé en secret un piège et des lacets, ils ont étendu un rets dans le chemin, ils m'ont préparé des embûches.

« Alors, j'ai dit au Seigneur : Vous êtes mon Dieu ; écoutez, Seigneur, la voix de mes supplications.

« Le Seigneur qui est le souverain maître est la force qui me sauve. O Dieu ! vous couvrez ma tête au jour du combat.

« Seigneur, n'accordez pas à l'impie ce qu'il désire et ne laissez pas exécuter ses desseins criminels.

« Déjà ceux qui m'environnent lèvent la tête ; mais l'injustice que leurs lèvres demandent reviendra sur eux, et les accablera.

« Des charbons ardents tomberont sur eux ; vous les précipiterez dans des fosses profondes d'où ils ne pourront plus se relever.

« Le calomniateur ne sera pas affermi sur la terre. Le malheur poursuivra l'homme violent jusqu'à son entière ruine.

« Je sais que le Seigneur prendra la défense des faibles, et qu'il vengera les pauvres.

« Alors les justes rendront gloire à votre nom,

et les gens de bien habiteront en votre présence. »

Prière à saint Charles :

« Grand saint, dont le nom m'a été donné au jour de mon baptême, soyez mon modèle et mon protecteur dans les afflictions où je me trouve, afin que, fidèle à mes promesses et à mes devoirs, je puisse combattre à votre exemple généreusement sur la terre et triompher dans votre compagnie éternellement dans les cieux. »

Pendant que la duchesse de Berry priait, le gouvernement avait des préoccupations plus terrestres. Il savait qu'il serait accusé d'un crime si la captive mourait dans la citadelle. Pour se rassurer, il y envoya quatre des plus célèbres médecins de Paris : les docteurs Orfila, Fouquier, Andral et Auvity, qui arrivèrent à Blaye le 21 avril. Mais Madame refusa de les recevoir, et ils repartirent pour Paris le 23.

Les ministres s'obstinaient à vouloir qu'avant la naissance de l'enfant il y eût une constatation officielle de l'état de grossesse. M. Louis Blanc a dit :

« Chez un peuple renommé pour sa générosité et sa courtoisie, l'accouchement d'une pauvre femme vaincue, prisonnière, abandonnée, malade, était devenu la grande affaire du moment, le sujet d'une correspondance ministérielle très active, une question d'Etat enfin. On traita de cet accouchement comme on traite, entre puissances belligérantes, d'une province à partager ou de la paix à conclure. »

Le 24 avril, il y eut une scène violente entre le général Bugeaud et la princesse, qui échangèrent les paroles suivantes (1) :

« Votre parti nie tout, et veut tout nier. Je suis donc autorisé à prendre toutes les précautions nécessaires pour constater l'événement; je le dois au pays et au roi.

— Quelles sont ces précautions, général?

— Madame, à compter du 1er mai, je ferai coucher dans le salon à côté de votre appartement un officier et M. Ménière.

— Je ne veux point d'officier.

— Madame, je serai très fâché de vous contrarier; mais ayant rempli envers vous tous mes devoirs, il me reste à en remplir d'autres.

— C'est une infamie!... Je vois qu'on veut me faire mourir! Mettre des gendarmes dans ma chambre!

— Madame, ils ne seront pas dans votre chambre, mais seulement dans le salon.

— Je fermerai ma porte à clef.

— C'est là, Madame, ce qui ne pourra être permis.

— Croyez-vous que je veux tuer mon enfant?

— Non, Madame, je ne le crois pas; mais comme on a douté que le duc de Bordeaux fût

(1) Voir Archives nationales. Pièce citée par M. Nauroy.

votre fils, on pourrait douter de votre accouchement s'il n'y avait pas de témoins. Mais, Madame, promettez-moi, sur l'honneur, que vous appellerez M. Ménière à la première douleur, et je mettrai l'officier dans le corridor à côté.

— Vous devez vous en rapporter à ma bonne foi.

— Madame, ce ne serait pas manquer à la bonne foi que de ne pas faire ce qu'on n'aurait pas promis.

— C'est horrible, c'est une affreuse tyrannie ! »

Là-dessus, la princesse, exaspérée, se leva en fureur, s'enfuit dans sa chambre, et ferma violemment la porte.

Le lendemain, le général Bugeaud écrivait au maréchal Soult :

« J'ai eu hier une scène violente avec la duchesse au sujet des mesures de précaution à prendre pour la constatation. Elle s'est emportée, est entrée dans sa chambre, et a eu une attaque de nerfs. Aujourd'hui, elle est entièrement remise. Son caractère irritable me met entre deux dangers : celui de ne pas prendre toutes les mesures en ne voulant pas la contrarier, et de ne pas constater, et celui de nuire à sa santé en la contrariant. »

Le ministère insistait de plus en plus pour exiger une constatation préalable de l'état de grossesse. Le général Bugeaud trouvait qu'une pareille superfétation était à la fois barbare et inutile. Il écrivait aux ministres le 3 mai : « Devons-nous passer par-dessus les considérations d'humanité, de danger, et même de décence? Je pense énergiquement que non. » Mais les ministres ne voulaient pas se laisser convaincre.

La prisonnière disait, le 6 mai, au docteur Deneux qui l'engageait à ne pas résister plus longtemps :

« Allons! c'est bien. Liguez-vous tous contre moi, prenez le parti de mes persécuteurs. Accablez-moi, et contribuez de toute votre puissance à pousser au désespoir une pauvre femme mourante! Ne sentez-vous pas que cette espèce d'inquisition est odieuse?... Une femme ne sera donc pas libre d'échapper à des mesures vexatoires, puériles, et j'aurai à subir des tortures morales sous prétexte de recherches absurdes et inutiles! Non, non, jamais je ne me soumettrai volontairement à ces infamies de la police, et, dussé-je mourir dans cette abominable prison, je résisterai à ces hommes qui ne savent rien respecter. »

La surveillance devenait chaque jour plus rigoureuse. Le général Bugeaud avait écrit le 4 mai :

« Je crois avoir pris toutes les précautions imaginables pour être averti des premières douleurs de la duchesse ou, du moins, des premiers soins qu'on lui donnera. J'ai sous le plancher un sous-officier aux écoutes, et dans la nuit un officier va plusieurs fois à sa porte. Le jour, nous la visiterons cinq fois : Ménière de une heure à deux heures de l'après-midi, moi de deux à quatre, et Ménière de sept à dix ou onze heures du soir. Dans les intervalles, l'officier de service y entre sous un prétexte ou sous un autre. A partir du 10, mes témoins coucheront à la citadelle. Le jour, je les préviendrai par trois coups de canon tirés du bateau du port. »

La prisonnière finit par échapper à la mesure qui lui aurait été le plus pénible : la constatation préalable de l'état de grossesse. Mais pour le reste, elle dut céder. Après de longues négociations, elle promit :

1° De faire prévenir le général Bugeaud dès qu'elle ressentirait les douleurs de l'enfantement;

2° De consentir à ce que les autorités déléguées pour la constatation de la naissance entrent dans son appartement et le visitent;

3° De répondre affirmativement à cette question qui lui serait posée par eux : « Êtes-vous la duchesse de Berry ? »

4° De leur déclarer que l'enfant lui appartenait.

En revanche, le général lui promettait — et elle acceptait cette promesse comme garantie des intentions du ministère — que si les choses se passaient ainsi, elle serait mise en liberté. Elle stipulait, en outre, que sous aucun prétexte elle ne permettrait au docteur Dubois d'entrer dans sa chambre.

Ces douloureuses négociations étaient terminées, quand la princesse, sentant que le dénouement était proche, écrivit, le 7 mai, à M. de Chateaubriand :

« Je suis péniblement contrariée du refus du gouvernement de vous laisser venir auprès de moi après la double demande que j'en ai faite. De toutes les vexations sans nombre qu'il m'a fallu éprouver, celle-ci est sans doute la plus pénible. J'avais tant de choses à vous dire, tant de conseils à vous réclamer ! Puisqu'il faut renoncer à vous voir, je vais du moins essayer, par le seul moyen qui me reste, de vous remettre la commission que je voulais vous donner, et que vous accomplirez, car je compte sans réserve sur votre attachement pour moi et sur votre dévouement pour mon fils.

« Je vous charge donc, Monsieur, spécialement d'aller à Prague et de dire à mes parents que, si je me suis refusée jusqu'au 22 février à déclarer mon mariage secret, ma pensée était de servir davantage la cause de mon fils, et de prouver qu'une mère, une Bourbon, ne craignait pas d'exposer ses jours. Je comptais seulement faire connaître mon mariage à la majorité de mon fils ; mais les menaces du gouvernement, les tortures morales, poussées au dernier degré, m'ont décidée à faire cette déclaration. Dans l'ignorance où je suis de l'époque à laquelle la liberté me sera rendue, après tant d'espérances déçues, il est temps de donner à ma famille et à l'Europe entière une explication qui puisse prévenir des suppositions injurieuses. J'aurais désiré pouvoir la donner plus tôt; mais une séquestration absolue et les difficultés insurmontables pour communiquer avec le dehors m'en avaient empêchée jusqu'ici. Vous direz à ma famille que je suis mariée, en Italie, au comte Hector Lucchesi-Palli, des princes de Campo-Franco. »

Dans une note annexée à sa lettre, la duchesse de Berry ajoutait :

« M. le comte Lucchesi, mon mari, est descendant d'une des quatre plus anciennes familles de Sicile, les seules qui restent des douze compagnons de Tancrède. Cette famille s'est toujours fait remarquer par le plus noble dévouement à la cause de ses rois. Le prince de Campo-Franco, père de Lucchesi, était le premier gentilhomme de la chambre de mon père. Le roi de Naples actuel, ayant une entière confiance en lui, l'a placé auprès de son jeune frère, le vice-roi de Sicile. »

Né à Palerme le 2 août 1807, le comte Hector Lucchesi-Palli, qui, dans son enfance, avait été destiné à la carrière ecclésiastique, entra très jeune dans la diplomatie. Il fut successivement attaché à Vienne, à Saint-Pétersbourg, secrétaire d'ambassade à Madrid, puis chargé d'affaires à La Haye. C'est là que le connut, au commencement de septembre 1832, le général comte de Rochechouart, qui représentait alors Madame près du roi de Hollande. Il a écrit, dans ses intéressants et remarquables Mémoires, récemment publiés :

« Je trouvai à La Haye le comte Lucchesi-Palli, ami d'enfance de Madame ; il agissait dans le même sens que moi, et témoignait une si profonde affection et un si grand dévouement pour la princesse que nos relations devinrent fort intimes. Je le voyais tous les jours, il fit cependant un ou deux voyages d'environ un mois chacun, et a prétendu plus tard qu'il était venu à Nantes ; quant à moi, je ne connus jamais la cause de ses absences. »

Le comte de Rochechouart n'apprit que plus tard l'union morganatique de Madame et du comte Lucchesi-Palli. Il en donne la date : 1831, et ajoute :

« Le secret qu'on avait gardé du mariage célébré à Rome se comprenait facilement ; on ne pouvait divulguer cette union morganatique au moment où Madame entreprenait sa campagne en Vendée ; elle aurait perdu tout son prestige, compromis le succès de son entreprise ; enfin, elle savait que Charles X se montrerait fort irrité, et lui retirerait les pouvoirs de régente concédés par la proclamation d'Holy-Rood, du 27 janvier 1831. »

Revenons maintenant à la lettre touchante de la princesse à l'auteur du *Génie du Christianisme*. Cette lettre se terminait ainsi : « Je vous demande, ô monsieur de Chateaubriand, de porter à mes chers enfants l'expression de toute ma tendresse pour eux. Dites bien à Henri que je compte plus que jamais sur tous ses efforts pour devenir de jour en jour plus digne de l'admiration et de l'amour des Français. Dites à Louise combien je serais heureuse de l'embrasser, et que ses lettres ont été pour moi ma seule consolation. Mettez mes hommages aux pieds du roi, et offrez mes tendres amitiés à mon frère et à ma bonne sœur (le duc et la duchesse d'Angoulême). Je vous demande de me rapporter, partout où je serai, les vœux de mes enfants et de ma famille. Renfermée dans les murs de Blaye, je trouve une consolation à avoir un interprète tel que M. le vicomte de Chateaubriand; il peut à tout jamais compter sur mon attachement.

« MARIE-CAROLINE. »

Après avoir achevé cette lettre, la princesse attendit avec une courageuse résignation la suprême épreuve qui était imminente, et s'en remit à la grâce de Dieu.

XXX

LE 10 MAI

On était arrivé à la nuit du jeudi 9 au vendredi 10 mai, et rien n'annonçait qu'elle dût être marquée par l'événement attendu. Officiers et médecins reposaient tranquillement, et la citadelle semblait plongée dans le sommeil. Vers deux heures et demie du matin, la duchesse de Berry, qui avait passé tranquillement la soirée avec les docteurs Deneux et Ménière, se réveilla brusquement, saisie par une violente douleur. Sa femme de chambre, Mme Hansler accourut.

« Appelez ces messieurs, s'écria la princesse, je vais accoucher. Surtout que M. Dubois n'entre pas chez moi de force! »

Ne pas voir le docteur Dubois était pour elle une idée fixe. Peut-être pensait-elle que la vue de ce médecin, qui avait assisté à la mort tragique de son époux, lui aurait porté malheur.

Mme Hansler, à demi vêtue, ouvrit la porte du salon, en criant :

« Messieurs, dépêchez-vous. Monsieur Deneux, Madame va accoucher. Madame demande que M. Dubois n'entre pas de force dans sa chambre ! »

Aussitôt, MM. Deneux et Ménière se levèrent, et entrèrent dans la chambre de la princesse, tandis que le général Bugeaud, M. Delort, commandant de place, et quelques officiers de service arrivaient au salon. Quant au docteur Dubois, il pénétra dans la chambre de Madame, mais en trouvant le moyen de ne pas être aperçu par elle, et se plaça derrière un paravent, qui masquait en partie la porte de communication existant entre la chambre et le salon.

Des messagers venaient d'être expédiés aux remparts et à la Porte-Dauphine. Trois coups de canon retentirent. C'était le signal convenu pour appeler les témoins qui logeaient hors de la citadelle.

« Qu'est-ce donc? s'écria la princesse.

« Calmez-vous, Madame, dit alors le docteur Ménière. Vous devez y être habituée ; l'enfant d'une Altesse Royale ne peut naître sans que l'on tire le canon en son honneur. »

La princesse revenait à son idée fixe :

« Je vous en prie, monsieur Ménière, dites au général de ne pas faire entrer M. Dubois; tout ira bien, nous n'aurons pas besoin de lui. »

M. Dubois se tenait toujours derrière le paravent. Mme Hansler lui disait à voix très basse, mais avec beaucoup de vivacité :

« Retirez-vous, monsieur, retirez-vous donc. »

Il restait. M. Ménière, qui s'était mis devant la princesse pour lui dérober la présence des personnes se trouvant à l'extrémité de la chambre, dit alors :

« Calmez-vous, Madame, le général vous entend parfaitement ; vos vœux seront remplis, soyez-en sûre. »

Cependant, le docteur Deneux accouchait la princesse. Les vagissements du nouveau-né se faisaient entendre.

« Oh ! mon Dieu, dit Madame, qui désirait une fille, il crie bien fort ; serait-ce un garçon ?

— Non, Madame, répondit l'accoucheur, c'est une fille ! »

Madame avait tout le temps prédit que ce serait une fille qu'elle aurait.

« Je vous l'avais bien dit, messieurs les savants, s'écria-t-elle avec exaltation. Eh bien ! me croirez-vous une autre fois ? »

Il était trois heures vingt minutes du matin.

La porte conduisant de la chambre à coucher dans le salon où se tenaient le général Bugeaud et les témoins était restée ouverte. Le docteur Ménière passa dans le salon pour y annoncer la situation favorable de la mère et de l'enfant.

« Docteur, lui dit alors le général, si vous le

jugez convenable, faites savoir à Mme la duchesse de Berry que j'ai reçu une dépêche ministérielle qui lui fera plaisir. »

M. Ménière rentra aussitôt dans la chambre de l'accouchée, et lui donna cette bonne nouvelle. La princesse fit appeler ensuite la comtesse d'Hautefort; puis, apercevant, par la porte ouverte, un pan de l'habit du général :

« C'est M. Bugeaud qui est là? dit-elle; faites-le entrer, si cela peut lui être agréable. »

Le général se présenta respectueusement, et s'approcha avec discrétion du lit de l'accouchée. Elle lui tendit la main.

« Général, lui dit-elle, vous le voyez, j'ai appelé aussitôt que j'ai senti la première douleur.

— Oui, madame, reprit le général avec émotion.

Et, tirant de sa poche la dépêche télégraphique arrivée la veille au soir, il en lut à la princesse une partie, celle qui lui assurait sa liberté dans le cas où la naissance de l'enfant aurait été bien régulièrement constatée. Madame le remercia vivement, et lui dit :

« Général, je tiendrai tout ce que j'ai promis. »

Puis, lorsque le gouverneur se retirait, en la saluant profondément, elle lui adressa cette parole chrétienne :

« Général, vous aviez deux filles, en voici une troisième! »

Un éclair de joie illuminait le visage de la princesse quand elle contemplait son enfant :

« C'est une fille ! » disait-elle, et, pensant au père, elle ajoutait : « Il sera bien content, lui qui désirait tant une fille ! »

Sur ces entrefaites, les témoins arrivèrent. C'étaient, outre le général Bugeaud et le docteur Dubois, MM. Dubreuil, sous-préfet de l'arrondissement de Blaye ; Pastoureau, président du tribunal de première instance de la ville ; Nadaud, procureur du roi près le même tribunal ; Bellon, président du tribunal de commerce, adjoint au maire ; Bordes, commandant de la garde nationale ; Delort, commandant de la place ; Dufresne, commissaire civil du gouvernement ; Descrambes, curé de Blaye. (M. Merlet, maire de Blaye, et M. Régnier, juge de paix, témoins également désignés, se trouvant momentanément à la campagne, n'avaient pu être prévenus à temps. Ils arrivèrent plus tard.)

La princesse dit alors :

« Tout est prêt, faites entrer ces messieurs. »

Ils entrèrent, et après avoir salué Son Altesse Royale, ils se rangèrent en demi-cercle, à une certaine distance de son lit. Alors, le président Pastoureau, s'approchant de quelques pas, lui adressa les questions suivantes :

« Est-ce à Madame la duchesse de Berry que j'ai l'honneur de parler ?

— Oui.

— Vous êtes bien Madame la duchesse de Berry ?

— Oui, monsieur.

— L'enfant nouveau-né qui est auprès de vous est-il le vôtre ?

— Oui, monsieur, cet enfant est de moi.

— De quel sexe est-il ?

— Il est du sexe féminin. J'ai, d'ailleurs, chargé M. Deneux d'en faire la déclaration. »

Alors le docteur Deneux prit la parole, et fit à haute voix la déclaration suivante :

« Je viens d'accoucher Mme la duchesse de Berry, ici présente, épouse en légitime mariage du comte Hector Lucchesi-Palli, des princes de Campo-Franco, gentilhomme de la chambre du roi des Deux-Siciles, domicilié à Palerme. »

M. Louis Blanc a écrit :

« L'effet produit par ces paroles fut profond et divers, selon les sentiments de sympathie ou de haine dont les assistants étaient animés. Ceux qui avait compté sur le scandale d'un aveu mêlé de réticences nécessaires, ceux-là se montrèrent troublés et interdits. Une satisfaction généreuse brilla, au contraire, sur le front de ceux qui, sans être du parti de la prisonnière, respectaient en elle les droits de la défaite, de la faiblesse et du malheur. »

On demanda ensuite à M. de Brissac et à Mme d'Hautefort s'ils signeraient la déclaration de ce dont ils avaient été témoins. Ils refusèrent l'un et l'autre, en disant :

« Nous sommes venus ici pour donner des soins, mais non pour signer un acte quelconque. »

Le procès-verbal fut rédigé séance tenante et signé par tous les autres témoins.

A huit heures du matin, le curé de Blaye vint ondoyer l'enfant. La mère s'endormit ensuite d'un sommeil profond. A midi, on la réveilla, pour lui faire écouter la lecture de l'acte de naissance. On lui demanda si tout ce qui était contenu dans cette pièce était la vérité.

« Oui, dit-elle, c'est bien la vérité, et je donne à ma fille les prénoms d'Anne-Marie-Rosalie. »

Cet acte de naissance venait, sur les registres de la ville, à la suite de celui du fils d'un pauvre pêcheur né la veille.

Le soir, à dîner, chez le général Bugeaud, tout le monde paraissait satisfait, surtout le docteur Deneux. Le général donnait une cordiale accolade au docteur Ménière. Le docteur Dubois se félicitait de la petite manœuvre au moyen de laquelle on avait dérobé sa présence aux yeux de la duchesse de Berry, et se réjouissait de la pensée que le lendemain il quitterait Blaye. Le général avait écrit, dans la journée, au maréchal Soult :

« Nos incertitudes, nos appréhensions sont terminées ! Les choses se sont passées à notre satisfaction, et j'espère que le gouvernement et le pays seront contents. » Le général eut, toutefois, le tact de ne point vouloir de faveur honorifique à l'occasion de ce qui venait de se passer. Il écrivit le 13 mai au président du conseil des ministres :

« Je suis complètement récompensé par l'approbation du roi, que vous avez été chargé de m'exprimer. Je n'ambitionne rien autre chose, et comme je voudrais éviter au gouvernement le désagrément d'un refus, je vous prie, dans le cas où vous auriez la pensée de m'accorder une récompense quelconque de n'en rien faire. »

Le futur vainqueur d'Isly rêvait d'autres victoires que celle qu'il venait d'obtenir.

Au fond, il était attristé de la mission que son dévouement à Louis-Philippe l'avait décidé à remplir. Les souffrances de la prisonnière l'attendrissaient, et il était touché de la bienveillance que témoignait à sa femme et à ses deux jeunes filles une princesse dont les malheurs augmentaient le prestige. Quand Madame se sentait irritée contre le général, elle lui pardonnait en se souvenant qu'il était père, et les deux petites filles avaient un charme d'apaisement.

Quelques jours après son accouchement, la duchesse de Berry invita Mme Bugeaud à lui amener ses deux filles pour voir la petite princesse qui venait de naître. Écoutons ce que dit l'aînée :

« Son Altesse était couchée dans un flot de dentelles et de satin bleu. Il y avait à côté de son lit un berceau également bleu où dormait la petite fille que nous vînmes contempler, en marchant timidement sur la pointe des pieds. Son Altesse nous dit de l'embrasser ; l'enfant fut réveillée sans doute par ces baisers trop empressés, et se mit à crier comme une simple mortelle! La nourrice n'était pas dans la chambre; la dame d'honneur, Mme d'Hautefort, resta droite sur son fauteuil. Probablement l'étiquette des cours la retenait. L'enfant criait toujours! Ma mère, si timide, ne put résister longtemps à cette petite voix! Elle se lève, prend la petite princesse dans ses bras, et la berce doucement. Il me semble voir encore le regard de la duchesse de Berry, remerciant ma mère. »

Il est bien féminin, bien touchant ce simple récit. Comme l'humanité vaut mieux que la politique!

« Je repris vite mes habitudes chez ma chère duchesse, ajoute la fille de l'homme que les légitimistes appelaient le geôlier de Blaye. Seulement le chien *Bévis* et les perruches n'avaient plus mes faveurs; tout mon amour était pour la gentille petite princesse. J'étais au comble du bonheur quand Son Altesse me faisait asseoir dans son grand fauteuil, et me permettait de tenir quelques minutes et de bercer sa petite fille sur mes bras. »

Le récit se termine par ces mélancoliques paroles :

« Pauvre enfant! Son passage sur cette terre fut bien court! J'éprouvai un vrai chagrin lorsqu'elle mourut. »

Hélas! tout devait être funeste pour la captive de Blaye. Cette petite fille, qui avait été la cause de polémiques si acharnées et de persécutions si cruelles, cette enfant conçue dans les angoisses, et dont la naissance — à la fois un supplice et une consolation — avait fait verser à sa mère tant de larmes de douleur et de joie, ne devait pas même atteindre la fin de l'année. Elle mourut à Livourne le 18 novembre 1833, et fut ensevelie, à Palerme, dans le tombeau de la famille Lucchesi-Palli.

XXXI

LES DERNIERS JOURS A BLAYE.

La captivité de Blaye continuait à être l'objet des polémiques les plus acharnées et des plus violentes invectives. Contrairement à l'attente du gouvernement, la nouvelle situation de la prisonnière, loin de décourager les légitimistes, ne faisait que redoubler leur courroux. Certains d'entre eux nièrent l'accouchement, comme ils avaient nié la grossesse, et déposèrent, au parquet de Paris, contre les ministres, et, au parquet de Bordeaux, contre les signataires du procès-verbal de délivrance, une dénonciation « pour cause de présomption légale du crime de supposition d'enfant ». On lisait au bas de ces pièces les noms de MM. de Kergorlay père et fils, Félix de Conny, de Verneuil, de Maistre, de Florac, de Ludre, Mengin de Fondragon, de Rivière, de Bournazel, Battur, auxquels se joignirent plus de cinquante adhésions.

Cependant, la plupart des légitimistes ne niaient pas l'évidence, et reconnaissaient que la duchesse de Berry était réellement accouchée à Blaye. Mais cet événement, tout en augmentant leur hostilité contre le gouvernement de Juillet, ne diminuait pas leur dévouement pour Madame. La *Gazette de France* publiait le 19 mai 1833 cette déclaration :

« A S. A. R. Madame, mère de Henri V. — Madame, avant que vous quittiez la France, permettez à des serviteurs dévoués et fidèles de mettre aux pieds de Votre Altesse Royale le nouvel hommage de leurs respects et de leur reconnaissance... C'est à vous que nous devons Henri V, l'enfant du salut, l'avenir de la France. Après les événements de Juillet, vous avez su que si, dans une des trois journées, vous aviez pu vous présenter au peuple et vous placer au milieu de lui avec Henri V, vous auriez épargné à la France les humiliations et les malheurs qui ont fondu sur elle depuis la Révolution, et vous avez dit : « Je vivrais mille ans que je n'ou-« blierais pas un moment Rambouillet. » Plus tard, Votre Altesse Royale a cru qu'elle pourrait faire avec avantage ce qu'on l'avait empêchée de faire plus tôt avec succès, et elle était accourue. »

Abordant ensuite la question du mariage avec le comte Lucchesi-Palli, la *Gazette de France* ajoutait!

« Le mariage qu'on vous a forcée de déclarer n'ôte rien à notre admiration pour vous. Vous vous êtes mariée secrètement à un descendant de ce Tancrède, roi de Sicile, qui fit la gloire du royaume où vous êtes née. Nous ne nous étonnons pas que les souvenirs de l'héroïsme des chevaliers normands aient eu de l'empire sur un héroïque cœur, mais ce lien nouveau n'a rien ôté à l'accomplissement de vos devoirs envers la France. »

La conclusion de la feuille légitimiste était celle-ci :

« Un mariage que vous ne vouliez point déclarer a été divulgué par vos geôliers, mais ces actes faits dans une Bastille contre toutes les lois n'ont aucun caractère politique. La torture est abolie en France, et, en dépit du *Moniteur*, votre mariage ne vous ôte ni votre nom ni vos droits. C'est sur un berceau qu'est née votre gloire, c'est sur un berceau qu'on essaye de l'immoler. L'estime et l'amour de la France vous défendent contre la calomnie. L'assassinat moral qu'on a tenté contre vous ne s'accomplira pas. La hauteur de votre caractère aura fait mentir ce qu'on a dit : que la puissance réussit aisément à rendre le malheur ridicule. Le pouvoir n'a réussi, par ses persécutions contre vous, qu'à se rendre lui-même à jamais odieux à la France, ce pays de la générosité et de l'honneur. »

Tels étaient aussi les sentiments de M. de Chateaubriand qui, au moment où il recevait la lettre que Madame lui avait adressée, trois jours avant d'accoucher, écrivait dans ses Mémoires :

« N'eût-il pas été plus noble de tuer Mme la duchesse de Berry que de lui faire subir la plus tyrannique humiliation ? Ce qu'il y a eu d'indulgence dans cette lâche affaire appartient au siècle ; ce qu'il y a eu d'infamant appartient au gouvernement. »

Une consolation pour la princesse, au milieu de tant d'infortunes, c'est que ses principaux partisans, traduits en cour d'assises, y avaient été acquittés. Les personnes arrêtées à Nantes avec la princesse, Mlles du Guiny, le comte de Mesnard, M. Guibourg, Mlle Stylite de Kersabiec, loin d'encourir la réprobation publique, avaient été l'objet de l'estime et de la sympathie générales. Les plaidoiries de leurs avocats n'avaient pas été difficiles. La cause du dévouement et de la fidélité était une cause gagnée d'avance. Les prévenus avaient entendu la foule saluer de ses applaudissements les verdicts qui leur rendaient la liberté, et Madame pouvait se dire qu'elle aurait eu le même sort si le gouvernement avait eu le courage de la faire comparaître devant un tribunal quelconque.

Traduits devant la cour d'assises de Blois, ils eurent pour défenseur M. Hennequin. MM. Guibourg, de Laubépin et Merson furent acquittés après des débats qui durèrent trois jours (19, 20 et 21 décembre 1832), et qui passionnèrent tous les légitimistes du Loir-et-Cher. Nous lisons dans une note que M. Guibourg a bien voulu nous remettre : « Conformément au verdict du jury, le président prononça notre mise en liberté, mais aussitôt la voix stridente et malencontreuse d'un huissier fit savoir qu'un nouveau mandat d'arrêt était décerné contre moi. Jugez de la stupéfaction générale, et de la mienne en particulier; au lieu de recevoir les félicitations et les témoignages sympathiques de tous ces nobles cœurs si bien d'accord avec le mien, je fus ramené seul et bien triste, je l'avoue, dans la noire prison de Blois, puis dans celle de Nantes, toujours accompagné d'un brigadier de gendarmerie et de deux gendarmes galopant de chaque côté de la voiture de poste, tant on avait peur que je ne m'échappasse une seconde fois. J'avais été jugé à Blois, comme accusé de complot contre la sûreté intérieure de l'État. C'était une accusation de complot contre la sûreté extérieure de l'État pour laquelle je devais être jugé aux assises de la Loire-Inférieure. M. Hennequin n'ayant pu venir à Nantes à cette époque, je m'expédiai tout seul avec l'assistance obligée d'un avocat de mes amis. Cette affaire, marquée au coin de la partialité la plus révoltante, fut loin de répondre à l'attente de mes ennemis politiques. Commencée de bonne heure, elle ne se termina qu'à onze heures du soir par un verdict d'acquittement, et je recouvrai enfin ma liberté. »

Ce fut le 5 janvier 1833 que Mlles du Guiny, emprisonnées depuis l'arrestation de la princesse, comparurent devant le tribunal de police correctionnelle de Nantes. M. Hennequin, leur éloquent défenseur, rappela que leur père, ancien officier, était mort de misère en émigration, et que, pendant la Terreur, l'une, âgée de cinq ans, l'autre de quatre, avaient partagé la captivité de leur mère à la prison du Bon-Pasteur. Il ajouta que les prévenues n'avaient fait que remplir un devoir sacré en donnant l'hospitalité à une femme malheureuse qui n'était pas une criminelle. Mlles du Guiny furent acquittées. Séance tenante, le procureur du roi en appela du jugement rendu par le tribunal, et les deux sœurs furent immédiatement reconduites en prison. Mais des amis leur ayant fourni un cautionnement de vingt mille francs, elles obtinrent d'être mises en liberté provisoire jusqu'à l'ouverture du nouveau procès qui commença devant la cour de Rennes le 29 mai.

Le président, s'adressant à Mlle Pauline du Guiny, lui posa les questions suivantes :

« Aviez-vous connaissance des motifs qui avaient amené la duchesse de Berry?

— Je savais que Madame était poursuivie, qu'elle courait des dangers. Je ne savais pas autre chose.

— Ignoriez-vous que la loi punit ceux qui ont recélé des personnes ayant commis des crimes?

— Lorsque j'ai reçu Mme la duchesse de Berry, j'ai songé à elle et nullement à moi. »

Le procureur général, après un réquisitoire de trois heures, conclut en demandant que chacune des deux prévenues fût condamnée à dix mille francs d'amende et à six mois de prison.

Dans l'audience du lendemain, le plaidoyer de M. Hennequin produisit un grand effet. Il commençait ainsi :

« Trois Anglais qui avaient contribué à sauver M. de Lavalette de l'échafaud ne trouvèrent sur les bancs des accusés que des transports d'admiration au sein du pays dont ils avaient bravé les lois... On ne peut pas punir Mlles du Guiny d'avoir donné l'hospitalité à Madame et aux personnes qui l'accompagnaient. Mlle de Kersabiec, MM. de Mesnard et Guibourg ont été acquittés, et quant à la princesse, elle défendait les droits de son fils. »

Un des griefs articulés contre les prévenues était d'avoir eu chez elles, contrairement à l'article 13 de la loi du 21 octobre 1814, une petite presse d'imprimerie. Après avoir passé par différentes mains, cette presse, qui provenait de la Malmaison et qui avait appartenu à l'impératrice Joséphine, avait été donnée, à Nantes, à la princesse et trouvée dans la cachette lors de son arrestation. Le 4 juin, Mlles du Guiny furent acquittées et mises en liberté. Leur cautionnement de vingt mille francs leur fut rendu ; mais les juges, comme pour consoler le procureur général de sa déception, ordonnèrent que la petite presse d'imprimerie serait brisée, détruite, et que le procès-verbal constatant cette destruction serait déposé au greffe de la cour.

Les débats devant la cour d'assises de Montbrison eurent un grand retentissement. C'est là qu'avaient comparu le vicomte de Saint-Priest (duc d'Almazan), M. Philippe-Auguste de Bourmont, M. Adolphe Sala, Mlle Mathilde Lebeschu, le comte de Mesnard, M. Antoine Deferrari, comme passagers du *Carlo-Alberto*, M. de Candolle, le colonel de Lachau, MM. de Bermont-Legrine, Laget de Podio, Esig et Ganail, comme auteurs du projet d'insurrection de Marseille. Ils furent tous acquittés le 15 mars 1833, et quand ils sortirent du Palais de Justice, une foule joyeuse accourut pour les féliciter.

La défense du comte de Mesnard avait produit un grand effet.

« Ah! ne condamnons pas la fidélité, l'honneur, s'était écrié M. Hennequin. En voyant tant de pouvoirs qui ont succombé tour à tour, on peut dire, — c'est dans l'intérêt même des royautés qui possèdent la puissance, — qu'il faut bien se garder de décourager des vertus si françaises et d'en déshériter l'avenir... Cet homme qui peut sacrifier tout, si ce n'est la dignité de son caractère, ne forme plus qu'un vœu, et ce vœu c'est un hommage que vous saurez comprendre. Seul, entre les hommes qui se sont assis sur ces bancs, c'est à la captivité qu'il aspire; ce qu'il veut, c'est d'achever ce qu'il regarde comme l'œuvre de sa vieillesse; c'est de se replacer près de celle restée à jamais digne de son respect, comme de celui de la France, et s'il combat devant vous, c'est pour conquérir par mon zèle et par votre justice le droit de changer de prison. »

Le temps a ratifié les paroles de M. Hennequin. Justice est rendue à la mémoire du comte Charles de Mesnard, qui comprit — ce sera son éternel honneur — que la plus grande marque de respect qu'il pût donner à l'auguste captive, c'était de mépriser la calomnie dont il fut victime dans un moment d'affolement général. Plusieurs personnes, dont la parole fait autorité, et, parmi elles, Mlles du Guiny, ont, de tout temps, rendu hommage à la « fidélité courageuse » du comte de Mesnard, selon l'éloquente expression de M. de Chateaubriand, dans une lettre adressée au vieux serviteur de Madame, alors détenu à Montbrison. On dit même que si l'on savait tout ce que M. de Mesnard eut injustement à souffrir, sa chevaleresque conduite aurait droit à une place touchante dans les annales de notre temps. Charles X avait promis un titre de duc au compagnon d'exil de M. le duc de Berry. La Révolution de 1830 empêcha le roi de lui conférer cette distinction. Mais une récompense plus haute était réservée au vieux gentilhomme vendéen; il eut la noble satisfaction d'avoir donné des preuves d'un dévouement sans bornes, et dont l'histoire offre peu d'exemple, à la famille royale qui, à ses yeux, symbolisait la France, comme pour un soldat le drapeau du régiment est le symbole de la patrie. C'est avec raison que M. de Pène, dans son livre sur le comte de Chambord, a placé le comte de Mesnard au premier rang parmi les hommes qui rivalisèrent de dévouement pour Mme la duchesse de Berry.

Dès que M. de Mesnard fut rendu à la liberté il n'eut plus qu'une idée : être autorisé à retourner dans la citadelle de Blaye auprès de la captive.

Acquitté par la cour d'assises de Montbrison, le 15 mars, le comte de Mesnard, malgré tout son zèle, ne put être de retour à Blaye que le 21 mai. Dans l'intervalle de ces deux dates, il s'était rendu à Paris, et, en raison de ses anciennes relations avec la famille d'Orléans qu'il avait jadis connue en Angleterre pendant l'émigration, il s'était adressé à la reine Marie-Amélie, dans l'espoir d'obtenir la mise en liberté de la prisonnière de Blaye. Il avait su que, récemment, la reine, en parlant de la duchesse de Berry, avait beaucoup pleuré, tout en exprimant ses regrets de ne pouvoir rien faire en faveur de sa nièce.

« J'augurai bien, dit-il dans ses *Souvenirs*, de la sensibilité qu'avait montrée Marie-Amélie, et je songeai à lui demander une audience. Je fus bien accueilli, et je ne saurais me prononcer sur les véritables sentiments de la tante de Madame. Il est vrai qu'elle ne m'a donné aucun espoir à porter à Son Altesse Royale, mais elle m'a paru sincèrement affligée, et je ne puis croire qu'elle ne soufffre pas de tout ce qui se passe. On m'assure qu'elle a peu de crédit lorsqu'il s'agit des affaires d'État. »

Dès lors, le fidèle serviteur de Madame ne demanda plus qu'une chose : l'autorisation de retourner auprès de la princesse. Cette autorisation lui fut d'abord refusée, malgré une promesse antérieure du maréchal Soult, mais il insista si vivement qu'il finit par l'obtenir.

Arrivé à la citadelle, M. de Mesnard trouva la princesse fort changée et profondément triste. Elle lui témoigna sa satisfaction de le revoir, et lui annonça qu'il l'accompagnerait en Sicile.

« Je pensais, répondit-il, que M. de Brissac aurait cet honneur, et je suis venu seulement prendre les ordres de Madame pour l'Angleterre, où Votre Altesse Royale sait bien que ses intérêts demandent ma présence.

— Non, répliqua Madame, M. de Brissac est depuis trop longtemps séparé de sa famille; il vient de perdre sa belle-mère, il y aurait de la cruauté à priver les siens de ses consolations; je lui ai promis qu'il partirait, et il va le faire incessamment. Vous retarderez de deux mois votre voyage en Angleterre et mes affaires n'en souffriront pas... Je dois vous dire que je suis surprise de vous voir aussi peu d'empressement à rester auprès de moi. Est-ce que votre vieille amitié, sur laquelle je comptais tant, ne serait pas à l'épreuve du malheur? »

Il ne fut pas difficile à M. de Mesnard de donner à la princesse l'assurance du contraire.

« Mais, ajouta-t-il, celui auquel Son Altesse Royale fait l'honneur de l'appeler son vieil ami, n'acquiert-il point, par le reproche qu'il vient de subir, le droit de se plaindre d'un manque de confiance qui, dans ces dernières circonstances, l'ont empêché de donner à Madame des conseils qui, peut-être, lui eussent épargné de grands maux? »

La princesse ne répondit point. Elle paraissait fort triste. Alors, M. de Mesnard lui déclara qu'elle pouvait compter sur lui comme toujours, et qu'il l'accompagnerait non seulement en Sicile, mais partout où elle aurait besoin de ses services. »

Le docteur Ménière caractérise ainsi les rapports de Madame et du comte de Mesnard :

« Le comte témoigne, en toute occasion, ses respects et son dévouement à Madame; la princesse ne manque jamais aux égards dus à l'âge de son premier gentilhomme, et ces divers sentiments mutuels n'excluent pas, tant s'en faut, une liberté, un sans-gêne qui rend leurs rapports faciles et agréables. La femme se montre toujours ce qu'elle doit être : — bonne, gracieuse ; — et, en même temps, capricieuse et volontaire. M. de Mesnard, dominé par son rôle, n'oublie pas les droits qu'il tient de son âge et que lui donne son dévouement éprouvé. »

Le 22 mai, le lendemain du jour où M. de Mesnard était arrivé, le comte de Brissac partit. Madame lui dit combien elle était heureuse de le savoir libre, et de penser que bientôt il allait se trouver au milieu de sa famille. Elle le chargea d'exprimer à sa femme le chagrin qu'elle avait ressenti de la longue séparation dont elle était la cause, et toute sa gratitude pour la part que Mme de Brissac avait prise à ses infortunes. Puis elle ajouta :

« Embrassez la comtesse et ses chers enfants pour moi; dites-leur que je n'oublierai jamais la preuve de dévouement que vous m'avez donnée. Vous savez si j'ai la mémoire pour ces sortes de choses. »

En écoutant ces paroles, prononcées avec une émotion visible, le comte de Brissac s'inclina profondément. Il répondit à la princesse que partout et toujours lui et sa famille étaient aux ordres de Madame, et que son plus grand désir était de lui être utile.

Il fallut ensuite trouver une dame pour remplacer auprès de la duchesse de Berry la comtesse d'Hautefort, dont la santé n'était point assez bonne pour faire le voyage de Sicile. Le choix ne devait se porter que sur une dame ayant fait partie, sous la Restauration, de la maison de Son Altesse Royale. La chose ne laissait pas que d'être difficile. Mmes de Podenas et de Meffray se trouvaient en Italie. Mme de Rosanbo, fille de M. de Mesnard, venait d'accoucher. Mme de Castéja était malade.

Alors M. de Mesnard songea à une femme d'élite, dont le rang, la bonne réputation et la position dans le monde rendaient l'acceptation fort désirable ; c'était la princesse de Bauffremont, née Montmorency.

« Quand je songe, chère princesse, lui écrivit-il, à tout ce que vous m'avez chargé de dire à Madame, au moment de mon départ, je ne balance pas à vous offrir l'occasion de lui donner la plus grande preuve de votre dévouement. Votre nom, votre fortune, votre rang dans le monde, et surtout vos rares qualités, feraient vivement apprécier par la famille de Son Altesse Royale le sacrifice que vous auriez fait en entreprenant un si long voyage, et surtout en vous séparant pour quelque temps de vos enfants... Veuillez, chère princesse, faire connaître votre réponse par le télégraphe, sans perdre un instant. Si elle est favorable et que Théodore (le prince de Bauffremont) puisse vous accompagner, faites-en la demande au gouvernement. »

La princesse de Bauffremont accepta sur-le-champ et arriva, avec son mari, dans la citadelle de Blaye au commencement de juin.

« Cette dame, a écrit le docteur Ménière, paraît avoir trente ans au plus. Elle est de taille moyenne, ni brune, ni blonde, mince et délicate; sa tournure est d'une distinction extrême, son visage est régulier et charmant, sa voix est douce, sa parole lente; tout en elle respire la grâce la plus exquise. C'est une noble héritière des Montmorency, dont toute la personne est un bel argument en faveur de la pureté de certaines races privilégiées. Le prince de Bauffremont est un homme de belle apparence, un peu trop blond, mais robuste et bien tourné. Ces deux époux modèles filent, dit-on, l'un près de l'autre, des jours tissés d'or et de soie; ils ont plusieurs enfants, et, entre autres, une jeune fille tout à fait digne de sa mère. »

Elle est devenue la marquise de Gontaut-Biron-Saint-Blancart.

Il fallut ensuite chercher un aumônier pour accompagner Madame pendant la traversée. Le général Bugeaud proposa un de ses cousins, l'abbé Souffren, curé de Mussidan (Dordogne). Il écrivait pour recommander son parent à la princesse :

« C'est un petit prestolet, plein d'esprit et de bonnes maximes, qui s'estimerait heureux d'accompagner Son Altesse Royale et qui lui plairait beaucoup. »

Madame préféra l'abbé Sabatier, prédicateur

de talent, qu'elle avait beaucoup connu en Italie, et qui, par hasard, se trouvait alors à Bordeaux.

L'abbé Sabatier arriva le 2 juin à la citadelle de Blaye.

« Monsieur l'abbé, lui dit la princesse, nous allons faire un long voyage; n'oubliez pas les saintes huiles. Il faut espérer que nous n'en aurons pas besoin, mais ce n'est pas moins une sage précaution à prendre. »

Elle ajouta :

« Craignez-vous la mer ? » Et, sur la réponse affirmative de l'abbé :

« Dans ce cas, dit-elle, je vous plains. Et puis, qui sait quand nous arriverons ? Du reste, comme je ne suis jamais longtemps souffrante, je serai, au besoin, la sœur garde-malade de ceux qui le seront. »

Le même jour, Mlle Mathilde Lebeschu, qui n'avait quitté Blaye que pour être traduite devant la cour d'assises de Montbrison comme passagère du *Carlo-Alberto*, revenait dans la citadelle reprendre son service auprès de la princesse.

Toutes les personnes qui allaient s'embarquer avec Madame et l'escorter jusqu'en Sicile se trouvaient réunies. C'étaient la petite Anna et Mme Portier, sa nourrice; le général Bugeaud et le lieutenant de Saint-Arnaud, son aide de camp; le prince et la princesse de Bauffremont, le comte de Mesnard, l'abbé Sabatier, les docteurs Deneux et Ménière, Mlle Mathilde Lebeschu et Mme Hansler, toutes les deux femmes de chambre de Son Altesse Royale.

Le départ imminent de la captive ne mettait pas un terme aux polémiques passionnées des journaux. La *Gazette de France* du 3 juin publiait un article qui se terminait ainsi :

« Nous touchons au dernier acte de la tragicomédie que nous donne depuis un an le juste-milieu. La Bastille va s'embarquer sur une frégate transformée en prison d'État flottante, sous le commandement de M. le général Bugeaud, geôlier-navigateur, chargé de transmettre sa captive sur la terre étrangère. Nous aurons encore là sans doute quelque incident qui nous montrera de part et d'autre les rôles soutenus avec le double caractère de grandeur d'un côté, de petitesse de l'autre, dont ce drame est empreint. Il y a eu entre le pouvoir né de la révolution de Juillet et cette femme étonnante un duel qui nous a révélé toute la faiblesse du premier, la grandeur et la force de celle-ci. »

A la veille de quitter la citadelle de Blaye, la duchesse de Berry était toujours dans l'inquiétude, et, ne se sentant pas rassurée sur les dispositions définitives du gouvernement de Louis-Philippe, elle redoutait encore quelques nouvelles persécutions ou quelques nouvelles tracasseries.

Avant son départ, la princesse reçut, à la citadelle, la visite du grand avocat légitimiste, M. Hennequin. Le général Bugeaud écrivait au comte d'Argout le 4 juin 1833 :

« M. Hennequin est ici depuis hier. Il a vu aujourd'hui la duchesse et dîné avec elle. Je l'invitai hier à dîner. Sa conversation est spirituelle et animée. Il cause volontiers des affaires du jour, et surtout de son plaidoyer devant la Cour d'appel de Rennes en faveur de Mlles de Guiny. Il assure que ce plaidoyer doit le faire passer à la postérité. M. Hennequin a un ton très convenable et me montre beaucoup d'estime. »

Et M. de Saint-Arnaud écrivait le lendemain :

« J'ai dîné avec M. Hennequin, discuté avec lui politique, et je n'ai pas été trop battu, de l'avis du général. »

Né en 1786, mort en 1840, M. Hennequin est un des hommes qui ont jeté le plus d'éclat sur le barreau français. Chez ce maître de la parole, l'élévation du caractère était à la hauteur du talent. On a dit de lui : « C'est un homme qui s'attache au malheur comme d'autres à la fortune. » Avant d'être avocat, il avait bravement servi sous les drapeaux, et s'était retiré de l'armée, avec le grade de sous-lieutenant, après la paix de Tilsitt. La Restauration eut toutes ses sympathies, mais il sut se prémunir contre les exagérations politiques. Après la Révolution de 1830, il fut le défenseur éloquent des vaincus. En 1832 et en 1833 nous le voyons toujours sur la brèche. C'est lu qui plaida devant la cour d'assises de la Seine pour MM. de Verneuil et Dutillet, compromis dans la conspiration de la rue des Prouvaires. C'est lui qui fit acquitter par la cour de Blois MM. de Laubépin, Guibourg et Merson, et qui fit acquitter également à Nantes, puis plus tard à Rennes, Mlles du Guiny. Connaissant par ces demoiselles, avec qui il s'était lié d'amitié, les soins dont elles avaient entouré Madame dans leur maison, il adressa aux journaux, le 23 janvier 1833, au moment de la mission des docteurs Auvity et Orfila à Blaye, une protestation par laquelle il sommait le gouvernement de « mettre en liberté Madame, contrainte d'échanger tout à coup les empressements d'une hospitalité respectueuse contre les entraves et les outrages de la prison ». C'est M. Hennequin qui, en acceptant d'être le défenseur du comte de Mesnard, écrivait à ce fidèle serviteur de la duchesse de Berry :

« Ce n'est pas sans un profond attendrissement que j'ai lu les choses que vous me dites de la part de Son Altesse Royale Madame. Je place aussi la confiance dont vous m'honorez au nombre des récompenses de ma vie. »

Au mois d'avril, la princesse l'a mandé à Blaye, ainsi que M. de Chateaubriand. Mais ni l'un ni l'autre n'a été autorisé par le gouvernement à se rendre à cet appel. En juin, M. Hennequin a été plus heureux. Le préfet d'Ille-et-Vilaine lui a annoncé que le gouvernement lui permettait de se rendre auprès de la duchesse de Berry, et le soir même il est parti pour Blaye.

La princesse a reçu avec joie l'éloquent défenseur de ses partisans, l'homme qui sera pour toujours son conseiller fidèle. Mais, hélas! cette joie est troublée par le regret que M. Hennequin n'ait pu, malgré son zèle, défendre tous les légitimistes traduits devant les tribunaux. Si les principaux ont pu être acquittés ou ont échappé aux poursuites, combien parmi les petits, parmi les humbles, ont été condamnés de la manière la plus rigoureuse? Les représailles contre l'expédition de Mme la duchesse de Berry furent beaucoup plus vives et beaucoup plus durables en province qu'à Paris. Le croirait-on? Les légitimiste détenus au Mont-Saint-Michel et dans d'autre prisons pour leur participation à la prise d'armes de 1832 ne seront pas même amnistiés en 1848. Il faudra, en 1849, l'intervention du comte de Falloux, alors ministre de l'instruction publique et des cultes, auprès du président de la République, Louis-Napoléon, lors d'un voyage de ce prince dans l'Ouest, pour obtenir leur amnistie malgré le Conseil d'État, malgré M. Odilon Barrot, malgré M. Dufaure. Le sort de ces malheureuses victimes, destinées à une captivité de dix-sept ans, préoccupait au plus haut degré la princesse. Au moment où elle-même allait sortir de sa prison, ceux de ses partisans qui restaient prisonniers à cause d'elle ne cessaient de s'imposer douloureusement à son esprit, et cette pensée lui inspirait une tristesse profonde.

XXXII

LE DÉPART DE BLAYE.

C'était le vendredi 7 juin 1838. La duchesse de Berry n'avait plus qu'un jour et une nuit à passer dans la citadelle de Blaye. Elle devait partir le lendemain matin. Comme elle ouvrait les tiroirs de son secrétaire et en retirait des lettres nombreuses, réunies en petits paquets :

« Voilà, lui dit le docteur Ménière, un meuble que les amateurs se disputeront dès que l'on saura qu'il a appartenu à Votre Altesse Royale, que vous avez écrit chaque jour sur cette tablette, que vous avez caché beaucoup de lettres dans ces petits tiroirs ; on s'imaginera qu'il y a un secret sous ces planches de bois de citronnier, on aura l'espoir d'y trouver quelques traces de votre main ou de votre plume, et cette relique mise à l'enchère sera vendue au poids de l'or.

« — Eh bien ! docteur, c'est ce qui vous trompe,

répliqua la princesse. Ce secrétaire qui m'a rendu tant de services ne sera pas mis à l'encan. Monsieur l'économe de la prison n'aura pas la peine de vendre cette dépouille, et la raison, c'est que j'ai l'intention de vous l'offrir. J'espère que vous voudrez bien l'accepter comme un souvenir d'une pauvre femme qui, dans son malheur, n'a eu qu'à se louer de vos bons soins. »

(Le fils du docteur Ménière a chez lui cette précieuse relique, trouvée dans l'héritage paternel.)

Le docteur remercia la princesse avec effusion. Quelques instants après, elle reçut un peintre de Bordeaux, M. Ris, et posa pendant une heure pour son portrait, dont elle fit présent au docteur Gintrac, très digne de cette faveur.

Le maréchal Soult et le comte d'Argout avaient envoyé des instructions détaillées au sujet du départ. Il y était dit :

« A moins d'empêchements imprévus, l'embarquement demeure fixé au samedi 8 juin.

« Mme la duchesse de Berry doit sortir de la citadelle en plein jour, dans une calèche découverte, de manière à être bien vue, ainsi que son enfant.

« Peut-être conviendrait-il de n'annoncer le jour de son départ que la veille au soir, afin que la foule ne soit pas trop considérable et que les carlistes de Bordeaux n'accourent pas en trop grand nombre pour être témoins de ce spectacle.

Vous pourriez faire circuler dans le public que l'embarquement aura lieu le 10, et vous entendre confidentiellement avec le capitaine de frégate pour qu'il ait lieu le 8. En faisant connaître à Blaye le 7 au soir, ou le 8 de bon matin, le véritable moment de l'embarquement, vous auriez pour témoins de cet embarquement toute la population de Blaye, ce qui est plus que suffisant pour donner à cet acte une grande publicité.

« De grandes précautions devront être prises pour que Mme la duchesse de Berry ne soit ni insultée ni applaudie. Une proclamation du maire pour empêcher toutes manifestations d'approbation ou d'improbation serait un acte bien solennel qui ne serait pas sans inconvénient. Mais il sera utile qu'il y ait une force armée composée de soldats de la ligne et de gardes nationales, et un nombre de gendarmes suffisants pour faire maintenir l'ordre. Vous commanderez la force armée. Entendez-vous avec le sous-préfet et le maire pour ce qui concerne les autorités civiles.

« Mme la duchesse de Berry s'embarquera à Blaye sur le bateau à vapeur qui a été retenu pour cet objet, et ira rejoindre la frégate qui l'attendra dans la baie de Richard.

« Au moment du départ de la citadelle et de l'embarquement à Blaye, un procès-verbal devra être dressé pour constater l'embarquement de la duchesse et de son enfant. Il sera peut être utile d'y faire intervenir celles des autorités de Blaye qui ont concouru à la constatation de la naissance. »

Le soir, tout était préparé. Une péniche emportait au Richard les bagages de Madame et des personnes qui devaient l'accompagner, et le bateau à vapeur destiné à les conduire vers l'embouchure de la Gironde arrivait, la nuit, dans le port de Blaye

« Ainsi, tout s'apprête pour ce grand jour, écrivait le docteur Ménière dans son journal, et le prochain soleil verra la princesse quitter pour jamais cette vieille forteresse, que tant d'événements viennent de tirer de son obscurité. Adieu donc, remparts et canons, bastions et cantines; adieu, chers officiers du 64°, mes aimables compagnons de plaisirs et d'ennui! Le temps passé dans ces murs noircis m'a semblé court. »

Telle n'était pas l'impression de la prisonnière. Elle venait de dire au docteur :

« Combien de tourments n'ai-je pas endurés, et que le jour de la délivrance s'est fait attendre! On ne saura jamais tout ce que j'ai souffert, et combien de fois le désespoir s'est emparé de moi. La prison, la maladie, la trahison, les tortures, je ne sais comment j'ai pu résister à tout cela. Une femme, moi, outragée, écrasée sous un poids inhumain! Allez, docteur, je ne suis pas méchante, mais on le deviendrait à moins... »

Dans la journée, la duchesse de Berry avait auprès d'elle les deux jeunes filles du général

Bugeaud, quand elle reçut une caisse contenant des lilas blancs et des lilas violets avec cette mention : « Pour ombrager la prison de Madame. » Alors la princesse s'écria : « Ils sont charmants de croire que je vais rester ici jusqu'au moment où ces lilas me donneront de l'ombre. Tenez, mes enfants, je vous les donne, vous les planterez dans votre jardin d'Exideuil. »

La plus jeune des deux filles du général, celle qui devint la comtesse Feray d'Isly, a écrit :

« Les lilas violets, d'une espèce rare alors, ont vécu très longtemps; on les connaissait sous le nom de *lilas de la duchesse;* les lilas blancs n'ont pas résisté au froid. »

Les lilas blancs de la duchesse ont eu le même sort que les lis de la légitimité.

Le samedi 8 juin 1833, à neuf heures et demie du matin, le général Bugeaud vint prévenir Madame que l'heure du départ était arrivée. Un quart d'heure après, la princesse, au bras du général, sortait de l'enceinte réservée du pavillon qu'elle occupait, et s'avançait dans la grande rue allant de la palissade à la porte Dauphine. Elle franchit le pont-levis. Derrière elle marchait la nourrice portant la petite Anna.

Après avoir franchi le pont-levis, Madame arriva à l'avant-poste, où elle trouva la femme du général Bugeaud, sa fille, sa sœur et quelques autres. Elle embrassa les deux jeunes filles, leur fit donner un baiser à la petite Anna, et, prenant la main de leur mère :

« Madame, lui dit-elle, je suis bien fâchée de vous enlever votre mari; j'espère que ce ne sera pas pour longtemps, et qu'il vous reviendra bientôt sain et sauf, pour ne plus vous quitter. »

La princesse, ayant ensuite franchi la dernière porte de la citadelle, se trouva entre deux lignes de soldats du 64ᵉ, qui s'étendaient de ce point jusqu'au lieu de l'embarquement. Derrière ce double cordon de troupes, la foule se pressait compacte et silencieuse. Beaucoup d'hommes se découvraient, saluant profondément. Tout à coup la mère de la nourrice sortit de la haie, serra sa fille dans ses bras, et l'embrassa en sanglotant. Un peu plus loin, en tête du petit pont jeté sur le ruisseau qui sépare la forteresse de la ville, on trouva une commission composée du sous-préfet de Blaye, du maire et de plusieurs autres autorités, qui arrêtèrent la nourrice, constatèrent l'identité de la petite fille, et saluèrent la princesse.

Sur le point de descendre dans le canot de la *Capricieuse*, Madame se retourna, cherchant avec anxiété la nourrice, dont quelques personnes venaient de la séparer.

« A ce moment, a écrit la comtesse Feray d'Isly, un rayon de soleil dardait sur la figure de l'enfant. La duchesse, s'avançant brusquement, donna son ombrelle pour abriter sa fille. Il y eut un murmure dans la foule, le doute n'était plus permis. Cette scène, dont je ne comprenais pas la portée, est très présente à ma mémoire. »

Le canot de la *Capricieuse* conduisit la princesse, le général, la nourrice et l'enfant jusque sur le bateau à vapeur le *Bordelais;* d'autres canots transportaient les personnes de la suite. Ce bateau était mouillé en rivière devant le port de Blaye. La duchesse de Berry et les personnes destinées à l'accompagner jusqu'à Palerme allaient monter à bord du *Bordelais* pour se rendre à la baie de Richard, où elles trouveraient le bâtiment de guerre l'*Agathe*, qui devait les mener jusqu'en Sicile. Le général Bugeaud avait autorisé le fils du comte de Mesnard, le marquis et la marquise de Dampierre et leur fille, le comte Louis de Calvimont et le marquis de Barbançois à monter sur le *Bordelais*, et à escorter Madame jusqu'à l'*Agathe*.

A dix heures du matin, le *Bordelais* levait l'ancre, et voguait dans les eaux de la Gironde. Il était entouré de plusieurs barques, portant un grand nombre de royalistes, qui venaient saluer la princesse au passage. Une de ces embarcations s'approcha très près du bateau à vapeur. Les personnes qui étaient dans la barque agitaient leurs mouchoirs, et semblaient très émues. Au large! criait le commandant du *Bordelais*. Tout à coup on lança sur le bord un paquet, qui tomba aux pieds du comte de Calvimont. Le général

Bugeaud réclama tout de suite l'objet suspect. C'était un fichu blanc, brodé en vert, sur lequel il y avait le portrait d'Henri V.

Quelqu'un ayant dit alors à Madame : « Votre Altesse Royale doit s'éloigner avec plaisir d'un endroit où elle a tant souffert, » la princesse répondit : « De la citadelle, oui! mais de la France non! »

Le *Bordelais* arriva dans la baie de Richard à une heure et demie. La princesse prit congé de la comtesse d'Hautefort et des autres personnes qui avaient été autorisées à l'accompagner jusque-là seulement. Puis elle monta avec celles qui devaient la suivre jusqu'en Sicile, à bord de la corvette de l'Etat l'*Agathe*, et s'éloigna de la France, pour ne jamais y revenir.

La captivité volontaire ou forcée de Madame la duchesse de Berry, tant à Nantes qu'à Blaye, avait duré près de douze mois, du 14 juin 1832, jour de son arrivée chez Mlles du Guiny, au 8 juin 1833, jour où elle était sortie de la citadelle de Blaye.

XXXIII

L' « AGATHE. »

Un document des plus curieux, publié en 1887 par la *Revue de Bretagne de Vendée*, permet de suivre en détail la traversée de la duchesse de Berry, depuis la baie de Richard jusqu'à Palerme, et complète utilement les informations données par quatre des passagers : le général Bugeaud, le lieutenant de Saint-Arnaud, le docteur Ménière et le comte de Mesnard. C'est le journal de bord d'un médecin militaire, également embarqué sur l'*Agathe*. Cette corvette, contenant un équipage de cent soixante-dix matelots, naviguait sous les ordres d'un capitaine de frégate, le commandant Turpin, dont Madame n'eut qu'à se louer. Au moment où elle monta sur le navire, l'état-major vint la recevoir à l'échelle. L'équipage était en grande tenue sur le pont.

Les premiers jours de la traversée furent très pénibles. La mer, violemment agitée, secouait le navire en tous sens, et le temps était détestable. Le lieutenant de Saint-Arnaud, malgré toute l'énergie de son caractère, écrivait à bord :

« Quelque voyage que tu aies à faire, frère chéri, ne le fais pas par mer, si la terre peut t'y porter. Ne t'attends cependant pas à avoir de longs détails. L'idée seule m'en cause encore des nausées. Quelle traversée, quel ennui, quel dégoût ! Il est vrai que la mer était mauvaise, le vent contraire. Enfin, tout était contre nous. Je n'ai été tranquille que dans la Méditerranée. »

Malade et de mauvaise humeur, le général Bugeaud, qui n'avait pas le commandant Turpin sous ses ordres, se trouvait dépaysé et dépité, n'ayant plus à exercer son autorité militaire. Les marins ne lui plaisaient pas, et, chose étrange, il était mécontent de les voir s'abstenir systématiquement de toute conversation politique. Lui qui, en sa qualité de député, s'intéressait si vivement aux débats des deux Chambres et aux polémiques des journaux, il s'étonnait et s'irritait de l'indifférence des officiers de marine pour les choses qui le passionnaient.

En outre, le général Bugeaud se montrait fort aigri par l'attitude de la princesse à son égard.

« Dès son entrée sur le navire, écrivait-il au maréchal Soult, les manières de la duchesse avec moi, mon aide de camp et M. Ménière ont com plètement changé. Elle nous a mis à l'écart avec une affectation qui tient de l'enfantillage, et annonce de la petitesse d'esprit. Elle a oublié nos soins, nos égards pendant sa captivité de Blaye, et nous a traités presque comme si nous avions été pour elle des geôliers farouches. Par opposition et pour nous faire mieux sentir l'acerbe de ses procédés, elle a comblé de politesses toute la marine; elle allait jusqu'à prendre le bras à un simple élève... Voyant son intention bien formelle de me mortifier, je me suis renfermé dans ma dignité, et je me suis contenté de lui demander de ses nouvelles une fois par jour. »

De son côté, le docteur Ménière inscrivait dans son journal, à la date du 17 juin, les observations suivantes :

« Les galants officiers de marine, dont la jeunesse peu indulgente cherche un sujet de moquerie, ont bientôt remarqué que le général n'était pas aimé de la princesse, et, pour faire leur cour à Son Altesse Royale, ils ont pris fait et cause pour Madame, et d'autant plus qu'il y a d'ordinaire peu de sympathie entre messieurs de la marine et les officiers de l'armée de terre. Ces causes et bien d'autres encore ont jeté une sorte d'interdit sur notre brave gouverneur, et, sauf M. de Saint-Arnaud et moi, il ne voit personne à bord de la corvette. Ses rapports avec le commandant Turpin sont froids, cérémonieux; leurs caractères sont dépourvus de points de contact, et je serais bien étonné que la traversée s'achevât sans encombre. »

En causant avec les officiers de marine, qui la traitaient aussi respectueusement que si son fils eût régné aux Tuileries, Madame revenait sur les souffrances de sa captivité à Blaye. Elle se plaignait qu'on lui eût donné dans la citadelle une sorte de chambre acoustique où elle ne pouvait dire un mot sans être entendue par ses gardiens, et dont elle était obligée de fermer les fenêtres à six heures du soir, même au mois de mai. Quand on lui disait que le général, pour se justifier, montrait des lettres de remerciement écrites par elle :

« Lorsqu'on a la main dans la gueule du loup, répliquait-elle, il faut en user de manière à ce qu'il ne morde pas. »

Un jour que le général se promenait sur le pont du navire, un coup de vent emporta son chapeau de paille, qui tomba à la mer. La duchesse de Berry dit alors :

« C'est vraiment fort heureux que ce couvre-chef soit porté par les courants vers les rives étrangères plutôt que vers celles de France, car cela aurait pu donner de vives inquiétudes à Mme Bugeaud.

— Eh ! mon Dieu, répliqua malicieusement le général, Mme Bugeaud ferait comme beaucoup d'autres, elle se consolerait. »

La princesse prenait ses repas avec le prince

et la princesse de Bauffremont, ainsi qu'avec M. de Mesnard. Rien ne l'aurait décidée à s'asseoir à la même table que le général Bugeaud. Le général mangeait à celle du commandant Turpin avec les docteurs Deneux et Ménière, le lieutenant de Saint-Arnaud et l'abbé Sabatier. Ces repas furent plus d'une fois troublés par des discussions politiques. Le commandant Turpin gardait la neutralité. Mais les autres convives, se divisaient en deux camps : d'un côté le général, M. de Saint-Arnaud et M. Ménière, qui prenaient parti pour le gouvernement de Juillet ; de l'autre, M. Deneux et l'abbé Sabatier, qui soutenaient la cause du drapeau blanc.

« Nous menons une triste vie à bord, écrivait le futur vainqueur de l'Alma. Deux partis sont en présence. On s'examine, quelquefois même on se toise. Plus la duchesse approche de la Sicile, plus elle devient froide et même sèche ; elle fait bande à part avec sa suite. Le meilleur est M. de Mesnard. M. Deneux bredouille et pâlit quand on parle politique. Nous mangeons à la table du commandant, avec M. Deneux et l'abbé. Pas de conversation possible, aigreur partout. Je ne cause qu'avec mon général, Ménière et quelque officiers de vaisseau. »

La duchesse de Berry avait encore tant de prestige que ceux qu'elle tenait à l'écart éprouvaient autant de dépit que des courtisans disgraciés. En revanche, les officiers de marine se montraient tout heureux et tout fiers de sa bienveillance. Le temps, si mauvais au début de la traversée, était devenu magnifique. Le 20 juin, le cap Saint-Vincent se dessinait à l'horizon. Le soir, les matelots se mirent à chanter. La princesse fut charmée d'une romance intitulée la *Mort de Bayard*. Une mélodie, qui avait pour titre *les Chalets*, lui plut tellement qu'elle se la fit copier. Le dimanche 23 juin, l'abbé Sabatier dit la messe dans le carré des officiers. Les concerts du soir continuaient, à la grande joie de Madame. Le chirurgien en second, M. Lapraire, jouait de la flûte comme un virtuose. C'était un Tulou maritime, que n'aurait pas désavoué le Tulou de l'Opéra. Parmi les chanteurs, il y avait de très belles voix. Cette musique en plein air, à la clarté de la lune et des étoiles, plaisait beaucoup à la princesse, qui avait le goût des arts et le sentiment de la poésie.

« La lune est le véritable astre de la mer, disait-elle le 25 juin; sa lumière donne à l'immense étendue une teinte plus douce, un caractère moins sauvage, et je trouve que cette eau sans limites gagne à être vue sous cet aspect mystérieux. »

Après le concert, on faisait comparaître sur le gaillard d'arrière les matelots les plus alertes de l'équipage, qui donnaient alors le spectacle d'assauts de sabre ou de bâton. Madame s'en amusait beaucoup, et riait en voyant les majestueux saluts par lesquels les matelots commençaient ces exercices. Parfois aussi il y avait des danses. Son Altesse Royale se plaisait à causer non seulement avec les officiers, mais encore avec les simple matelots. Le docteur Ménière écrivait dans son journal le 25 juin :

« On dit généralement que les matelots sont brusques, grossiers. Le portrait qu'on rencontre partout, à la scène, dans les romans, me semble chargé; du moins ne puis-je le reconnaître exact et ressemblant au milieu des hommes avec lequels je vis depuis dix-huit jours. Il y a dans le caractère de ces braves gens quelque chose de hardi, de ferme, de résolu, comme cela doit être chez des hommes dont la vie est toujours en jeu; on y remarque aussi de la bonhomie, de la gaieté, une insouciance railleuse, des éclairs de sensibilité vive, un dévouement exalté pour les camarades de l'équipage, et l'étoffe nécessaire pour tous les actes qui demandent à la fois de la tête et du cœur.

Madame semblait renaître à la vie. Elle respirait à pleine poitrine l'air vivifiant qui avait manqué longtemps à ses poumons fatigués. Sa santé morale et physique revenait. Elle paraissait heureuse et même gaie. Le 26 juin, elle eut une alerte, qui l'effraya beaucoup, mais ne fut que passagère. La vigie signala un bâtiment de guerre français. Sa physionomie et celle des personnes de sa suite manifestèrent une vive inquiétude quand on annonça que ce bâtiment faisait des signaux. Peut-être le gouvernement, changeant d'idée, voulait-il rappeler la princesse en France, et la soumettre à un jugement. Les réclamations récemment faites dans les Chambres sur la différence de son sort et de celui de ses complices enfermés au Mont Saint-Michel ne pouvaient-elles pas faire naître une telle appréhension ? Heureusement, le navire en vue poursuivit sa route, et le calme rentra dans les esprits.

Quelques instants après, un bâtiment marchand français passa près de l'*Agathe* : c'était l'*Étoile-des-Mers*, venant de Bourbon et se rendant à Marseille. La duchesse témoigna le désir de faire donner de ses nouvelles en France par ce navire. Alors le commandant Turpin dit par le porte-voix que son bâtiment s'appelait l'*Agathe*, qu'il conduisait à Palerme la duchesse de Berry et sa suite, que tout le monde jouissait d'une bonne santé, et qu'il chargeait le capitaine d'en informer, dès son arrivée à Marseille, le commissaire général, qui manderait la nouvelle à Paris par le télégraphe. Le capitaine et l'équipage de l'*Etoile-des-Mers* saluèrent l'*Agathe* avec un respect mêlé d'étonnement ; leur navire était déjà loin qu'ils en voyaient encore leurs saluts. La princesse en était émue jusqu'aux larmes.

Le 29 juin, Madame dit au capitaine de l'*Agathe* :

« Commandant, faites-nous voir Alger. Conduisez-nous dans ce port que nous a donné

Charles X ; nous serons encore là en France, nous nous y reposerons seulement un jour, et cela fera plaisir à tout le monde.

— Pas à moi, du moins, s'écria le général Bugeaud, car j'ai hâte d'arriver à Palerme. Et, d'ailleurs, le séjour d'Alger ne doit pas être fort agréable. On dit que tout est à faire dans cette colonie, et si la Restauration a cru nous gratifier d'un beau cadeau, je crois qu'elle s'est trompée. Il nous en coûtera cher pour garder ce sol aride : l'argent qu'il y faudra dépenser serait bien plus utilement employé en France, et suffirait à rendre notre agriculture florissante. »

La duchesse de Berry, un peu piquée, s'apprêtait à riposter, mais le général rentra dans sa cabine. On ne relâcha point à Alger.

Le 29 juin étant la fête de saint Pierre et de saint Paul, l'abbé Sabatier obtint l'autorisation de célébrer, ce jour-là, la messe sur le pont. L'état-major et l'équipage y assistèrent. La fête des saints apôtres rappelait à la princesse que, pendant l'expédition de Vendée, elle portait le nom de Petit-Pierre et Mlle Eulalie de Kersabiec celui de Petit-Paul.

Madame se louait chaque jour davantage des égards du commandant Turpin et de la courtoisie des officiers. Elle le témoignait à chacun par un sourire toujours gracieux, un accueil toujours bienveillant.

« La gaieté de la princesse ne s'est pas démentie un instant, est-il dit dans le journal du médecin de marine. Elle a l'air plutôt d'une excellente femme que d'un conspirateur. Le prince et la princesse de Bauffremont sont avec elle d'une réserve qui contraste singulièrement avec l'espèce de familiarité que la plupart des officiers d'état-major se permettent avec elle, encouragés par une bonhomie pleine de grâce. »

Madame voulait conserver des souvenirs de chaque officier, et chaque fois qu'on lui donnait quelque chose, elle voulait qu'on y inscrivît le nom de l'*Agathe*, la date : juin 1833, et le nom du donateur.

« Si un jour, disait-elle, on venait me prendre à Palerme, je demanderais l'*Agathe* avec l'état-major actuel. »

En revanche, Madame se montrait de moins en moins bienveillante pour le général Bugeaud. Le comte de Mesnard raconte qu'un jour où, par un temps magnifique, elle travaillait à un ouvrage de tapisserie sur le pont, le général s'approcha du groupe dont elle était entourée et se mit à parler du plaisir qu'il aurait à voyager en Sicile :

« Je compte, disait-il, parcourir les endroits où l'on retrouve encore des souvenirs de l'antiquité ; je me réserve de découvrir ce qui a pu altérer la fécondité du sol sicilien, au point que ses produits peuvent à peine suffire aujourd'hui aux besoins de la population, qui est cependant prodigieusement diminuée. »

Personne ne lui donnant la réplique, le général continua ainsi :

« On raconte de terribles histoires sur les dangers que l'on court en parcourant les grandes routes. Savez-vous, Messieurs, si ces histoires sont exagérées et si les brigands peuvent, ainsi qu'on le dit, commettre impunément des vols et des assassinats ?

— Général, dit alors la princesse, relevant la tête, qu'elle avait jusque-là tenue baissée sur son ouvrage, il n'y a rien à craindre de ce côté : la police se fait admirablement bien en Sicile; les routes y sont aussi sûres que les rues de Blaye. Mais si ce danger n'est pas à craindre, il en est un autre contre lequel il est difficile de se défendre. »

Le général prêtait une extrême attention aux paroles de Madame.

« Oui, reprit-elle, en appuyant sur plusieurs mots, si un homme avait à craindre une vengeance particulière, s'il s'était conduit de manière à sentir qu'il l'a provoquée, je ne lui conseillerais pas de mettre le pied en Sicile, et surtout à Palerme, où la vie d'un homme ne tient à rien. Il suffit de posséder un ducat pour ne plus entendre parler de la personne dont on veut se débarrasser. Avec un ducat, on trouve vingt bras pour un prêts à frapper dans l'ombre, et sans que l'on puisse savoir d'où le coup est parti. »

Madame exagérait, mais elle voulait se séparer

le plus tôt possible du général, et la preuve qu'elle atteignit son but, c'est ce passage d'une lettre écrite par M. de Saint-Arnaud, à bord de l'*Agathe*, le 3 juillet :

« Mon général, qui devait d'abord acheter une voiture à Naples et revenir à Toulon par Rome, Florence, Pise, Gênes et Nice, a changé d'idée... Cette détermination est le fruit de sages réflexions qu'il a faites.

— A quoi bon, m'a-t-il dit, s'exposer de sang-froid aux vengeances siciliennes et italiennes ? Un coup de poignard dirigé par un gueux pour vingt francs et lancé par derrière ne se pare pas, et mourir assassiné n'est ni glorieux ni gai. Nous avons nos raisons pour le craindre. Garçons, nous l'aurions peut-être bravé, et, étant sur nos gardes, nous en aurions appelé avec confiance aux bonnes lames françaises qui ne tiennent guère dans le fourreau. Mais nos femmes, nos enfants, nos frères !... Mon ami, nous reviendrons par mer. »

M. de Mesnard dit à l'ancien gouverneur de Blaye avec un ton de regret qui n'était pas exempt de malice :

« Eh quoi ! général, vous renoncez à vos projets agronomes ? Vous ne voulez plus visiter les antiquités de la Sicile ? Un si beau pays, c'est vraiment dommage ! »

On touchait enfin au terme d'une traversée qui durait depuis vingt-sept jours. Le 4 juillet, la vigie signalait la terre. C'était l'île au trois pointes : la Sicile. Armée d'un binocle, la duchesse de Berry distingua plusieurs endroits connus de son enfance : le cap Saint-Vito, la montagne Saint-Julien, qui porte les restes de l'antique Erix; le cap Saint-Gallo, qui couvre la baie de Palerme. Le débarquement devait avoir lieu le lendemain.

XXXIV

LE DÉBARQUEMENT.

Le vendredi 5 juillet 1833, à quatre heures du matin, tout l'équipage de l'*Agathe* était sur pied. Le cap Saint-Gallo dépassé, la corvette se dirigeait au sud. La brume se levait, le jour commençait à poindre. Les passagers aperçurent d'abord une belle montagne d'une forme singulière, le Monte-Pelegrino ; puis, dans un lointain lumineux, des masses blanches formées par les édifices principaux de la ville de Palerme. Le commandant Turpin fit tirer un coup de canon et hisser un pavillon au mât de misaine pour demander au port, par ce double signal, un pilote nécessaire.

La duchesse de Berry monta sur le banc de quart, et braquant sur la côte une lorgnette de spectacle :

« Qu'est-ce que c'est que ce rocher pointu que

je vois là-bas? s'écria-t-elle; je ne le reconnais pas. Vous verrez que l'on m'aura dérangé mes rochers! Qui sait si mes belles montagnes n'auront pas changé de place? J'aperçois bien le Grifone, le Falcone, le Pater-Noster et quelques autres que j'ai tenté d'escalader dans mon enfance; mais il me semble qu'il en manque plusieurs, et cela me désole. Soyez sûr que je ferai mon inventaire, et que, si l'on m'a subtilisé quelques-uns de ces monts qui ont place dans mon souvenir, je m'en plaindrai au roi de Naples. »

Un soleil magnifique faisait resplendir toute la partie du rivage qui s'étend depuis Bagaria jusqu'à Mandello.

« Voyez, s'écriait la princesse, comme la ville s'embellit à mesure que nous approchons! Voici la *Marina*, charmante promenade, qui, chaque soir, se couvre de voitures. Je distingue la cathédrale, le palais royal et plusieurs autres monuments. Mais voyez là-bas, sur la *Marina*, il y a des préparatifs pour la fête de sainte Rosalie. Nous sommes bien heureux d'arriver à Palerme à une époque où toute l'Italie débarque en Sicile pour les solennités religieuses et autres qui se préparent. »

Les officiers signalent un vaisseau de guerre à l'ancre dans le port de Palerme. L'un d'eux prend une longue-vue, et, après avoir examiné le navire, dit que c'est un brick français. Cet officier ne se trompe pas. C'est le brick de la marine de guerre française l'*Actéon ;* à huit heures du matin, il lève l'ancre, et s'approche de l'*Agathe*, en courant des bordées à l'entrée de la rade.

Un canot armé, venant de l'*Actéon*, amène le commandant Nonais, capitaine de ce brick jusqu'à l'*Agathe*. M. Nonais monte à bord de la corvette, et embrasse cordialement le commandant Turpin. Il lui annonce que l'*Actéon*, arrivé la veille dans la rade de Palerme, est envoyé par le gouvernement pour savoir des nouvelles de la duchesse de Berry, et qu'il partira pour Toulon aussitôt que la princesse aura débarqué en Sicile. Il annonce également que les autorités siciliennes ne sont pas informées de l'arrivée de Madame, que le consul de France à Palerme est dans la même ignorance, mais que le comte Lucchesi-Palli l'attend depuis la veille au soir.

Pressé de rentrer en France et se souciant très peu de toucher le sol sicilien, le général Bugeaud, dès qu'il apprend que l'*Actéon* partira pour Toulon le soir même, se décide à ne pas laisser échapper une occasion pareille, et à s'embarquer sur ce bâtiment. Mais auparavant, il faut procéder à toutes les formalités qu'exigera le débarquement de la princesse.

Le commandant Nonais a amené avec lui un pilote. Ce pilote prend la direction de l'*Agathe*, et la conduit à l'endroit de la rade où elle jette l'ancre. Il est midi. Une foule de barques, montées par des curieux, se rangent en cercle autour de la corvette. Sur les unes sont des musiciens, des chanteurs ; sur les autres des moines et des mendiants, qui demandent l'aumône. Des couplets sur la princesse *sempre tormentata* se mêlent au bruit des flots. Artistes et mendiants paraissent satisfaits de quelques pièces de monnaie qu'on leur jette du pont du navire.

Même à ce moment, les discussions n'ont pas encore cessé à bord de l'*Agathe*. Les instructions du général Bugeaud et celles du commandant Turpin, au sujet du débarquement de la duchesse de Berry, ne concordent pas en tout point. De là un débat assez vif. Bientôt après survient un autre sujet de querelle. Conformément aux ordres du ministre de l'intérieur, le général réclame des médecins embarqués avec la princesse une pièce officielle attestant que la duchesse de Berry et sa fille sont arrivées en bonne santé à Palerme. Le docteur Deneux refuse d'abord de signer un tel certificat. Après une vive altercation, il s'y décide, et finit par apposer sa signature à l'acte, avec le docteur Ménière et avec MM. Lapraire et Cavalier, chirurgiens du bord.

Le navire a jeté l'ancre à midi. Il est près de trois heures, et la princesse n'a encore vu personne se présenter au nom de son frère le comte de Syracuse, vice-roi de Sicile, frère du roi de Naples. Ce retard ne laisse pas que de lui inspirer des inquiétudes. Elle a eu, dans sa vie, tant de déceptions qu'elle ne croit nulle part en être à l'abri. Ce qui la préoccupe surtout, c'est que le comte Lucchesi-Palli ne soit pas déjà auprès d'elle. Enfin elle aperçoit, conduit par dix rameurs et venant du port, un canot, qui amène plusieurs personnages revêtus d'habits brodés et chamarrés de décorations : un chambellan du vice-roi, le gouverneur de Palerme, un amiral sicilien et un quatrième personnage qui n'est autre que le comte Lucchesi-Palli. Ces messieurs sont reçus au haut de l'échelle de l'*Agathe* par le commandant Turpin et l'état-major. Le chambellan est introduit le premier dans l'appartement de la princesse. Au bout d'un quart d'heure, il en sort. C'est le tour du comte Lucchesi-Palli. Le comte reste seul avec Madame pendant une demi-heure, puis il reparaît sur le pont avec elle.

C'est un jeune homme de vingt-quatre ans, un beau brun, grand, élancé, aux manières élégantes, ayant la tournure un peu anglaise et portant la barbe en collier. Appuyée au bras de son époux, la princesse semble heureuse, et salue gracieusement l'équipage.

« Puisqu'il n'y a rien de préparé pour me recevoir là-bas, dit-elle, et que je ne sais pas même si je pourrai descendre au palais du vice-roi, je resterai à bord jusqu'à ce soir. Nous laisserons tomber l'ardeur de ce soleil dévorant, et nous dînerons tranquillement ici ; cela donnera à mon cher frère le temps de prendre quelques mesures nécessaires. »

La princesse dîne pour la dernière fois sur l'*Agathe*, pendant que les orchestres et les chanteurs des embarcations groupées autour de la corvette continuent leur musique. L'horizon est radieux. Un soleil magnifique illumine, de la plage au château du vice-roi, les clochers de formes bizarres et les édifices couronnés de terrasses à l'aspect oriental.

Avant de quitter le navire, la duchesse de Berry veut recevoir le commandant Turpin et tous les officiers. Elle les remercie en termes émus, avec des larmes dans les yeux, et leur donne l'assurance qu'elle conservera de chacun d'eux un souvenir toujours agréable. Elle a demandé une liste contenant les noms de tous les officiers et de tous les matelots, et l'on a déféré à ce désir. Elle offre au commandant Turpin la tapisserie à laquelle elle a travaillé avec tant d'ardeur pendant la traversée, et fait distribuer à tout l'équipage une gratification représentant vingt jours de solde pour chacun.

Le général Bugeaud prend congé de la princesse, et voici, d'après ce que le général écrivit lui-même au comte d'Argout, les termes exacts de cette dernière conversation (pièce citée par M. Nauroy) :

« Madame, je vous fais mes adieux. Soyez convaincue que nul plus que moi ne désire votre bonheur... en Sicile. Je n'ai aucun droit à votre amitié; mais vous ne pouvez me refuser votre estime, et j'y compte.

— Il est certain, général, que je ne puis m'empêcher de vous estimer; mais je n'ai pu concevoir comment un homme comme vous avait voulu se charger d'une pareille mission.

— Il est aisé de vous l'expliquer, Madame : je veux maintenir la monarchie de Juillet, et je sais qu'on ne fonde une nouvelle dynastie qu'avec un énergique dévouement et de la sincérité. C'est par patriotisme, dans l'intérêt bien entendu du pays, que je sers la famille que nous avons adoptée. Quand on est dirigé par ces sentiments, quand il n'y a rien de l'intérêt personnel, toutes les missions sont honorables.

— C'est très bien. Louis-Philippe a-t-il beaucoup de serviteurs comme cela?

— J'aime à le croire, Madame; mais il a en outre autour de lui les intérêts matériels; voilà ce qui le rend bien fort. »

Le docteur Ménière salue la princesse.

« Nous ne nous quittons pas, monsieur Ménière, lui dit-elle gracieusement. Vous allez rester à Palerme pendant les fêtes, et nous vous reverrons volontiers. Ma petite-fille aura peut-être besoin de vos soins; j'y compte. Au revoir! »

Le docteur répond en s'inclinant : « Je suis aux ordres de Votre Altesse royale. »

Quoique tenu un peu à l'écart dans les derniers

temps, il n'a jamais cessé d'être sous le charme de Madame. Il écrira dans son journal, à cette date même du 5 juillet :

« Mme la duchesse de Berry a un naturel parfait; sa gaieté, sa bienveillance se montrent toujours spontanément, même quand les grandes préoccupations pourraient justifier une tout autre façon d'agir. C'est là le secret de son influence sur les personnes admises dans son intimité, et je ne sache pas que l'on soit parvenu à s'y soustraire. Tous ceux qui l'approchent habituellement se laissent prendre à ce charme d'une bonhomie pleine d'entrain, d'une amabilité gracieuse, qui efface les distances et rend le dévouement facile.

Il est cinq heures du soir. La duchesse de Berry va quitter l'*Agathe*. La corvette est pavoisée de bas en haut. Montés sur les haubans, les matelots font entendre un vigoureux hurrah. Les officiers, en grande tenue, rangés sur le passavant de tribord, saluent avec l'épée. La princesse entre, avec le comte Lucchesi-Palli, le comte de Mesnard et le prince et la princesse de Bauffremont, dans le canot de l'*Agathe*, qu'elle a préféré, quoique moins beau, à celui qu'on lui avait envoyé de Palerme. La mise de Madame est très simple. Ses femmes de chambre l'ont vainement priée de quitter sa toilette ordinaire du matin : une robe de mérinos brun et un petit chapeau de paille d'Italie, avec des rubans bleus. Le pavillon tricolore flotte au grand-mât de la corvette, celui de Sicile au mât de misaine. Bientôt la citadelle répond aux saluts de l'*Agathe*, et la baie de Palerme retentit des grandes voix de bronze. En quelques minutes, le canot qui porte la princesse arrive au débarcadère de la marine. La duchesse de Berry débarque, monte en voiture, et passe par une porte monumentale qui s'appelle *Porta Felice*.

La nourrice et la petite Anna ne quittent l'*Agathe* qu'une demi-heure après, et sur un autre canot que la princesse, au grand désespoir du général Bugeaud, qui aurait voulu que la duchesse de Berry entrât à Palerme, comme elle était sortie de la forteresse de Blaye, avec sa petite fille auprès d'elle. Mais le commandant Turpin a déclaré au général que, du moment où Madame n'est plus à bord de la corvette, elle peut agir comme il lui plaît. Une dernière formalité reste à remplir. L'arrangement suivant a été pris entre le prince de Campo-Franco, ministre du vice-roi, et le comte de Ségur, consul de France à Palerme : le général Bugeaud écrirait au prince, comme pour lui annoncer son arrivée, ainsi que celle de la duchesse de Berry, de son enfant et de sa suite ; le prince lui accuserait réception de cette lettre, et lui annoncerait, en même temps, que la duchesse, son enfant et sa suite venaient de débarquer en bonne santé à Palerme. Les choses se sont passées comme il était convenu. Avant de quitter l'*Agathe* pour s'embarquer, avec

M. de Saint-Arnaud, sur l'*Actéon*, le général Bugeaud a entre les mains cette lettre du prince de Campo-Franco, père du comte Lucchesi-Palli.

« Monsieur le général,

« Je reçois la très estimable lettre datée de ce jour, par laquelle vous avez bien voulu m'annoncer l'arrivée en ce port de S. A. R. la duchesse de Berry, de sa fille et de sa suite à bord de la frégate l'*Agathe*. En vous accusant réception, monsieur le général, de ladite lettre, je saisis cette occasion de vous en offrir mes remerciements, et, en réciprocité, j'ai l'honneur de vous faire connaître que S. A. R. Madame la duchesse de Berry, accompagnée de sa fille et de sa suite, est déjà débarquée en bonne santé, du bord de la frégate susnommée, à cinq heures après-midi de ce jour.

« Je vous prie d'agréer les protestations de ma très haute considération.

« Palerme, 5 juillet 1833.

« N., prince de CAMPO-FRANCO. »

Le général Bugeaud et son aide de camp, M. de Saint-Arnaud, ne mettent pas même le pied sur la terre de Sicile, et n'ont que le temps de changer de navire pour voguer vers la France. M. de Saint-Arnaud écrira sur l'*Actéon* : « Le consul de France était venu à bord de l'*Agathe* voir le général et donner des renseignements sur l'esprit du pays. Palerme est misérable au dernier degré, en proie à plusieurs partis, et peuplé de gueux qui, pour vingt sols, sont capables de tout. Les vengeances italiennes sont connues. Etait-il prudent de descendre à Palerme? Mille intérêts bien chers nous rappelaient en France, et nous commandaient la prudence. Le général a fait remercier le vice-roi de l'invitation qu'il lui faisait de venir le voir, et, à six heures du soir, nous étions à bord de l'*Actéon*, faisant voile pour Toulon. »

Le général Bugeaud vient de partir. La duchesse de Berry est libre.

FIN

TABLE

		Pages.
I.	Les deux entrées à Nantes.	1
II.	La maison des demoiselles de Guiny.	8
III.	M. Thiers.	28
IV.	Deutz.	35
V.	M. Guibourd.	46
VI.	La trahison.	55
VII.	La cachette.	69
VIII.	L'arrestation.	78
IX.	Le château de Nantes.	90
X.	De Nantes à Blaye.	104
XI.	L'arrivée à Blaye.	113
XII.	La citadelle de Blaye.	124
XIII.	Le colonel Chousserie.	134
XIV.	Le Gouvernement.	147
XV.	Les légitimistes.	160
XVI.	M. de Chateaubriand.	178
XVII.	Le mémoire.	188
XVIII.	La séance aux aveux.	196
XIX.	Les consultations.	206
XX.	Les duels.	216
XXI.	L'arrivée du général Bugeaud.	227
XXII.	La déclaration du mariage secret.	235
XXIII.	Le docteur Ménière.	257

		Pages.
XXIV.	Le roi Louis-Philippe.	276
XXV.	Les deux futurs maréchaux.	283
XXVI.	Les compagnons de captivité.	295
XXVII.	La prisonnière.	305
XXVIII.	Le comte de Choulot.	313
XXIX.	Nouvelles épreuves de Madame.	320
XXX.	Le 10 mai.	331
XXXI.	Les derniers jours à Blaye.	341
XXXII.	Le départ de Blaye.	362
XXXIII.	L'« Agathe ».	370
XXXIV.	Le débarquement.	383

PUBLICATIONS DE LA LIBRAIRIE E. DENTU

AUGUSTE BARBIER
Iambes et Poèmes. 1 v. 3 50
Etudes dramatiques. 1v. 3 50

ADOLPHE BELOT
Adulter. 1 vol. 3 50
Alphonsine. 1 vol. . . . 3 50
Une Affolée d'amour. 1v. 3 50
L'Article 47. 1 vol. . . . 3 50
La Bouche de Mme X.
1 vol 3 50
Le Chantage. 1 vol. . . 3 50
Courtisane. 1 vol. . . . 3 50
Les Cravates blanches.
1 vol 3 50
La Femme de feu. 1 v. 3 50
La Femme de glace. 1 v. 3 50
Mlle Giraud ma femme.
1 vol. 3 50

ÉMILE BERGERAT
Vie et Aventures de
Caliban. 1 vol. . . . 3 50
Ours et Fours. 2 vol. . . 10 »

H. DE BORNIER
Comment on devient
belle. 1 vol. 3 50
Le Jeu des Vertus. 1 v. 3 50
La Lizardière. 1 vol. . . 3 50

CHAMPFLEURY
La Comédie de l'Apôtre.
1 vol 3 50
Histoire de la Carica-
ture. 5 v., chaque v. 5 »
Histoire de l'Imagerie
populaire. 1 vol. . . . 5 »
Musée secret de la ca-
ricature. 1 vol. . . . . 5 »

LÉON CLADEL
Héros et Pantins. 1 vol. 3 50
Effigies d'inconnus. 1 v. 3 50
Raca. 1 vol. 3 50

JULES CLARETIE
Les Amours d'un interne
1 vol 3 50
Jean Mornas. 1 vol. . . 3 50
Journées de Vacances.
1 vol. 3 50
La Maîtresse. 1 vol. . . 3 50
Le Million. 1 vol . . . 3 50
Monsieur le Ministre. 1v. 3 50
Moris. 1 vol 3 50
Le Prince Zilah. 1 vol. 3 50
Le Train 17. 1 vol. . . 3 50
Candidat. 1 vol. 3 50

COLOMBEY
Corr. authentique de Ni-
non de Lenclos. 1 vol. 5 »
Ruelles et Salons. 1 vol. 5 »

ALPHONSE DAUDET
Aventures prodigieuses
de Tartarin de Taras-
con. 1 vol 3 50
Le même, illustré . . . 10 »
Tartarin sur les Alpes.
1 vol. 3 50
L'Evangéliste. 1 vol. . . 3 50
Jack. 2 vol. . . . . . . 7 »
Robert Helmont. 1 vol. 3 50
Le même, illustré . . . 10 »
Les Rois en exil. 1 vol. 3 50

ALBERT DELPIT
La Famille Cavalié. 2 v. 7 »
Jean Nu-Pieds. 2 vol. . 7 »
Le Mystère du Bas-
Meudon. 1 vol. . . . 3 50

ARSÈNE HOUSSAYE
La Comédie au coin du
feu 3 50
Alice. 1 vol 3 50
Le Chien perdu. 2 vol. 7 »
La Comédienne. 1 vol. 3 50
Confessions. 4 vol. . . 24 »

KRASZEWSKI
Le Juif. 1 vol. 3 50

RICHARD LESCLIDE
Contes extra-galants.
1 vol . . . . 6 »
Propos de table de Vic-
tor Hugo. 1 vol. . . . 5 »

HECTOR MALOT
L'Auberge du Monde.
4 vol. . . . . 12 »
Les Batailles du Ma-
riage. 3 vol . . . . . 9 »
Un Beau-Frère. 1 vol. . 3 »
La Belle Madame Donis.
1 vol . . . . 3 »
Les Besoigneux. 2 vol. 6 »
Cora. 1 vol. . . . . . . 3 »
Clotilde Martory. 1 vol. 3
Madame Obernin. 1 vol. 3 »
La Petite Sœur. 2 vol. 6 »
Sans Famille. 2 vol. . . 6 »

CATULLE MENDÈS
L'Amour qui pleure et
l'Amour qui rit. 1 vol. 3 50
Les Mères ennemies.
1 vol 3 50
Les Monstres Parisiens.
1 vol 3 50
Le Roi Vierge. 1 vol . 3 50
Toutes-les-Amoureuses
1 vol. 3 50
Le Rose et le Noir. 1 vol. 3 50
La Vie et la Mort d'un
Clown. 2 vol. . . . . 7 »
Tendrement. 1 vol . . . 3 50

Le Souper des pleu-
reuses. 1 vol 3 50

MAURICE MONTÉGUT
La Faute des autres. 1 v. 3 50
L'Œuvre de mal. 1 vol. 3 50
L'Ile muette. 1 vol . . . 3 50
La Peau d'un homme.
1 vol 3 50
L'Arétin, drame. . . . 4 »

IMBERT DE SAINT-AMAND
Les Femmes de Ver-
sailles, 5 volumes.
Les Femmes des Tui-
leries. 13 volumes.
Chaque volume. . . . 3 50
Edition illustrée. 2 vol.
in-8° soleil, chaque. 20 »
Portraits de grandes
Dames. 1 vol. 3 50
Madame de Girardin.
1 vol. 3 50

EUGÈNE SCRIBE
Œuvres complètes en
76 vol. à. . . . . . . 2 »

ALBÉRIC SECOND
Misères d'un prix de
Rome. 1 vol. . . . . . 3 »
Roman de deux Bour-
geois. 1 vol . . . . . 3 »
Le Tiroir aux Souvenirs.
1 vol . . . . 3 »
La Vie facile. 1 vol. . . 3 »

VICTOR TISSOT
L'Allemagne amou-
reuse. 1 vol 3 50
La Police secrète prus-
sienne. 1 vol 3 50
Russes et Allemands.
1 vol. 3 50
La Russie et les Russes.
1 vol. 3 50
De Sadowa à Sedan. 1 v. 3 50
La Société et les Mœurs
allemandes. 1 vol. . . 3 50
La Suisse inconnue. 1 v. 3 50
Vienne et la Vie vien-
noise. 1 vol 3 50
Voyage au Pays des
Milliards. 1 vol. . . . 3 50
Voyage aux Pays an-
nexés. 1 vol. 3 50
Voyage au Pays des
Tziganes. 1 vol. . . . 3 »
Un Hiver à Vienne. 1 v.
in-8° illustré . . . . . 10 »
Meyer et Isaac. 1 vol.
illustré . . . . 10 »
Scènes militaires d'apr.
Hacklœnder, 1 vol. ill. 5

Le nouveau Décaméron
10 jolis volumes, illustrés, de Contes et Nouvelles, par les plus célèbres auteurs contemporains. Chaque volume. . . . . . 6 fr.

PARIS. — IMP. NOIZETTE.

www.ingramcontent.com/pod-product-compliance
Lightning Source LLC
Chambersburg PA
CBHW071901230426
43671CB00010B/1435